会计电算化教育精品图书

金蝶 ERP-K/3

初级会计电算化
基础培训教程

（金蝶 ERP-K/3）

陈静 编著

北京大学出版社
PEKING UNIVERSITY PRESS

图书在版编目(CIP)数据

初级会计电算化基础培训教程：金蝶EPR-K/3/陈静编著.—北京:北京大学出版社,2016.3

ISBN 978-7-301-26969-5

Ⅰ.①初… Ⅱ.①陈… Ⅲ.①会计电算化—教材 Ⅳ.①F232

中国版本图书馆CIP数据核字(2016)第044958号

内容提要

本书以金蝶 K/3 WISE 系统为参考会计电算化软件，依据《中华人民共和国会计法》和《会计从业资格管理办法》，并结合企业实际业务，以"理论联系实际，实操提升能力"为宗旨，让读者快速、轻松学习应用金蝶 K/3 WISE 会计电算化系统。

本书从实操性出发，图文并茂，并辅以大量实例，操作步骤详尽、清楚。本书分为11章，内容包含会计电算化概述、会计电算化基本要求、会计电算化软件安装与账套建立、会计电算化软件初始化设置、总账、报表、应收、应付管理、固定资产管理、工资管理、现金管理、材料成本核算系统等内容。

本书既可作为大中专院校教学的专业教材，又可作为财务人员岗位培训教材和自学用书。

书　　　名	初级会计电算化基础培训教程（金蝶ERP-K/3） CHUJI KUAIJI DIANSUANHUA JICHU PEIXUN JIAOCHENG
著作责任者	陈　静 编著
责 任 编 辑	尹　毅
标 准 书 号	ISBN 978-7-301-26969-5
出 版 发 行	北京大学出版社
地　　　址	北京市海淀区成府路205号　100871
网　　　址	http://www.pup.cn　　新浪微博:@北京大学出版社
电 子 信 箱	pup7@pup.cn
电　　　话	邮购部62752015　发行部62750672　编辑部62580653
印 刷 者	北京大学印刷厂
经 销 者	新华书店
	787毫米×1092毫米　16开本　19.25印张　470千字 2016年3月第1版　2016年3月第1次印刷
定　　　价	45.00元

未经许可，不得以任何方式复制或抄袭本书之部分或全部内容。
版权所有，侵权必究
举报电话：010-62752024　电子信箱：fd@pup.pku.edu.cn
图书如有印装质量问题，请与出版部联系，电话：010-62756370

前言

INTRODUCTION

会计电算化也叫计算机会计，是指以电子计算机为主体的信息技术在会计工作中的应用。具体而言，就是利用会计软件，指挥计算机替代手工完成或手工很难完成的会计工作过程。会计电算化是以电子计算机为主的当代电子技术和信息技术应用到会计实务中的简称。

会计电算化实现了数据处理的自动化，使传统的手工会计信息系统发展演变为电算化会计信息系统。

会计电算化是会计发展史上的一次重大革命，它不仅是会计发展的需要，而且是经济和科技对会计工作提出的更高要求。

"会计电算化"是一门实操性很强的学科。本书以让读者简单、易懂、快速和熟练地掌握会计电算化为宗旨编写而成，并以金蝶 K/3 WISE 系统为蓝本，结合企业实际业务流程，详细介绍了会计电算化发展历程、会计电算化的优点、金蝶 K/3 WISE 系统的安装和初始设置、日常单据处理和各种账簿报表查询的方法。

本书在编写上具有以下特点。

（1）内容新颖。本书所采用的金蝶 K/3 WISE 系统功能强大，可以实现财务与业务一体化，包括财务系统、供应链系统和生产管理系统的一体化等，符合各类企业的需求。

（2）内容易懂。本书图文并茂，操作步骤清晰详尽，并配以操作图片，图片中各选项都有针对性的说明，能让读者快速、轻松地学会会计电算化。

（3）贴近实际。本书以"世荣科技有限公司"的业务数据为基础，讲述金蝶 K/3 WISE 系统的安装、日常业务处理和各种报表查询等操作。通过实例指导，让读者可以尽快进入财务角色，理解财务核算流程，融会贯通地学习会计信息系统，提高财务核算水平和管理水平。

（4）内容全面。本书讲述了会计电算化基本知识、财务系统和业务系统应用。财务系统包括账务处理、报表与分析、固定资产、工资管理和出纳管理系统的应用。业务系统包括销售管理、采购管理、仓存管理、应收应付和存货核算系统的应用。

（5）适用面广。本书选用了大量实例数据，配合详细讲解，既可以作为大中专院校专业教材，又可以作为财务人员岗位培训教材和自学用书。

（6）自学性强。本书条理分明，实践性强，读者按书中步骤操作就可以快速掌握会计电算化，非常适合于自学的读者学习使用。

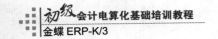

（7）配套光盘。本书赠送超值学习光盘，包括"K3-WISE-V13.1.0"官方授权试用版软件、账套备份文件、课程大纲，以及每章最后的习题答案，读者可配合图书学习使用。

在学习过程中，读者可以根据书中操作实例，先学习操作方法，以对软件有所认识，然后再详细学习其中的理论知识和具体功能应用。

由于作者水平有限，书中难免存在不足，殷切希望读者批评指正（电子邮箱：pup7@pup.cn）。

编　者

目录
CONTENTS

第 1 章 / 会计电算化概述 1

1.1/ 会计电算化简介 2

1.2/ 会计电算化发展过程 3

1.3/ 会计电算化的现实意义及与手工模式的区别 5
1.3.1 会计电算化的现实意义 5
1.3.2 会计电算化与手工会计信息系统的区别 6

1.4/ 会计信息系统和电算化会计信息系统 9
1.4.1 会计信息系统 9
1.4.2 电算化会计信息系统 10

1.5/ 会计核算软件 11
1.5.1 会计核算软件的概念与分类 11
1.5.2 会计核算软件基本功能模块划分 12
1.5.3 商品化会计软件的选择 13
1.5.4 会计核算软件——金蝶 K/3 系统介绍 15

1.6/ 课后习题 16

第 2 章 / 会计电算化基本要求 17

2.1/ 会计电算化法规制度 18
2.1.1 中华人民共和国会计法 18
2.1.2 会计基础工作规范 18
2.1.3 会计档案管理办法 18

2.2/ 会计核算软件的要求 19
    2.2.1   会计核算软件的基本要求 19
    2.2.2   会计数据输入功能的基本要求 20
    2.2.3   会计数据处理功能的要求 22
    2.2.4   会计数据输出功能的要求 24
    2.2.5   会计核算软件必须保证机内数据的安全 25

2.3/ 会计电算化的岗位分工 25
    2.3.1   岗位设置 25
    2.3.2   岗位职责 26

2.4/ 会计电算化档案管理要求 28

2.5/ 课后习题 30

第3章 / 会计电算化软件安装与账套建立 31

3.1/ 会计电算化软件的安装 32
    3.1.1   会计电算化软件安装环境要求 32
    3.1.2   会计软件安装 33

3.2/ 账套建立 40
    3.2.1   账套建立 40
    3.2.2   属性设置和启用账套 43
    3.2.3   备份账套 45

3.3/ 课后习题 46

第4章 / 会计电算化软件初始化设置 47

4.1/ 币别 49

4.2/ 凭证字 51

4.3/ 计量单位 51

4.4/ 会计科目 53

	4.4.1	现金和银行存款科目维护	54
	4.4.2	设置往来科目	57
	4.4.3	其他科目设置	58
	4.4.4	禁用、反禁用科目	59
4.5/	核算项目		60
	4.5.1	客户	61
	4.5.2	部门、职员	63
	4.5.3	物料	65
	4.5.4	仓库	71
4.6/	用户管理		72
4.7/	课后习题		76

第5章 / 总账 77

5.1/	系统概述		78
5.2/	初始设置		79
	5.2.1	系统参数	79
	5.2.2	初始数据录入	85
5.3/	凭证处理		89
	5.3.1	凭证录入	90
	5.3.2	凭证查询	99
	5.3.3	审核凭证	99
	5.3.4	凭证打印	102
	5.3.5	凭证过账	106
	5.3.6	凭证录入练习	106
5.4/	账簿		108
	5.4.1	总分类账	108
	5.4.2	明细分类账	109
	5.4.3	多栏账	110
	5.4.4	核算项目分类总账	113
	5.4.5	核算项目明细账	113

5.5/ 财务报表 114

5.6/ 往来 116
    5.6.1 核销管理 117
    5.6.2 往来对账单 117
    5.6.3 账龄分析表 118

5.7/ 结账 119
    5.7.1 期末调汇 120
    5.7.2 自动转账 121
    5.7.3 结转损益 124
    5.7.4 期末结账 125

5.8/ 课后习题 125

第6章 / 报表 127

6.1/ 系统概述 128

6.2/ 报表处理 128
    6.2.1 资产负债表查看 128
    6.2.2 报表打印 130
    6.2.3 自定义报表 133
    6.2.4 报表常用菜单 138

6.3/ 课后习题 142

第7章 / 应收、应付管理 143

7.1/ 系统概述 144

7.2/ 应收款管理初始设置 146
    7.2.1 应收款管理参数 146
    7.2.2 基础资料 153
    7.2.3 应收款初始数据 158

7.3/ 日常业务 163

    7.3.1 应收账款入账 163

    7.3.2 应收账款收款 166

    7.3.3 票据处理 169

    7.3.4 结算 174

    7.3.5 凭证处理 176

7.4/ 账表查询分析 178

7.5/ 期末处理 181

7.6/ 课后习题 182

第8章 / 固定资产管理 183

8.1/ 系统概述 184

8.2/ 初始设置 185

8.3/ 业务处理 197

    8.3.1 新增卡片 197

    8.3.2 变动处理 197

    8.3.3 凭证管理 199

8.4/ 期末处理 200

    8.4.1 工作量管理 200

    8.4.2 计提折旧 201

    8.4.3 折旧管理 202

    8.4.4 自动对账 203

    8.4.5 期末结账 204

8.5/ 报表 205

    8.5.1 统计报表 205

    8.5.2 管理报表 207

8.6/ 课后习题 208

第 9 章 / 工资管理 209

9.1/ 系统概述 210

9.2/ 初始设置 211
9.2.1 类别管理 211
9.2.2 设置 213

9.3/ 日常处理 222
9.3.1 工资业务 222
9.3.2 人员变动 229

9.4/ 工资报表 230

9.5/ 期末结账 232

9.6/ 课后习题 234

第 10 章 / 现金管理 235

10.1/ 系统概述 236

10.2/ 初始设置 237
10.2.1 现金管理参数 237
10.2.2 现金管理初始数据录入 239

10.3/ 日常处理 242
10.3.1 总账数据 242
10.3.2 现金 245
10.3.3 银行存款 250

10.4/ 报表 253

10.5/ 期末结账 254

10.6/ 课后习题 254

第 11 章 / 材料成本核算系统 255

11.1/ 系统概述 256

11.2/ 初始设置 257
11.2.1 系统参数设置 258
11.2.2 期初数据录入 259
11.2.3 启动业务系统 261

11.3/ 通用介绍 262
11.3.1 业务单据界面通用性介绍 262
11.3.2 业务单据操作介绍 266
11.3.3 序时簿查询操作说明 271

11.4/ 业务单据录入 273
11.4.1 销售订单 273
11.4.2 采购订单 275
11.4.3 外购入库 277
11.4.4 生产领料单 280
11.4.5 产品入库单 281
11.4.6 销售出库单 281
11.4.7 采购发票 283
11.4.8 外购入库成本核算 286
11.4.9 销售发票处理 286
11.4.10 材料成本核算 289
11.4.11 生成凭证 292

11.5/ 课后习题 295

第 1 章
会计电算化概述

学习重点

通过学习本章，了解会计电算化的起源及发展历程，理解会计电算化的原理，了解手工会计信息系统与电算化会计系统的联系与区别，掌握会计电算化系统的总体结构，为学习会计电算化这门课程奠定理论基础。

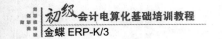

1.1 会计电算化简介

自计算机问世以来,当代电子技术、信息技术和现代化管理思想迅速应用于当今社会的方方面面。会计,作为以计算为主的工作,其大量、繁杂的数据处理,精确的运算要求以及对及时性的要求,无疑为计算机提供了最佳的用武之地。

1981年,中国会计学会在长春市召开了"财务、会计、成本应用电子计算机专题研讨会","会计电算化"一词在会上被正式提出。会计电算化是指将电子计算机技术应用到会计业务处理工作中,用计算机来辅助会计核算和管理,通过会计软件指挥计算机替代手工完成或手工很难完成的会计工作,即电子计算机在会计中应用的代名词。会计电算化是现代社会化大生产和新技术革命的必然产物,也是会计工作不断进步与发展的需要。

随着全球经济的快速发展,会计电算化的发展也异常迅速,会计电算化的含义得到了进一步的引申和发展,与电子计算机技术在会计工作应用中有关的所有工作也都成为会计电算化的内容,包括会计电算化系统的开发、会计电算化人才培训、会计电算化制度、会计电算化的宏观管理、会计电算化档案管理和电算化审计等一系列活动。

目前,会计电算化已成为一门融会计学、管理学、电子计算机技术、信息技术为一体的边缘学科。人们把会计学这一新兴分支称为计算机会计学,它与成本会计学、管理会计学等相提并论,其主要任务是研究在会计实务中如何应用电子计算机及其对会计理论的影响,以便更好地发挥会计的积极作用。会计电算化的研究对象是如何利用电子计算机信息处理技术进行会计核算、会计管理、会计辅助决策及相关工作。从会计电算化的研究对象和开展会计电算化的任务来看,会计电算化不仅研究如何通过电子计算机及相关技术获取会计信息的全过程,而且还研究如何按管理的需要对现行会计工作进行改革。它的目的是通过核算手段的现代化,更好地发挥会计参与管理、参与决策的职能,为提高现代化管理水平和提高经济效益服务。

综上所述,"会计电算化"的概念有广义和狭义之分:从狭义上讲,会计电算化是指电子计算机技术在会计工作中的应用;从广义上讲,会计电算化是指与电子计算机在会计工作应用中有关的所有工作,可称为"会计电算化工作"或"会计电算化活动"。

1.2 会计电算化发展过程

我国的会计电算化工作起步较晚。会计电算化工作始于1979年，其代表项目是1979年财政部支持并直接参与的长春第一汽车制造厂进行的会计电算化试点工作。1981年在长春召开了"财务、会计、成本应用电子计算机专题研讨会"，总结这一工作的经验和成果。在这次会议上提出，计算机在会计工作中的应用统称为"会计电算化"。随着20世纪80年代计算机在全国各个领域的应用推广和普及，计算机在会计领域的应用也得以迅速发展。概括起来，我国20多年来会计信息系统的发展大体可分为以下4个阶段。

1. 模拟手工记账的探索起步阶段

20世纪80年代初期，是我国的会计电算化起步初期，也是计算机技术在国内刚刚普及的时期。DOS操作系统、BASIC编程语言和DBASE数据库等一系列硬件与软件技术让习惯于手工管理方式的各行各业耳目一新，纷纷学习利用先进的科技手段来开发得心应手的管理工具，改变过去的管理方式，以提高工作效率。会计行业中计算机的应用，首先是设计专门的账务处理程序，模拟替代手工记账、算账和处理会计账务等工作。

模拟手工记账是这个阶段会计电算化的基本特征。这段时期开发的会计核算软件实质上是将计算机作为一个高级的计算工具应用于会计领域，系统开发的目标是使会计人员从复杂、烦琐的手工账务处理过程中解放出来，减轻会计人员的工作量，提高工作效率和信息输出速度。

会计是各行各业管理中的重要组成部分，会计工作也与企业经营的各个环节密不可分。初期的会计电算化，仅从会计管理本身应用计算机技术，应用过程还不能达到会计数据资源的充分共享，无法使实现电算化的会计信息与企业的其他信息系统有效地融合在一起。在这个阶段，各业务部门也在开发适用于本部门业务的系统，从而形成了很多信息"孤岛"，随着"孤岛"的不断壮大，大量数据被不断重复手工录入，既造成了信息资源的浪费，又增加了数据输入错误的概率。

这个阶段的会计核算软件的开发和应用，也基本上是各企业根据自己的业务需求独立进行，主要是开发一些相对简单的模块，应用层次也比较低。更重要的是缺乏统一的规范、标准，普及应用难度很大，也造成了社会开发资源的巨大浪费。

2. 与其他业务相结合的推广发展阶段

20世纪90年代，计算机的大规模普及、网络技术的应用，以及数据库技术的逐步发展完善，使得企业的会计电算化得以从单独的会计核算扩展到与企业其他经营业务结合的全面电算化，从而整合各个信息"孤岛"。与此同时，国家级标准的出台为会计核算软件的开发提供了指南，商品化的电算化蓬勃发展，促进了会计电算化的应用推广。

此阶段会计电算化的特征是：第一，应用计算机技术实现企业内部会计信息和业务信息的一体化管理，俗称"财务业务一体化"。企业积极研究对传统会计组织和业务处理流程的重组，以实现企业内部会计核算系统为核心的信息集成化。会计核算系统实现信息资源的有效共享和充分利用，原始数据一次性输入，各环节根据需求多次利用，既减少了手工工作量，又保证了数据的一致性。第二，为促进标准化、商品化的电算化软件的广泛应用，国家采取了一系列措施。首先，财政部先后印发了《关于发展我国会计电算化事业的意见》《会计电算化管理办法》《会计电算化工作规范》等一系列规章制度，政府将会计电算化引入其广义概念层面。从此，商品化的会计电算化软件开始蓬勃发展。

3. 引入会计专业判断的渗透融合发展阶段

计算机技术手段迅速发展的同时，我国的会计管理思想方法体系也在不断发展和完善。2006年，财政部颁发了《企业会计准则》，会计准则体系引入了会计专业判断的要求，对金融工具、资产减值、合并会计报表等会计业务作出了系统的规范，这对企业的会计电算化提出了新的要求。在前期会计电算化工作成果的基础上，企业逐步将各种确认、计量、报告要求渗透、融合到会计电算化系统和企业管理信息系统中。

在此阶段，会计电算化的特征是《企业会计准则》的专业要求与电算化系统的全面渗透、融合。此时的会计电算化系统，已不仅是替代会计手工劳动的计算机工具，还是融合了准则、规范要求，全面核算企业经营业务的有效管理手段。同时，会计电算化也逐步完成了由单机应用到网络应用的转变，企业也具备了进一步优化重组其管理流程的能力，这一切都为ERP（Enterprise Resource Planning，企业资源计划）的实施创造了充分条件。

4. 与内控相结合的 ERP 集成管理阶段

ERP 是 20 世纪 90 年代初由美国著名的咨询公司高德纳（Gartner Group）首先提出的，它是在物料需求计划（MRP）和制造资源计划（MRP Ⅱ）的基础上发展起来的一种高层次的管理理念和模式。ERP 系统集成了现代信息技术与先进的管理思想，将企业的各种资源进行整合管理，从而实现了企业资源的合理调配和全面优化。

进入 21 世纪后，ERP 在我国得到了广泛的应用。会计是企业管理的核心，财务管理自然是 ERP 的重中之重，会计电算化也进入了集成管理的 ERP 时代。

与此同时，我国会计工作的相关法规制度也在不断完善。财政部先后制定、发布了《内部会计控制规范——基本规范（试行）》和 6 项具体内部会计控制规范，并于 2008 年联合国资委、证监会、银监会、审计署和保监会发布了《企业内部控制基本规范》，为企业的内部会计控制提供了操作规范,也给会计电算化提出了新的控制要求。

ERP 系统从企业的全局出发,统一、全面地管理企业经营的各个环节及各类资源,无疑是企业加强内控的最好手段。ERP 系统的财务管理,不仅仅局限于传统的财务处理,而且渗透于企业的采购、生产、销售、库存和人力资源等各个运营环节,进行资金的全面预算、控制和经营成果的及时、全面反映。

当今流行的商业化会计核算软件大都为 ERP 系统,其特点是已经不是简单的财务管理,而是企业全面管理和内部控制的集成,而传统的会计电算化融入其中。ERP 系统根据企业的需求及企业信息化的发展阶段不同,应用不同的功能模块,一般包括总账系统、应收系统、应付系统、固定资产系统、销售系统、采购系统和库存系统等。

1.3 会计电算化的现实意义及与手工模式的区别

1.3.1 会计电算化的现实意义

会计电算化是会计发展史上的又一次重大革命,它不仅是会计发展的需要,而且还是经济与科技发展对会计工作提出的更高要求。会计电算化并非简单地把手工会计核算的内容放入计算机中,它对传统财务会计的处理程序、会计职能、会计内部控制制度、会计岗位分工等都产生了影响,而且将会引起会计核算方式的重大变革与会计理论的突破。会计电算化对于提高工作效率、促进会计职能转变、提高会计核算的质量等都有十分重要的意义。

1. 可以及时、准确、完整地提供会计信息

实现会计电算化后,可以利用计算机快速、准确等特点来处理会计业务,大量的会计信息得以及时地记录、汇总、分析,并通过网络系统迅速传递,企业经营都能够及时掌握经济活动的最新动态,对于存在的问题及时采取相应的措施,从而保证企业持续、稳定、协调地经营发展。

2. 可以减轻会计人员的工作强度,提高会计工作效率

手工会计的工作强度很大,实现会计电算化后,只要将记账凭证输入计算机,大量数据的计算、分类、汇总、存储和传输等工作,都可由计算机自动完成。这不仅可以把广大会计人员从繁杂的记账、算账和报账中解脱出来,而且由于计算机有极高的运算速度和精度,以及可以自动地进行数据处理,因此可以大大提高会计工作效率。

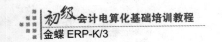

3. 可以提高会计工作质量

手工会计在核算过程中需要进行大量重复的抄写、计算，财会人员在抄写、计算时经常会发生错误。实现会计电算化后，对会计数据来源提出了一系列规范化要求，解决了手工操作中不规范、易出错及易疏漏等问题，并且输出的凭证、账簿、报表更加清晰、美观。

4. 可以提高会计人员素质，促进会计职能转变

实现会计电算化以后，由于计算机替代了会计人员的手工记账、算账和报账，因此会计人员可以腾出更多的时间和精力参与经营管理，减少核算的时间，从而促进会计职能的转变。财会人员从传统的记账、算账、报账转变为有效地事前预测、事中控制、事后分析，更好地发挥了会计参与管理、决策的职能。会计电算化的实现，提高了现代化管理水平，促进了会计职能由核算型向管理型的转变。

5. 促进会计理论和技术的发展

会计工作的信息化，对会计工作提出了更高的要求，促进了会计理论和技术的发展，对会计管理制度也提出了新的改革要求，从而推动了会计理论与实践的进一步发展。

6. 可以有效防止造假作弊现象的发生

符合国家规定的会计软件，都具有可靠性、安全性、保密性的特点。在使用过程中，根据工作性质设置相应权限，增设密码，相互牵制，财务人员只能使用而不能篡改其程序，确保了会计信息系统真实、准确、安全、可靠。

1.3.2 会计电算化与手工会计信息系统的区别

会计信息系统有手工会计信息系统和基于计算机的会计信息系统之别。现简单介绍手工会计信息系统和基于计算机的会计信息系统各自的特点，以比较不同处理手段给会计信息系统带来的区别。

1. 手工会计信息系统的特点

手工会计信息系统具有以下特点。

（1）数据量大。会计信息系统以货币作为主要计量单位，对生产经营活动进行系统、连续、全面、综合的核算和监督。一个企业的生产经营活动，涉及具体的货币资金、债权债务的收支增减变动，具体品种规格的材料物资和机器设备、工具器具的增减变动，都要归入会计信息系统，经过加工处理，最后得出反映单位财务状况和经营成果的综合性数据。会计数据核算详细、存储时间长、数据量大，占整个企业管理信息量的 70% 左右。

（2）数据结构复杂。会计信息必须反映企业的整体经济活动，主要从资产、负债、所有者权益、成本费用和损益 5 个方面进行核算，核算时表现为五大分支体系。这些数据不

仅结构层次较多，而且数据处理流程也比较复杂，一项经济业务的发生，可能引起各方面的变化，数据处理比其他信息处理系统都要错综复杂。

（3）数据加工处理方法要求严格。会计信息系统对各项经济业务的处理都必须遵守一套严格的准则和方法，如存货计价、成本计算等从内容到范围、方法，在会计法规和财经制度中都做了明确的规定，必须严格按规定执行，不得随意更改。

（4）数据的及时性、真实性、准确性、完整性和全面性等要求严格。会计信息的及时性是对经济活动有效核算和监督的基础，会计信息系统应该及时地向有关部门及个人提供数据，及时将有关资金运动、成本消耗的信息反馈给管理部门，以便管理者能够及时做出正确的决策。为全面反映经济活动情况，会计信息系统的数据必须齐全，不允许有疏漏，保证资料的连续、完整；数据加工的过程要有高度的准确性，不能有任何差错。只有全面、完整、真实、准确地处理会计数据，才能正确反映企业的经营成果和财务状况，准确处理国家、企业及个人之间的财务关系。

（5）安全可靠性要求高。会计信息系统的有关资料包含了企业的财务状况和经营成果的全部信息，是重要的历史档案材料，不能随意泄露、破坏和丢失。应采取有效措施加强管理，保证系统数据的安全、可靠。

2. 基于计算机的会计信息系统的特点

基于计算机的会计信息系统不仅具有电子数据处理系统的共性，而且具有以下几个自身特征。

（1）及时性与准确性。基于计算机的会计信息系统，数据处理更及时、准确。计算机运算速度决定了对会计数据的处理速度、会计数据的分类、汇总、计算、传递及报告等处理几乎是在瞬间完成的。并且计算机运用正确的处理程序可以避免手工处理出现的错误。计算机可以采用手工条件下不易采用或无法采用的复杂、精确的计算方法，如材料收发的移动加权平均法等，使会计核算工作更细、更深，更好地发挥会计参与管理的职能。

（2）集中化与自动化。基于计算机的会计信息系统，各种核算工作都由计算机集中处理。在网络环境中，信息具有可被不同的用户分享、数据处理更集中的特点。对于大的系统，如大型集团，规模越大，数据越复杂，数据处理就越要求集中。网络中每台计算机只能作为一个用户完成特定的任务，使数据处理具有相对分散的特点。在会计信息的处理过程中，基于计算机的会计信息系统人工干预较少，由程序按照指令进行管理，具有自动化的特点，集中化与自动化将会取得更好的效益。

（3）人机结合系统。会计工作人员是会计信息系统的组成部分，不仅要进行日常的业务处理，还要进行计算机软硬件故障的排除。会计数据的输入、处理及输出是手工处理和计算机处理两方面的结合。有关原始资料的收集是计算机化的关键性环节，原始数据必须经过手工收集、处理后才能输入计算机,再由计算机按照一定的指令进行数据的加工和处理,将处理的信息通过一定的方式存入磁盘,打印在纸张上,通过显示器显示出来。

(4)内部控制更加严格。基于计算机的会计信息系统的内部控制制度,相对于手工会计信息系统有了明显变化。新的内部控制制度更强调手工与计算机结合的控制形式,控制要求更严格,控制内容更广泛。

3. 电算化会计与手工会计的相同点

电算化会计与手工会计具有以下相同点。

(1)目标一致。无论是电算化会计还是手工会计,其最终目标都是提供会计信息,参与经营决策,提高经济效益。

(2)遵循相同的会计法规和会计准则。电算化的应用,不能置财经法规和财经纪律于不顾,必须严格地执行会计法规与会计准则。

(3)会计数据处理步骤相似。无论是手工会计还是电算化会计,会计数据处理的流程都包括4个方面:会计数据收集与输入、会计数据存储、会计数据处理、会计信息报告。

4. 电算化会计与手工会计的区别

(1)所用的计算工具不同。手工会计使用的工具是算盘,而电算化会计是用电子计算机来进行数据处理的。

(2)信息载体不同。手工会计的所有信息都是以纸张为载体,而电算化会计则主要使用磁性介质为信息载体。

(3)簿记规则不同。手工系统规定日记账、总账要用订本式账册,明细账可用订本或活页式账册;账簿记录的错误要用划线法或红字冲销法、补充登记法更正;账页中的空行、空页用红线划销。

电算化系统打印输出的账面是折叠或卷带状的,与手工的账簿明显不同。电算化系统不可能完全采用手工系统改错的方法。为了保证审计的追踪线索不致中断,电算化系统规定:凡是已经记账的凭证数据不能更改,只能采用红字冲销法和补充登记法更正,以便留下改动痕迹。

(4)总账程序(会计核算形式)不同。手工系统的总账程序主要有4种,但是都避免不了重复转抄与重复计算的根本弱点,随之带来的是人员与环节的增多和差错的增多。

电算化系统的总账程序有两种方案。按目前的经济状况与开发水平,可采取第一方案,即基本上按手工系统的方式进行系统移植,但过程却发生了变化,且允许同时采用多种核算形式。第二方案为理想化的全自动总账程序,即会计凭证磁性化(或条形码),在规格化的会计凭证上用磁性墨水书写(或印上条形码),由阅读机识别后将数据输送到计算机;由用户定义数据存储形式和加工方法,由计算机对数据进行加工处理;由用户定义输出形式与结果，由输出设备（显示器、打印机）进行查询与打印。

（5）会计工作组织体制不同。在手工系统下，会计部门一般分为若干会计工作岗位，如工资、材料、固定资产、成本等岗位，进行专门的业务核算，设专人负责记账、编制报表工作。在电算化会计系统中，会计工作岗位的划分已经发生了变化，如设置了数据录入、审核、维护等岗位。

（6）人员构成不同。手工系统中的人员均是会计专业人员；电算化系统中的人员将由会计专业人员，电子计算机软件、硬件及操作人员等组成。

（7）内部控制方式不同。在电算化系统中，原来的内部控制方式部分被取消或改变，如原来通过账证核对、账账核对、账表核对的控制方式，基本上已经不复存在，代之以更加严密的输入控制；又如除保留了签字、盖章等控制外，还增设了权限控制、时序控制等。

1.4 会计信息系统和电算化会计信息系统

1.4.1 会计信息系统

1. 会计数据与会计信息

（1）数据。

数据是对客观事物属性的描述。它是反映客观事物的性质、形态、结构和特征的符号。数据可以用具体的数字表达，也可以用字符、文字、图形等形式表达。

（2）会计数据。

在会计工作中记录下来的会计事实称为会计数据。它是指从不同的来源、渠道获得的，记录在"单""证""账""表"上的各种原始会计资料。

（3）信息。

信息是数据加工后的结果，它也是用数字、符号、文字、图表等形式表达。信息必然是数据，但是数据未必是信息。

（4）会计信息。

按一定要求经过加工处理后的会计数据称为会计信息。会计数据来源于供应商、客户、政府机构、企业员工、企业内部各部门等，经过收集、审核、记录、分类、计算、汇总、编表、存储和传送等会计业务处理，最后输出会计信息，供企业内部各层次的管理人员和企业外部各利益关系人管理和决策使用。只有将会计数据通过加工生成会计信息后才能满足管理的需要，为管理者所用。

2. 系统与会计信息系统

(1) 系统。

系统是指由一系列彼此相关、相互联系、相互区别的若干要素为实现特定的目的而建立起来的有机整体。

(2) 信息系统。

信息系统是把输入数据经过加工处理生成输出信息的人机系统。它是以信息为处理对象，进行信息的收集、传递、存储、加工、输出的系统。

(3) 会计信息系统。

会计信息系统是指利用信息技术，对会计信息进行收集、传递、存储、处理、输出，完成会计核算、监督、管理和辅助决策的信息系统。会计信息系统是企业管理信息系统中的一个重要子系统，其目的是向企业内、外部提供会计信息，对经济活动进行控制，满足经营管理的需要。

1.4.2 电算化会计信息系统

电算化会计信息系统是以计算机信息处理技术为手段的会计信息系统。不一定是计算机化的会计信息系统才称为电算化会计信息系统。

电算化会计信息系统由硬件、软件、人员、制度4个要素组成。

1. 硬件

计算机的硬件是计算机系统中各种设备的总称，包括5个基本部分，即运算器、控制器、存储器、输入设备、输出设备。计算机的硬件是会计电算化的物质基础，其设备选择和配置的好坏直接影响到会计电算化工作的质量与效率。计算机的硬件设备用不同的方式配置，构成了具有不同特点的计算机工作方式。目前，主要有单机结构、多用户结构、网络结构。

(1) 单机结构。

单机结构主要指整个系统用一台或几台计算机，每台计算机独立完成不同的任务。该结构投资小、见效快，主要适用于小型企业。

(2) 多用户结构。

多用户结构主要指整个系统配置一台主机、多台终端，用通信线路将它们连接而成，多个用户在不同的终端上同时使用一台主机。该结构提高了输入、输出数据的速度，主要适用于资金雄厚、业务量较大的中小型企业。

(3) 网络结构。

网络结构主要指将地理上分散的、具有独立功能的多台计算机通过通信设备和线路连接起来，在配有相应的网络软件（网络协议、网络操作系统等）的情况下实现资源共享的系统。

该结构能实现资源共享,与会计数据处理的特点相吻合,是会计信息系统理想的硬件结构,也是会计电算化发展的方向。

2. 软件

软件是计算机的"灵魂",是指计算机系统中的程序及其文档,可分为两大类:系统软件和应用软件。

(1)系统软件。

系统软件是指那些能够直接控制和协调计算机硬件,维护和管理计算机的软件。代表性的系统软件有操作系统、数据管理系统等。

(2)应用软件。

应用软件是专门为某一应用目的而编制的软件,如文字处理软件、信息管理软件等。本书所介绍的财务软件就属于应用软件。

3. 人员

人员是指在会计信息系统中从事管理、操作、维护的会计人员。在实现会计电算化后,会计人员不仅要熟练掌握会计知识,还要掌握计算机知识、网络知识、信息知识和管理知识,最终成为复合型人才。

4. 制度

制度是指为保证会计信息系统安全和正常运行而制定的一系列管理制度。例如,政府颁布的法令、条例,基层单位在会计电算化工作中的岗位责任制度、软件操作管理制度、会计档案管理制度等。

1.5 会计核算软件

会计核算软件(简称会计软件)的应用是电算化会计信息系统建设和管理的一个重要环节,正确、有效地应用会计软件有利于发挥会计电算化的职能,实现会计工作目标,提高企业会计核算的能力。

1.5.1 会计核算软件的概念与分类

1. 会计软件的概念

会计软件是以会计理论和会计方法为核心,以会计法规和会计制度为依据,以计算机

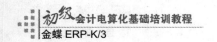

技术和通信技术为技术基础,以会计数据为处理对象,以会计核算、财务管理和为经营提供财务信息为目标,用计算机处理会计业务的计算机应用软件。

2. 会计软件的分类

按照不同的分类标准,会计软件可以分为不同的类型。

(1)按功能划分,可以分为核算型、管理型和一体化会计软件。

核算型会计软件主要是面向事后核算,采用一系列专门的会计方法,完成会计核算工作。

管理型会计软件是以核算型会计软件为基础,增加有辅助核算与管理功能而形成的软件。自20世纪90年代中后期以来,随着会计电算化的不断普及和各单位对管理工作的不断加强,管理型会计软件的开发与实施成为会计电算化发展的热点,会计软件也从核算型向管理型转变。

一体化会计软件是由财务会计、管理会计、供应链管理、集团财务管理、Web应用、商务智能和行业解决方案多个产品组成,各个产品间相互联系、共享数据,从而实现业务、财务一体化管理。各部分既相对独立,分别有着较为完善和细致的功能,又可以根据企业各部门的需要选择某些模块组合起来整体应用,突破单一财务软件的局限,实现业务和财务的一体化。

近几年,软件市场已经开始重视一体化会计软件的开发和上市,一体化会计软件目前在我国应用已经相当广泛。

(2)按硬件结构划分,可以分为单用户会计软件和网络会计软件。

单用户会计软件适用于硬件系统的构成模式为单机结构的计算机;网络会计软件适用于硬件系统的构成模式为网络结构的计算机。

(3)软件应用平台划分,可以分为DOS环境与Windows环境两种。

以前的会计软件版本都是应用在DOS环境下,近几年随着Windows操作系统的普及,新开发的会计软件基本上都是在Windows环境下安装和运行的。

(4)按适用范围划分,可以分为通用会计软件和专用会计软件。

通用会计软件又称为商品化会计软件,它由专业的软件公司开发并面向社会销售。特点是不含或含有较少的限制规则,用户可以根据会计工作的需要自行设定;优点是成本低、见效快、保密性好、软件质量高、维护有保障;缺点是软件越通用,企业初始化的工作量越大,也越难兼顾不同企业会计核算的个性化需求,对会计人员的综合素质要求也越高。

专用会计软件又称定点开发会计软件,它由单位自行组织技术人员开发,是仅适应本单位会计业务处理的会计软件。其优点是能最大限度地减少初始化工作量,使用方便;缺点是开发成本高、周期长、灵活性差、保密性差、软件的更新换代没有保障。

1.5.2 会计核算软件基本功能模块划分

电算化会计信息系统数据较多,处理流程复杂,要求相适应的会计软件能够根据各种会计业务的特点进行既相对独立又密切联系的数据处理。这就要求会计软件内部划分成若干功能相对独立的模块，它们有着各自具体的目标和任务，但最终又是为了达到会计软件的总体目标而服务。

根据企业单位会计核算业务的特点和会计工作组织基础的不同，会计软件各个功能模块的划分不是一成不变的。目前，在我国会计软件一般划分为：总账系统模块、会计报表管理子系统模块、工资管理子系统模块、固定资产管理子系统模块、应收应付账款核算子系统模块、购销存核算子系统模块等。

会计软件功能模块划分的原则有以下内容。

1．适用性原则

一个适用性强的会计软件应允许用户方便地挂入或去掉某些功能模块，而无须进行大的修改；还要方便软件数据在相关业务单位间移植，而无须进行大的结构变动。所以，功能模块的划分要尽量使整个会计软件能够适用核算单位内部、外部各种环境的变化。

2．可靠性原则

会计软件功能模块的划分应有助于软件可靠性的提高，减少软件系统出错，有助于提高会计软件系统排错、纠错和数据恢复能力。

3．高内聚、低耦合原则

内聚度主要是指一个功能模块内部各个功能之间的联系程度，耦合度是指软件的各个功能模块之间的联系程度。会计软件应该尽量把联系紧密的功能放在一个模块中，一个功能模块中多个功能联系越密切，则内聚度越高；把联系不密切的功能划分在不同的功能模块中，尽量减少不同模块之间相互限制，耦合度越低，各个模块独立完成任务的效率越高。高内聚、低耦合使得软件系统接口简单明了，有助于提高软件的适用性。

4．符合会计核算基本要求的原则

会计软件功能模块的划分要严格遵循会计核算和财务管理工作的基本要求和工作习惯。否则，会计软件功能模块的划分将不具备现实意义。

1.5.3　商品化会计软件的选择

基于通用会计软件和专用会计软件的优缺点，用户单位使用通用会计软件，即商品化会计软件应该是实现会计电算化的捷径，也是发展趋势。目前，即使是资金雄厚的大中型企业也不自行开发所有的会计软件，他们对于本单位比较通用的会计业务一般都使用商品化会计软件；而对于本单位的特殊需求，在商品化会计软件不能满足的情况下，再自行开发，然后通过会计软件提供的接口，将它们连接起来。

随着我国计算机应用的深入发展，商品化会计软件日益丰富，并且具有先进、实用的特点。财政部在推广商品化会计软件方面也做了大量的推动和管理工作。用户单位购买商品化会计软件一般要注意以下几个方面的问题。

1．会计软件是否通过省级以上（含省级）财政部门的评审

评审是指评价和审核会计软件是否符合国家的统一规定。因为会计工作要遵循全国统一的会计准则和其他财经制度的有关规定，那么对执行会计工作的商品化会计软件也不例外，只有经过评审的会计软件才安全可靠。

2．会计软件是否满足本单位会计业务处理的需求

这里的需求主要是指对系统的功能、性能、输入输出、故障处理、接口以及运行环境和软件的先进性、易使用性等方面提出的要求。通常情况下，商品化会计软件应达到以下要求：

- 在功能方面，应考查商品化会计软件对本单位是否实用，软件所提供的处理功能是否满足本单位会计业务处理的需求。
- 在性能方面，应考查商品化会计软件在数据处理精度、时间和适应需求变化能力等方面是否适应会计工作所提出的要求。
- 在输入、输出方面，不仅需要满足会计工作提出的要求，而且还要有效地防止差错的发生，并能及时查出错误、纠正错误。
- 在故障处理方面，能提供各种手段，保证会计数据的安全与完整。
- 在接口方面，要为从其他子系统接收数据、输出数据，以及今后要开展的电算化项目提供方便的接口。
- 在运行环境方面，主要是考查单位所提供的条件是否符合商品化会计软件的需要。商品化会计软件的运行环境主要包括硬件环境和软件环境两部分。

3．会计软件的先进性

会计软件的先进性是指该软件在同类产品中的先进程度，包括安全性、可靠性、功能的完备性、通用性、运行效率等。

4．会计软件的易使用性

易使用性是指商品化会计软件易学、易操作的性能。

5．考查生产厂商的信誉及售后服务

信誉的考查主要看软件生产厂商是否重信誉、守合同。

售后服务主要是指操作培训和软件的保修版本的更新。商品化会计软件有许多自定义功能不易学习，如果用户购买软件后得不到好的应用培训，并且在使用过程中的疑难问题

得不到及时指导和解决，势必会影响会计软件的应用效果。会计软件的保修是指当软件损坏时，厂商应及时修理与更换。版本更新主要是指开发研制单位根据会计制度的变化、计算机技术的发展和用户的具体问题及时更新软件。一般来说，版本越高，功能越强。版本一旦升级，应及时给用户更新。

1.5.4 会计核算软件——金蝶 K/3 系统介绍

金蝶 K/3 系统作为国内主流产品之一，被众多客户选用。该系统是一套财务与业务高度集成的会计业务一体化软件，既可以处理财务业务功能，达到会计核算目的，又可以与购销存和精益生产等业务集成使用，实现财务业务一体化的目的。

金蝶 K/3 系统财务模块与各模块之间的数据传递如图 1-1 所示。

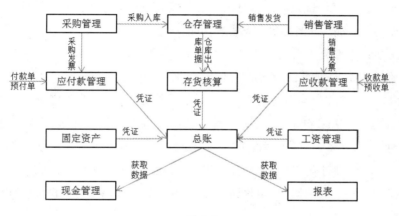

图 1-1

- 总账：总账系统是通过凭证的录入，并完成凭证审核、记账和结账、账簿查询及打印输出等工作，同时提供往来款核算、部门核算和项目核算等。总账系统与其他业务连接使用时，接收从业务传递过来的凭证进行会计核算，可以达到财务业务一体化的目的。

- 报表：主要根据会计核算数据完成各种会计报表的编制工作，如资产负债表、利润表等，同时可以自定义报表，如部门费用情况表等。

- 应收款管理：应收款主要负责销售发票、应收单、应收票据及销售收款单据的录入、审核，并进行应收款项与收款单的核销。应收款系统对企业的应收账款进行综合管理，生成相关单据和凭证并传递到"总账"中，同时可以管理客户信用管理、现金折扣管理和坏账管理、抵销应付款及催收管理等功能，同时它还能生成应收账龄分析、欠款分析、回款分析、资金流入预测等销售业务的统计分析报表。应收款系统与销售系统联用时，能接收销售系统传递的销售发票并进行审核。本系统可单独使用，与"总账"系统配合使用，所生成的凭证即时传递到"总账"，确保财务信息的一致性。

- 应付款管理：应付款主要负责采购发票、应付单、应付票据及付款单据的录入、审核，并进行应付款项与付款单的核销。应付款系统与采购系统联用时,能接收采购系统传递的采购发票并进行审核。本系统可单独使用,与"总账"系统配合使用,所生成的凭证即时传递到"总账",确保财务信息的一致性。

- 固定资产:固定资产系统主要是对固定资产进行管理,包括固定资产卡片的增加、删除、修改、查询、打印、统计与汇总。完成计提折旧和分配,费用分配转账凭证可自动转入"总账"系统,可灵活查询、统计和打印各种账表。
- 工资管理:是用来处理核算职工工资的计算,工资费用的汇总和分配的系统,具备计算个人所得税,查询、统计和打印各种工资表,自动编制工资费用分配表、转账凭证传递给账务处理等功能。
- 现金管理:是对现金业务和银行业务进行管理,登录现金日记账、银行日记账,录入银行对账单数据与银行日记账进行对账处理,随时可以与总账下科目进行对账,以保证双方系统数据的一致性,同时提供支票管理功能。
- 财务分析:财务分析系统可以根据报表数据生成各种分析表和分析图等。
- 销售管理:提供销售报价、销售订单、销售出库和销售开票功能,随时查询各种销售明细账等账簿。应收款系统与销售系统联用时,能接收销售系统传递的销售发票并进行审核。
- 采购管理:提供采购订单、采购入库和采购开票功能,查询各种采购订单执行情况明细账等账簿。应付款系统与采购系统联用时,能接收采购系统传递的采购发票并进行审核。
- 仓存管理:以物料流动为处理对象,提供采购入库、产品入库、其他入库、盘盈入库、销售出库、生产领料、其他出库、调拨和组装业务处理。可以随时查询即时库存和收发存汇总表等账簿。
- 存货核算:对企业存货的收、发、存业务进行成本核算,首先核算出入库成本,再计算出库成本,从而即时掌握存货的耗用情况,及时、准确地把种类存货成本归集到各成本项目和成本对象上,为企业的成本核算提供基础数据。各业务单据可以根据凭证模板生成凭证传递到账务处理系统进行财务核算,使业务与财务形成无缝连接。

1.6 课后习题

(1) 请回答"会计电算化"的概念。
(2) 会计电算化经历了哪几个历史发展阶段?
(3) 基于计算机的会计信息系统有哪些特点?
(4) 在选择商品化会计软件时主要应注意哪几方面的问题?

第 2 章
会计电算化基本要求

学习重点

通过学习本章，了解会计电算化的基本要求，熟悉会计核算软件的要求、会计电算化岗位分工要求、会计电算化档案的基本要求。

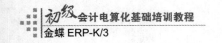

2.1 会计电算化法规制度

会计电算化的出现给会计理论、会计方法、会计实务等都带来了巨大的变化，而作为一场改变会计核算和管理方式的技术革命，会计电算化工作必须有领导、有目标、有计划、有组织地向前推进。

会计电算化的管理分为宏观管理和微观管理。宏观管理要求国家、各级政府机关制定一系列会计电算化工作的法律、法规及条例等；微观管理要求各个企业制定针对会计电算化工作的管理办法和规定。为了我国会计电算化工作的顺利开展，财政部从1989年起便先后为会计电算化制定了一系列具体的管理规章。

根据《会计法》有关规定，财政部制定并发布了《会计电算化管理办法》《会计核算软件基本功能规范》《会计电算化工作规范》《会计基础工作规范》和《会计档案管理办法》等一系列相关的会计制度，对单位使用会计核算软件、软件生成的会计资料、采用电子计算机替代手工记账、电算化会计档案保管等会计电算化工作做出了具体规范。

2.1.1 中华人民共和国会计法

1999年10月31日，最新修订的《中华人民共和国会计法》以法律的形式规定，使用电子计算机进行会计核算的，其软件及生成的会计凭证、会计账簿、财务会计报告和其他会计资料必须符合国家统一的会计制度规定。会计账簿的登记、更正也应当符合国家统一的会计制度的规定。

2.1.2 会计基础工作规范

1996年6月17日，财政部发布《会计基础工作规范》，其中对会计电算化工作做出了具体规范。例如，第五十三条规定，实行会计电算化的单位，对于机制记账凭证，要认真审核，做到会计科目使用正确，数字准确无误。打印出的机制记账凭证要加盖制单人员、审核人员、记账人员及会计机构负责人、会计主管人员的印章或者签字。第六十一条规定，实行电算化的单位，总账和明细账应当定期打印。发生收款和付款业务的，在输入收款凭证和付款凭证的当天必须打印出现金日记账和银行存款日记账，并与库存现金核对准确。

2.1.3 会计档案管理办法

1998年8月21日，财政部发布的《会计档案管理办法》规定，采用电子计算机进行会计核算的单位，应当保存打印出的纸质会计档案。具备采用磁带、磁盘、光盘等磁性介质保存会计档案的，由国务院业务部门统一规定，并报财政部、国家档案局备案。

以上各种法律、法规、制度和办法等有关规定，涉及会计核算软件的开发、评审和使用，以计算机替代手工记账的审批，实施会计电算化后的会计档案生成与管理等诸多方面，对提高会计软件的质量，确保会计电算化事业的健康发展具有重要意义。

2.2 会计核算软件的要求

会计软件是会计电算化的重要手段和工具，会计核算软件符合国家统一的会计制度的规定和会计核算工作的要求以及会计人员的习惯，是保证会计数据质量和会计核算工作正常秩序的前提。《中华人民共和国会计法》（以下简称《会计法》）规定，使用电子计算机进行会计核算的单位，其使用的会计软件应当符合国家统一的会计制度规定，达到国务院财政部规定的标准，并应当经过相应机关的评审通过后方可投入使用。投入使用后，必须保持会计核算软件的相对稳定性，不允许任何人随意修改。

2.2.1 会计核算软件的基本要求

根据《会计法》和国家统一的会计制度规定，会计核算软件的设计、应用和维护应当符合一些基本要求后企业才能够使用，具体的条件如下。

（1）会计核算软件设计应当符合我国法律、法规和规章的有关规定，保证会计数据合法、真实、准确和完整，有利于提高会计核算的工作效率。

（2）会计核算软件应当按照国家统一的会计制度的规定划分会计期间，分期结算账目和编制会计报表。

（3）会计核算软件中的文字输入、屏幕提示和打印输出必须采用中文，可以同时提供少数民族文字或者外国文字的对照。

（4）会计核算软件必须提供人员岗位及操作权限设置的功能。

（5）会计核算软件应当符合《信息技术——会计核算软件数据接口》（GB/T 19581—2004）国家标准的要求。

（6）会计核算软件在设计性能允许使用的范围内，不得出现由于自身原因造成的死机或者非正常退出等情况。

（7）会计核算软件应当具备在机内会计数据被破坏的情况下利用现有数据恢复到最近状态的功能。

① 会计数据备份。数据备份是指将会计数据备份到磁盘、光盘等磁性介质中存储起来，

即制作数据文件的副本。数据备份是保护会计数据的主要手段。会计软件备份时应做到多份备份,并且分别存放于不同介质,以最大限度地保证数据的安全。

② 一旦计算机硬件中的数据丢失或损坏,在有数据备份的情况下,可以利用最近一次备份把数据恢复到指定文件目录下,以保证数据的连续使用。

(8) 单位修改、升级正在使用的会计核算软件,或者需要改变会计核算软件运行环境,应当建立相应的审批手续。

(9) 会计核算软件的开发、销售单位必须为使用单位提供会计核算软件操作人员培训、会计核算软件维护、版本更新等方面的服务。

2.2.2 会计数据输入功能的基本要求

会计核算软件的会计数据输入采用手工输入、存储介质导入以及其他业务系统传入等几种形式。另外,会计核算软件一个功能模块中所需的数据,可以根据需要从另一功能模块中取得,也可以根据另一功能模块中的数据生成。数据输入的正确与否,决定着会计核算软件处理结果的准确性。输入的数据主要有三大类:初始数据、原始凭证和记账凭证数据。

1. 初始数据输入的基本要求

在启用会计账套前,会计核算软件必须进行初始化设置。会计核算软件应当具备以下初始化功能。

(1) 必需的初始数据包含有总分类会计科目名称和明细分类会计科目名称、编号、年初数、期初数和累计发生额有关数据指标等数据。

(2) 输入需要在本期进行对账的未达账项。

(3) 选择会计核算方法,包括记账方法、固定资产折旧方法、存货的计价方法和成本核算方法等。当核算方法有变动时,在计算机内应当有相应的记录。

(4) 定义自动转账凭证,同时包含会计制度允许的自动冲回凭证等。

(5) 需明确操作人员的岗位职责,包括设置每个用户的登录名、密码和操作权限等。

(6) 会计核算软件必须提供必要的方法对初始数据进行正确性校验。当初始化工作结束后,需要关闭初始化功能,以防止用户绕过正常账务处理流程对会计数据进行改动。

(7) 会计核算软件中采用的总分类会计科目名称、编码方法,必须符合国家统一会计制度的规定。

2. 录入原始凭证的要求

会计核算软件提供的原始凭证输入项目应当齐全,主要项目有:填制凭证日期、填制凭证单位或填制人姓名、接收凭证单位名称、经济业务内容、数量、单价和金额等。会计核算软件对要录入的原始凭证,可以按照以下方法进行处理。

（1）在录入记账凭证的同时，录入相应原始凭证。当录入的有关原始凭证汇总金额与输入的记账凭证相应金额不等时，软件需给予提示并且拒绝通过。审核人员在对已经录入记账凭证审核的同时，应对录入的所附原始凭证进行审核；录入的记账凭证通过审核或者登账后，对录入的相应原始凭证不能直接进行修改。

（2）记账凭证未录入前，直接录入原始凭证，由会计核算软件自动生成记账凭证；会计核算软件应当提供对已经输入但未予审核的原始凭证进行修改和审核的功能，审核通过后，即可生成相应的记账凭证；记账凭证审核通过或者登账后，对录入的相应原始凭证不能直接进行修改。

（3）在已经录入的原始凭证审核通过或者相应记账凭证审核通过或者登账后，若原始凭证需修改，会计核算软件应当在留有痕迹的前提下，提供修改和对修改后的机内原始凭证与相应记账凭证是否相符进行校验的功能。

3．录入记账凭证的要求

（1）会计核算软件应当提供录入记账凭证的功能，录入项目包括填制凭证日期、凭证编号、经济业务内容摘要、会计科目和金额等。录入的记账凭证格式和类别应当符合国家统一会计制度的规定。记账凭证编号可以手工录入，也可以由软件自动生成。同时软件应当对记账凭证的连续性进行控制。

（2）在录入记账凭证过程中，会计核算软件必须提供以下控制功能，确保记账凭证的编制和处理符合国家统一会计制度的要求。

① 正在录入的记账凭证编号是否与已录入的机内记账凭证编号重复，当重复时，需提示并拒绝保存。

② 以编号形式录入会计科目的，应当提示编号所对应的会计科目名称。

③ 借贷双方金额不平衡，或没有录入金额的，能提示并且拒绝保存。

④ 有借方会计科目而无贷方会计科目或者有贷方会计科目而无借方会计科目的，需提示并拒绝保存。

⑤ 在录入收款凭证或付款凭证时，如果选择的会计科目中不包含"库存现金"或"银行存款"的，需提示并拒绝保存。

⑥ 会计核算软件应当提供对已经录入尚未记账的记账凭证进行修改和审核的功能，但对于已审核通过后的记账凭证，应当不再允许修改；对于已经记账的记账凭证，应当不再允许撤销审核。当发现已经审核通过或者记账的记账凭证有错误时，应当采用红字凭证冲销法或者补充凭证法进行更正。

⑦ 对同一记账凭证，应当具有权限控制功能，防止同一用户对同一凭证具有录入、修改和审核权限。

4．审核和修改记账凭证的要求

（1）采用直接录入原始凭证由会计核算软件自动生成记账凭证的，在生成正式机内记账凭证前，应当进行审核确认。

（2）从财务模块以外的其他业务子系统生成会计凭证数据的，应当审核确认后生成记账凭证。

（3）发现已经录入并审核通过或者登账的记账凭证有错误的，应当采用红字凭证冲销法或者补充法进行更正。

（4）会计核算软件应当分别提供对审核功能与录入、修改功能的使用权限进行控制，即对同一张记账凭证，应当分别对审核功能与录入和修改功能的权限进行控制。

（5）对已经输入但未登记会计账簿的机内记账凭证，应提供修改和审核的功能。审核通过后，不能再对机内凭证进行修改。在修改的过程中，也应该给出前面要求的各项提示。

5．会计核算对外币核算的要求

适用于外国货币核算业务的会计核算软件，应当提供录入有关外国货币凭证的功能。通用会计核算软件还可以在初始化功能中提供选择记账本位币的功能。

核算外币的会计核算软件，应当提供在当期外币业务发生时，录入当时的汇率功能，当外币录入成功后，会计核算软件应当立即自动折合为记账本位币金额。

2.2.3 会计数据处理功能的要求

1．记账的要求

会计核算软件应当提供根据审批通过的机内记账凭证及所附原始凭证登记账簿的功能。记账前必须对记账凭证是否通过审核进行检查，只有通过审核的记账凭证才能记账，记账后对已记账的凭证做记账标记。

在计算机内，账簿文件或者数据库可以设置一个或者多个。

（1）根据审核通过的机内记账凭证或者计算机自动生成的记账凭证或记账凭证汇总表登记总分类账。

（2）根据审核通过的机内记账凭证和相应机内原始凭证登记明细分类账。

（3）总分类账和明细分类账可以同时登记或者分别登记，可以在同一个功能模块中登记或者在不同功能模块中登记。

（4）会计核算软件可以提供机内会计凭证审核通过后直接登账或成批登账的功能。

（5）机内总分类账和明细分类账登记时，应当计算出各会计科目的发生额和余额。

2. 对账和结账的要求

(1) 会计核算软件应当提供自动进行银行对账的功能,根据机内银行存款日记账与录入的银行对账单及适当的手工辅助自动生成银行存款余额调节表。

(2) 会计核算软件应当提供机内会计数据按照规定的会计期间进行结账的功能。结账前,会计核算软件应当自动检查本期录入的会计凭证是否全部登记入账,确认已全部登记入账后才能结账。

(3) 机内总分类账和明细分类账可以同时结账,也可以由处理明细分类账的模块先结账、处理总分类账的模块后结账。

(4) 机内总分类账结账之前,应当与机内明细分类账进行核对,如果不一致,总分类账不能结账。

(5) 当结账后,不能再录入上一会计期间的会计凭证。

3. 生成报表的要求

会计报表作为单位财务状况和经营成果的综合反映,是在日常核算的基础上,进一步加工汇总形成的综合性经济指标;它以表格和数字及附带的文字说明来提供会计资料。

由于企业会计资料的使用者众多,不同的使用者对会计资料有不同的要求,因此财务部门提供的会计资料就要采取不同的格式反映不同的内容,从而形成相应的符合国家统一会计制度规定的会计报表。

会计报表按不同标准划分有不同的种类。例如,按报送对象分为外部报表和内部报表;按照绘制日期分为月报表、季度报表和年报表等定期编制的报表和企业为某种特殊需要编制的一次性报表;按报表的编制单位分为单位会计报表和汇总会计报表;按报表的结构分为简单报表和由几个简单报表嵌套而成的复合报表。所有这些报表,根据《企业会计准则》规定而编制的资产负债表、损益表和现金流量表是必须编制的基本报表。

会计核算软件应当提供符合国家统一会计制度规定的自动编制会计报表的功能。通用会计核算软件应当提供会计报表的自定义功能,包括定义会计报表的格式、项目、各项目的数据来源、表内和表间的数据运算和稽核关系等。对于根据机内会计账簿生成的会计报表数据,会计软件不能提供直接修改功能。

4. 提供的其他数据处理功能

通用会计核算软件应当同时提供国家统一会计制度允许使用的多种会计核算方法,以供用户选择。会计核算软件对于会计核算方法的更改过程在计算机内应有相应的记录。同时会计核算软件应当采取加密存储、用户身份验证等多种手段确保会计数据安全保密,防止对数据的未授权访问、复制、篡改和删除等。

2.2.4 会计数据输出功能的要求

数据输出是将计算机处理的结果传递出来，给用户提供需要的信息。数据输出有多种方式，如屏幕输出查询、打印机输出打印和网络输出传输等。其中查询输出和打印输出是最基本的输出形式。因此，会计电算化软件也应该具备相应的数据输出功能以满足数据输出的功能。

1．屏幕查询的要求

在会计电算化条件下，无须每天将会计账务数据打印输出，平时的查账需求可以通过屏幕查询满足。因此，会计核算软件必须提供对机内数据的查询功能。对会计数据查询功能没有统一的格式和内容要求，总要求是必须满足用户对会计数据的日常查询需求。屏幕查询一般应当实现以下功能。

（1）机内总分类会计科目和明细分类会计科目的名称、编号、年初余额、期初余额、累计发生额、本期发生额和余额等项目。

（2）本期已经录入并登账和未登账的机内记账凭证、原始凭证。

（3）机内本期和以前各期的总分类账和明细分类账账簿。

（4）往来账款项目的结算情况。

（5）本期和以前各期的会计报表。

2．打印输出的要求

会计核算软件必须提供以下打印输出功能。

（1）会计核算软件应当提供机内记账凭证打印输出的功能，打印格式和内容应当符合国家统一会计制度的规定。

（2）会计核算软件可以提供机内原始凭证的打印输出功能，打印输出原始凭证的格式和内容应当符合国家统一会计制度的规定。

（3）会计核算软件必须提供会计账簿、会计报表的打印输出功能，打印输出的会计账簿、会计报表的格式和内容应当符合国家统一会计制度的规定，应当提供总分类账、明细分类账和日记账的打印输出功能，其中明细分类账应当以三栏账、多栏账和数量金额账等各种会计账簿的方式打印输出。

（4）在机内总分类账和明细分类账的直接登账依据完全相同的情况下，总分类账可以用总分类账户本期发生额及余额对照表替代。

（5）在保证会计账簿清晰的条件下，计算机打印输出的会计账簿中的表格线条可以适当减少。

（6）对于业务量较少的账户，提供会计账簿的满页打印输出功能。

（7）打印输出的机内会计账簿、会计报表，如果是根据已结账数据生成的，则应当在打印输出的会计账簿、会计报表上打印一个特殊标记，以示区别。

3．提供的其他数据要求

根据机内会计凭证和据以登记的相应账簿生成的各种机内会计报表数据，会计核算软件不能提供直接修改功能。

会计年度终了进行结账时，会计核算软件应当提供在数据磁带、可装卸硬磁盘或者软磁盘等存储介质的强制备份功能。

2.2.5 会计核算软件必须保证机内数据的安全

会计核算软件具有按照初始化功能中的设定防止非指定人员擅自使用的功能，以及对指定操作人员实行使用权限控制的功能。会计核算软件遇到以下情况时，应予提示并保持正常运行。

（1）会计核算软件在执行备份功能时，存储介质无存储空间、数据磁带或者软磁盘未插入、软磁盘贴有写保护标签。

（2）会计核算软件执行打印时，打印机未连接或未打开电源开关。

（3）会计核算软件操作过程中，输入了与软件当前要求输入项目不相关的数字或字符。

对存储在磁性介质或者其他介质上的程序文件和相应的数据文件，会计核算软件应当进行加密或者其他保护措施，以防止文件被非法篡改。一旦发现程序文件和相应的数据文件被非法篡改，应当能利用标准程序和备份数据，恢复会计核算软件的运行。

会计核算软件应当具有在计算机发生故障或者由于强行关机及其他原因引起内存和外存会计数据被破坏的情况下，利用现有数据恢复到最近状态的功能。

2.3 会计电算化的岗位分工

2.3.1 岗位设置

企业根据会计电算化的特点和要求，按照"责、权、利用结合"的原则，对会计信息系统使用人员和维护人员的职责和权限做出明确规定。按照会计电算化工作的特点，会计电算化后的工作岗位可分为基本会计岗位和电算化会计岗位。

基本会计岗位可分为会计主管、出纳、会计核算各岗、稽核、会计档案管理等工作岗位。

会计电算化岗位是指直接管理、操作、维护计算机及会计核算软件的工作岗位,电算化会计岗位可分为电算主管、软件操作员、审核记账员、系统维护员、系统开发员等工作岗位。

2.3.2 岗位职责

1. 电算主管

电算主管又称为系统管理员,主要负责协调整个会计电算化系统的运行工作,应具备会计和计算机相应知识以及相关的会计电算化组织管理的经验。电算主管可以由会计主管兼任,采用中小型计算机和计算机网络会计软件的企业,应设立此岗位。

电算主管的主要职责有以下内容。

(1)领导本单位电算化工作,拟定会计电算化中长期发展规划,制定会计电算化日常管理制度。

(2)根据所用软件的特点和本企业会计核算的实际情况来建立本企业的会计电算化体系和核算方式。

(3)总体负责会计电算化系统的日常管理,包括计算机硬件和软件的运行工作。

(4)负责上机人员的使用权限,协调系统内各类人员之间的工作关系。定期或不定期地对会计电算化岗位工作进行检查考核。

(5)负责组织监督系统运行环境的建立和完善,以及系统建立时的各项初始化工作。

2. 软件操作员

软件操作员是指有权进入当前运行的会计电算化系统的全部或部分功能的人员。系统操作负责录入记账凭证和原始凭证等会计数据,输出记账凭证、报表、账簿等工作。软件操作员应具备会计核算软件操作知识,达到会计电算化初级水平,各企业鼓励基本会计岗位的人员兼任软件操作员的工作。操作员岗位可根据企业规模和业务量等,确定一人一岗,或者一岗多人。

软件操作员主要职责有以下内容。

(1)严格按照系统管理分配权限和所培训软件操作知识,对本企业会计电算化软件的操作运行,如凭证录入和原始凭证录入,查询、分析各种报表和账簿数据。

(2)严格遵守会计电算化有关制度,包括开关机制度、上下岗操作记录制度;操作过程中发现故障应及时报告系统管理员,并做好故障记录;坚持防病毒制度;会计数据、会计信息检查审核制度的存储安全保密制度等。

3. 审核记账员

审核记账员负责对录入会计电算化系统的数据,如记账凭证和原始单据等进行审核,登记机内账簿,对打印的报表、账簿进行再次确认。此岗位要求具备会计和计算机知识,应达到会计电算化初级知识培训的水平,也可由会计主管兼任。

审核记账员主要职责有以下内容。

(1)具体负责录入系统的各种会计数据的审核工作,可由基本会计岗位的稽核员兼任。

(2)审核记账员既要审核会计凭证,又要审核会计报表和账簿;既要审核内部数据,又要审核外来数据及网络数据;既要审核各类代码的合法性、正确性,又要审核摘要的规范性等。

(3)按照审核记账员的工作质量确定,必须严格检查审核各项会计数据,确保数据的完整和准确无误。对于不符合要求的凭证和不正确的输出数据,审核记账员应拒绝签字并及时报告有关人员。

4．系统维护员

系统维护员负责保证计算机软件、硬件的正常运行,管理机内会计数据。此岗位要求具备计算机和会计知识,参加会计电算化中级培训。采用大中型计算机和计算机网络会计软件的企业,必须设立此岗位,此岗在大中型企业应由专职人员担任。

系统维护员的主要职责有以下内容。

(1)负责会计电算化系统软、硬件的安装和调试工作。严格执行软、硬件维护保养制度,保证系统的正常运行。

(2)制订和维护规划方案和日常维护工作计划,履行硬件检查制度,定期或不定期检查硬件运行情况,进行维护保养工作,保证日常维护更换和使用需要。

(3)严格执行机房管理制度,对硬件的安全摆放、移动和运行进行监护,熟练掌握会计核算软件维护技能,做好临时性维护和技能性维护,保证系统在静态和动态环境下的安全性。

(4)系统维护员除实施数据维护外,不允许随意打开系统数据库进行操作,实施数据维护时不准修改数据库结构,其他上机人员一律不准直接对数据库进行操作。

(5)负责以磁盘、磁带等介质定期备份好程序文件中的数据。

5．系统开发员

系统开发员包括系统分析、系统设计和程序设计。系统分析、设计员是整个会计电算化系统的设计师,具有举足轻重的地位;系统程序员负责本企业会计核算软件的开发工作。在中小企业,系统分析员一般由会计电算化主管兼任或临时聘任专家担任。自行开发会计核算软件的企业必须设置此岗位。

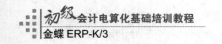

2.4 会计电算化档案管理要求

电算化档案管理是重要的会计基础工作之一,单位必须加强对会计档案管理的领导,建立和健全会计档案的立卷、归档、保存、调阅和销毁管理制度,切实把会计档案管好。单位实现会计电算化后,鉴于会计档案的磁性化和不可见特点,《会计法》对会计电算化档案的管理做了相应的基本要求。

会计电算化档案是指以磁性介质存储在计算机中的会计数据和计算机打印的书面形式的会计信息,包括记账凭证、会计账簿、会计报表(包括报表格式和计算公式)等,以及会计软件系统开发运行中编制的各种文档程序和其他会计资料。严格来说,会计电算化档案资料的内容多于传统的手工会计核算。

计算机内会计数据的打印输出和保存是替代手工记账单位的重要工作。采用电子计算机打印输出的会计凭证、账簿和报表应当符合国家统一会计制度的要求,必须采用中文或中外文对照,字迹要清晰,保存期限按《会计档案管理办法》的规定执行。

如果采用磁带、磁盘和光盘等存储介质保存会计档案,则由国务院业务主管部门统一规定,并报财政部、国家档案局备案。

会计电算化档案管理的主要任务是监督和保证电算化核算软件按照要求生成各种会计档案,同时保证会计档案的安全和完整,做好保密工作,从而使会计档案得到合理和有效的利用。

会计电算化档案管理要求做到以下几点。

1. 保存打印出的纸质会计档案

由于电子数据的特殊性,一般在实行会计电算化后,要求将有关记录会计业务的资料进行打印输出,一方面能够保证会计档案的长期保存,另一方面也能实现会计档案的证据作用,便于追查和确定会计责任。

会计电算化大部分会计档案以电子数据的形式存放在磁盘、光盘等存储介质中,具有一定的不安全性,同时有的电子数据也不具有法律效力。因此,要求已经实现会计电算化核算的单位,其会计档案必须打印输出,以纸质形式按《会计档案管理办法》进行保管。

实行会计电算化,根据原始凭证在计算机上直接编制记账凭证,由计算机打印输出。记账凭证上应有录入人员、复核人员和会计主管的签名和盖章,收、付款凭证还应有出纳的签名和盖章。

打印生成的记账凭证视同手工填制的记账凭证立卷归档管理。保存打印输出的纸质会计档案，相关规定如下。

（1）现金日记账和银行日记账要求每天打印输出，做到日清月结。日记账的打印，由于受到打印机的限制，可采用计算机打印输出的活页账页装订成册，要求每天登记并打印；如果每天业务较少、不能满页打印的，可按旬打印输出。

（2）明细账要求每年打印一次或在需要的时候打印输出。一般账簿可以根据实际情况和工作需要按月或按季、按年打印输出。发生业务少的账簿，可满页打印，然后装订成册进行保管；业务量较大的，如电子账记录满一个整页，可先打印输出整页账册。在保证账簿清晰的条件下，打印机打印输出的账簿中表格线应适当减少。

（3）会计电算化后，在所有记账凭证数据和明细账数据都存储在计算机内的情况下，总账一般用"总分类科目余额、发生额对照表"替代，"总分类科目余额、发生额对照表"一般要求每月打印一次。

（4）会计报表每月打印一次进行保管。

各单位每年形成的会计档案，都应由财务部门按照归档的要求，负责整理立卷或装订成册。当年的会计档案在会计年度终了后，可暂由本单位财务部门保管1年。期满后，原则上应由财会部门编造清册并移交本单位档案部门保管。

2．制定与实施会计电算化档案管理制度

档案管理制度一般有以下内容。

（1）存档的手续，如审批手续、打印输出的账表，必须有会计主管、系统管理员的签章才能存档保管。

（2）各种安全和保密措施。

（3）档案管理员的岗位责任制度。

（4）档案分类管理办法。

（5）档案使用的各种审批手续。

（6）各类文档的保管期限及销毁手续。

会计凭证、会计账簿和会计报表等会计档案保管期应按照《会计档案管理办法》规定执行。

3．会计电算化档案安全和保密措施

会计电算化档案管理应由专人负责，并严格执行财政部有关规定。

对电算化档案要做好防磁、防火、防潮、防尘和防虫蛀等工作。重要会计档案应有双备份，存放在两个不同的地点，最好在两个不同的建筑物内。

对采用存储介质保存的会计档案，要定期进行检查，定期进行复制，防止由于存储介质损坏而使会计档案丢失。对会计软件的全套文档资料以及会计软件程序，保管截止日期是该软件停止使用或有重大更改后 5 年。

各单位保存的会计档案应为本单位积极提供利用,在向外单位提供利用时,档案原件原则上不得外借。

各单位对会计档案必须进行科学管理,做到妥善保管、存放有序、查找方便。

2.5 课后习题

(1) 在《会计法》中财政部发布了哪些法规?
(2) 会计数据录入功能有哪些要求?
(3) 会计数据输出功能有哪些要求?
(4) 制定与实施会计电算化档案管理制度有哪些内容?

第 3 章
会计电算化软件安装与账套建立

学习重点

通过学习本章,了解会计电算化软件运行对软件和硬件的基本要求,学习会计电算化软件的安装流程,掌握会计电算化软件的登录方法,学习账套的建立方法。

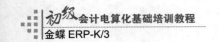

3.1 会计电算化软件的安装

了解会计电算化软件安装的硬件环境和软件环境，学习会计电算化软件的安装方法，这是学习会计电算化软件的第一步。

在当前国内会计电算化软件市场上，比较流行的电算化软件有金蝶、用友和速达等，都已经通过财政部审批，可以放心使用。金蝶 K/3 是金蝶公司财务软件系列中一款标准化产品，本书主要讲述金蝶 K/3 WISE V13.1 系统，从安装方法、账套建立、基础资料设置、初始化、模块功能和如何最终达到详细化的财务核算目的一一讲述。

3.1.1 会计电算化软件安装环境要求

硬件和软件环境是金蝶软件运行的最基本条件，如果不能满足基本要求，则运行速度慢或根本无法使用，金蝶公司为该软件提供一个最低硬件要求，并同时推荐一个配置，所以一定要注意金蝶所推荐的配置。

1. 硬件环境要求

（1）服务器的硬件环境要求如下。

CPU 类型：Intel Xeon 或 AMD Opteron 推荐 Xeon E3/E5 系列，CPU 速率：最低使用 2.0 GHz，推荐使用 2.4 GHz 或更快，CPU 物理核心总数：最低使用 4 核心，推荐使用 6～8 核心（200 并发以内）或 12～16 核心（200～400 并发）。

内存：物理内存最少使用 4 GB，推荐使用 4 GB（200 并发以内），或者 8～16 GB（200～400 并发，需要安装 64 位操作系统）。

硬盘空间：最少 20 GB 空闲空间，推荐 40 GB 或更多空闲空间。

（2）客户端的硬件环境要求如下。

CPU 类型：酷睿或更快的 x86CPU，最低使用双核 2.0 GHz，推荐使用双核 2.4 GHz。

内存：最少使用 1.0 GB，推荐使用 2.0 GB 或更大。

硬盘：最少 10 GB 空闲空间，推荐 20 GB 或更多空闲空间。

2. 软件环境

（1）服务器端，需要安装的软件有数据库系统（SQL Server 2000/2005/2008/2008R2）和 Windows 简体中文版操作系统（2000/XP/2003/Windows7/Windows8/2008/2012）。

（2）客户端需要安装 Windows 简体中文版操作系统（2000/XP/2003/Windows7/Windows8）。

3.1.2 会计软件安装

金蝶 K/3 WISE 系统的安装时只需按照安装向导即可完成。本书讲述单机（Windows 7）下安装金蝶 K/3 WISE 系统的方法。安装金蝶 K/3 WISE 系统分两步，首先需要安装数据库软件 SQL Server 2000/2005/2008/2008R2，然后再安装金蝶 K/3 WISE 系统。

1. 安装 SQL Server 数据库

❶ 打开 SQL Server 2008R2 安装光盘，双击运行"STETUP.EXE"安装程序，系统检测后进入 SQL Server 安装中心后跳过"计划"内容，直接选择界面左侧列表中的"安装"选项，如图 3-1 所示，进入安装列表选择。

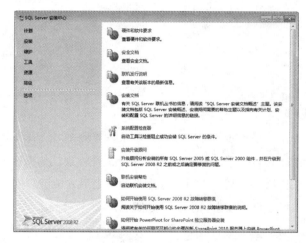

图 3-1

❷ 选择安装列表中的"全新安装或向现有安装添加功能"选项，如图 3-2 所示。

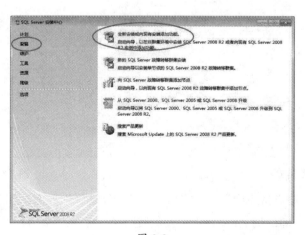

图 3-2

❸ 系统进入"安装程序支持规则"安装界面，安装程序将自动检测安装环境基本支持

情况，需要保证通过所有条件后才能进行下面的安装，如图 3-3 所示。

4 当完成所有检测后，单击"确定"按钮，选择 SQL Server 2008R2 的版本，输入产品密钥，这里以"Evaluation"为例介绍安装过程，密钥可以向 Microsoft 官方购买，如图 3-4 所示。

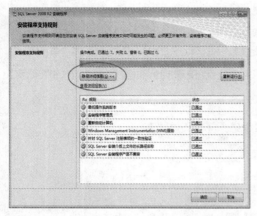

图 3-3

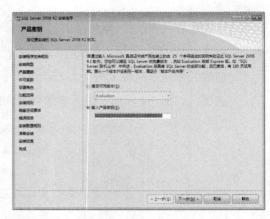

图 3-4

5 密钥填写后，单击"下一步"按钮进入许可条款界面中，选择"我接受许可条款"，单击"下一步"按钮，接下来将进行安装支持文件检查，如图 3-5 所示。

6 单击"安装"按钮继续安装，当所有检测都通过之后才能继续安装。如果出现错误，需要更正所有失败后才能安装，如图 3-6 所示。

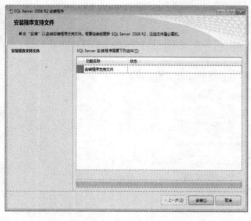

图 3-5

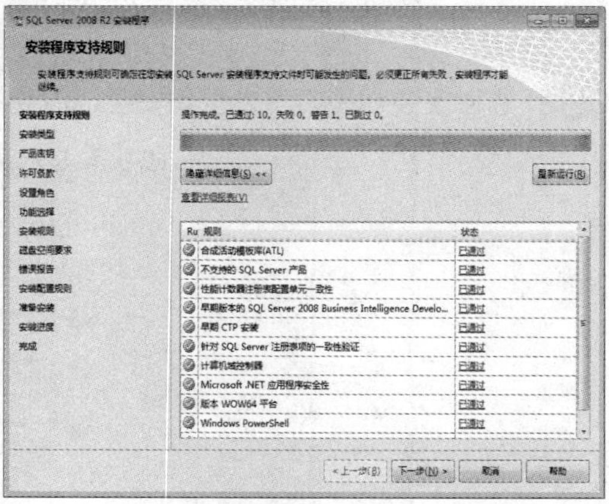

图 3-6

7 通过"安装程序支持规则"检查之后进入"功能选择"界面，如图 3-7 所示。这里选择需要安装的 SQL Server 功能，以及安装路径。

8 单击"下一步"按钮，进入"安装类型"界面，新建实例，或者在现有实例中添加功能，如图 3-8 所示。

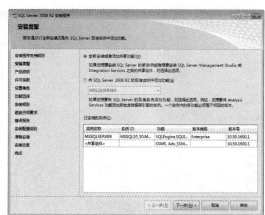

图 3-7　　　　　　　　　　　　　　图 3-8

9 在完成安装内容选择之后会显示磁盘使用情况，可根据磁盘空间自行调整，单击"下一步"按钮进入服务器配置，需要为各种服务指定合法的账户，如图 3-9 所示。

10 单击"下一步"按钮，进入数据库登录时的身份验证，选择"混合模式"单选按钮，并在"输入密码"文本框和"确认密码"文本框中输入密码，然后单击"添加当前用户"按钮，如图 3-10 所示。

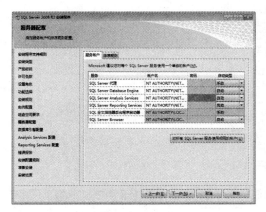

图 3-9　　　　　　　　　　　　　　图 3-10

11 单击"下一步"按钮，进入"Analysis Services 配置"界面，指定管理员，如图 3-11 所示。

12 单击"下一步"按钮，在"Reporting Services 配置"界面中选择默认模式，用户可根据需求选择，如图 3-12 所示。

13 单击"下一步"按钮，进入"错误和使用情况报告"界面，再单击"下一步"按钮，根据功能配置选择再次进行环境检查，如图 3-13 所示。

14 检查通过后，软件将会列出所有的配置信息，最后一次确认安装，如图 3-14 所示。

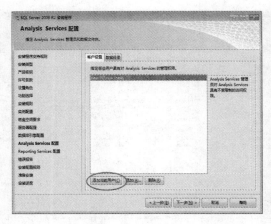

图 3-11

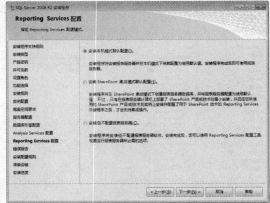

图 3-12

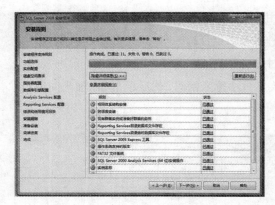

图 3-13

图 3-14

15 单击"安装"按钮，开始安装，根据软硬件环境的差异，安装过程可能持续几分钟，如图 3-15 所示。

16 安装完成之后，SQL Server 将列出各功能安装状态，如图 3-16 所示。

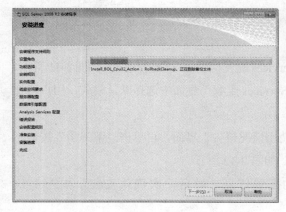

图 3-15

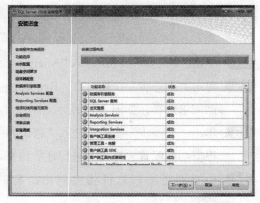

图 3-16

2. 安装金蝶 K/3 WISE

金蝶 K/3 WISE 的安装方法如下：

❶ 将安装光盘放入光驱，进入光盘目录，选择"Setup.exe"文件，如图 3-17 所示。

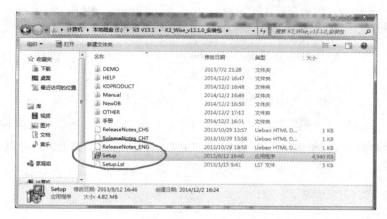

图 3-17

> **说明** 为保证金蝶 K/3 安装成功，在安装前需先退出第三方软件，特别是杀毒软件和防火墙，然后再进行 K/3 WISE 安装，安装完成后再启用第三方软件。

❷ 双击"Setup.exe"文件，系统弹出"金蝶 K/3 安装程序"界面，如图 3-18 所示。

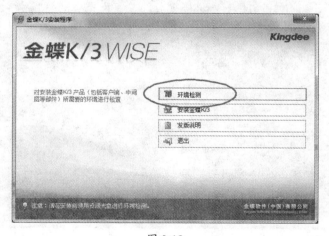

图 3-18

❸ 选择"环境检测"选项，系统弹出"金蝶 K/3 环境检测"窗口，如图 3-19 所示。

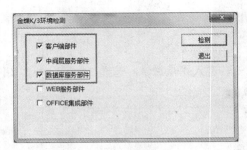

图 3-19

4 选择"客户端部件""中间层服务部件""数据库服务部件"复选框,单击"检测"按钮,系统开始检测,弹出"问题窗口",单击"确定"按钮,继续检测进程,系统弹出检测到缺少的组件,单击"确定"按钮,系统会将检测出缺少的组件进行安装。根据系统弹出的提示,放入资源光盘可完成缺少组件的安装工作。组件安装成功后,会显示"环境更新完毕"窗口。

说明 经测试,练习本书账套数据,可以不用安装资源盘内容。

5 返回"金蝶K/3安装程序"界面,如图3-18所示,再选择"安装金蝶K/3",系统经过检测后进入安装向导窗口,如图3-20所示。

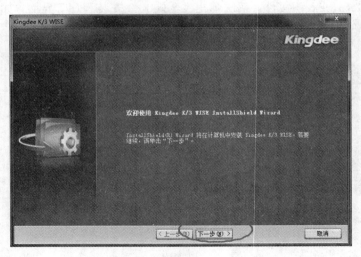

图 3-20

6 单击"下一步"按钮,系统进入"许可证协议"窗口,单击"是"按钮,系统进入"自述文件"窗口,单击"下一步"按钮,系统进入"客户信息"窗口,在此窗口中输入用户名和公司名称,单击"下一步"按钮,系统进入"选择目的地位置"窗口,单击"浏览"按钮可以修改安装目的地,跳过选择,单击"下一步"按钮,系统进入选择"安装类型"窗口,在此选择"自定义安装"类型,单击"下一步"按钮,系统进入"选择功能"窗口,如图 3-21 所示。复选框中勾选"√"表示选中,单击"+"号表示可以展开详细功能。

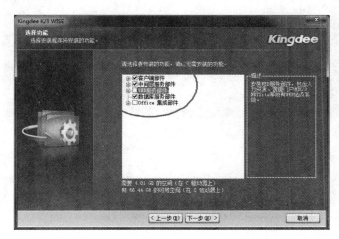

图 3-21

7 选择"客户端部件""中间层服务部件""数据库服务部件"复选框,单击"下一步"按钮,系统进入"安装状态",安装完成后,显示"完成"窗口,单击"完成"按钮,系统进入"中间层组件安装"窗口,如图 3-22 所示。

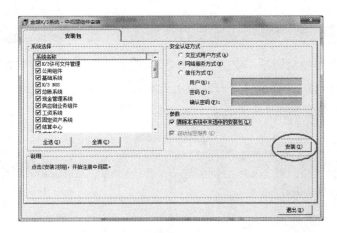

图 3-22

8 单击"安装"按钮,开始中间层安装工作。中间层安装完成后,自动隐藏进度条,稍后弹出"WEB 系统配置工具"窗口,保持默认选择项目,单击"完成"按钮,结束金蝶 K/3 安装工作,安装成功后会在桌面上显示"金蝶 K3 WISE"图标,如图 3-23 所示。

图 3-23

3.2 账套建立

账套，就是一个数据库文件，用来存放所有业务数据资料，存放如会计科目、凭证、账簿、报表等内容，所有操作都需要打开账套后才能进行。一个账套只能处理一个会计主体（公司）的业务。

3.2.1 账套建立

【案例】世荣科技公司是一家生产电源适配器的公司，为提高财务部工作效率和财务分析能力，公司计划在 2015 年 4 月开始使用金蝶 K/3 WISE，用以对财务核算和分析进行有效的管理，账套信息如表 3-1 所示。

表 3-1　　　　　　　　　　　　账套信息资料

账套文件名	兴旺实业
账套名称	世荣科技公司
行业属性	新会计准则
本位币	人民币
会计科目结构	10-4-2-2-2-2-2-2-2-2
会计期间界定方式	自然月份
会计期间	01 月 01 日至 12 月 31 日
启用日期	2015 年 4 月

根据表 3-1 中的数据建立世荣科技公司账套，操作流程如下。

① 选择"开始"→"所有程序"→"金蝶 K/3 WISE"→"金蝶 K/3 服务器配置工具"→"账套管理"，如图 3-24 所示。

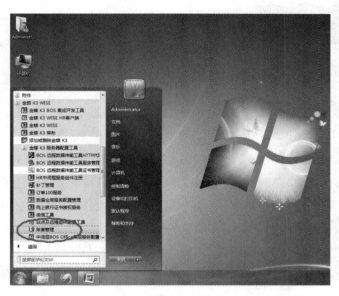

图 3-24

系统弹出提示窗口，如图 3-25 所示。这是因为第一次使用"账套管理"功能时，要设置一下数据库的配置情况。

单击"确定"按钮，系统进入"账套管理数据库设置"窗口，如图 3-26 所示。单击"数据库文件路径"右侧的">"按钮，系统弹出"选择数据库文件路径"窗口，指定保存位置即可。

图 3-25

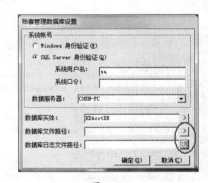

图 3-26

设置完成单击"确定"结束配置，并进入"登录"窗口，如图 3-27 所示。

② 在"用户名"文本框中输入"Admin"，即系统默认的账套管理员，"密码"文本框默认为空，单击"确定"按钮，系统进入"金蝶 K/3 账套管理"窗口，如图 3-28 所示。

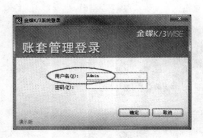

图 3-27　　　　　　　　　　　　　　图 3-28

- 账套列表：在窗口右侧显示，用来显示当前计算机中已经建立的账套信息。
- 机构列表：在窗口左侧显示。很多集团性连锁性公司下的各分公司既要财务数据独立核算又需要汇总，为便于分类管理可以将其结构分层，然后在相应的组织结构下建立账套。

❸ 选择菜单"数据库"→"新建账套"命令，或单击工具栏上的"新建"按钮，系统弹出"信息"窗口，如图 3-29 所示。仔细阅读窗口中的内容，以便建立账套时选择相应类型。

❹ 单击"关闭"按钮，系统弹出"新建账套"窗口，如图 3-30 所示。

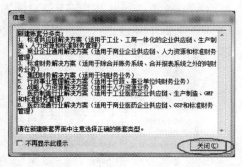
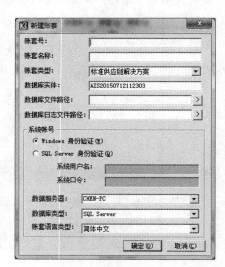

图 3-29　　　　　　　　　　　　　　图 3-30

❺ 在"账套号"文本框中输入"001"，"账套名称"文本框中输入"世荣科技公司"，"账套类型""数据库实体"保持不变，单击"数据库文件路径"右侧的">"（浏览）按钮，系统弹出"选择数据库文件路径"窗口，采用系统默认的保存路径，单击"确定"按钮保存设置。用同样的方法设置"数据库日志文件路径"，系统账号选择"SQL

Server 身份验证",系统用户名保持"SA",同时输入系统口令,如图 3-31 所示。

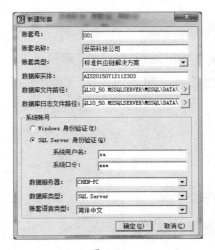

图 3-31

 由于操作系统是 Windows 7,所以必须选择"SQL Server 身份验证"。

❻ 设置完成,单击"确定"按钮,系统开始建账,账套建立成功后,账套信息会显示在"账套列表"中,如图 3-32 所示。

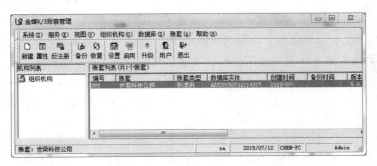

图 3-32

3.2.2 属性设置和启用账套

属性包括账套的机构名称、记账本位币和启用会计期间等内容,属性设置完成后才可以启用账套。

❶ 选中"001 世荣科技公司"账套,选择菜单"账套"→"属性设置"命令,或单击工具栏上的"设置"按钮,系统弹出"属性设置"窗口,如图 3-33 所示。

- "系统"选项卡中可以设置账套的基本信息。在"机构名称"文本框中输入"世荣科技公司"。
- "总账"选项卡中可以设置记账时的基本信息。
- "会计期间"选项卡中单击"更改"按钮,系统弹出"会计期间"设置窗口,"启用会计年度"数值框中输入"2015","启用会计期间"数值框中输入"4",如图3-34所示。

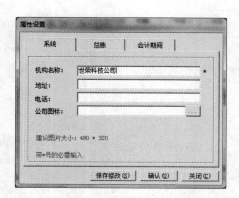

图 3-33

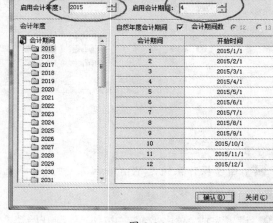

图 3-34

　（1）"启用会计年度"数值框设为"2015","启用会计期间"数值框设为"4",表示初始设置中的期初数据是2015年3月的期末数。读者在启用账套时一定要注意账套的期间启用,以便准备初始数据。

　（2）如果会计期间需要特殊设置,可以取消勾选"自然年度会计期间"复选框,这样读者可以设置"12"或"13"个会计期间,并且期间的"开始日期"可以自由修改。

❷ 单击"确定"按钮保存会计期间设置,并返回"属性设置"窗口,单击"确认"按钮,系统弹出"确认启用当前账套吗?"窗口,单击"是"按钮,稍后系统弹出"成功启用"提示窗口,单击"确定"按钮,完成属性设置和账套启用工作。

　该处的账套启用是指建立账套文件工作完成,而不是启用后可以录入业务单据。因初始数据还未录入,所以录入单据后的数据会与实际数据有出入。

3.2.3 备份账套

操作软件时，为预防数据出错或发生意外（如硬盘损坏、计算机中病毒），需要随时备份数据，以便恢复时使用。

① 在"账套列表"中选中要备份的账套，选择菜单"数据库"→"备份账套"命令，或单击工具栏中的"备份"按钮，系统弹出"账套备份"窗口，如图3-35所示。

- 完全备份：执行完整数据库的备份，也就是为账套中的所有数据建立一个副本。备份后，生成完全备份文件。
- 增量备份：记录自上次完整数据库备份后对数据库所做的更改，也就是为上次完整数据库备份后发生变动的数据建立一个副本。备份后，生成增量备份文件。

增量备份比完全备份工作量小而且备份速度快，因此可以更经常地备份，以减小丢失数据的危险。

- 日志备份：事务日志是上次备份事务日志后，对数据库执行的所有操作的记录。一般情况下，事务日志备份比数据库备份使用的资源少，因此可以经常地创建事务日志备份。如果用户经常备份将减小丢失数据的危险。
- 备份路径：备份所生成的 *.DBB 和 *.BAK 文件的保存位置，应尽量采用默认值。
- 文件名称：备份时生成的文件名称可更改。

第一次备份一定用完全备份；备份生成的 *.DBB 和 *.BAK 文件，要定期复制到外部储存设备上。

② 单击"备份路径"右侧的"》"按钮（浏览），系统弹出"选择数据库文件路径"窗口，选择好保存路径后，单击"确定"按钮，系统开始备份数据，完成后系统弹出提示窗口，如图3-36所示。

图 3-35　　　　　　　　　　图 3-36

③ 单击"确定"按钮，备份工作完成。

3.3 课后习题

（1）"账套"的含义是什么？

（2）建立账套时为什么要输入 SA 密码？

（3）建立好账套文件后，还需设置什么才能登录使用？

第 4 章
会计电算化软件初始化设置

学习重点

通过学习本章,了解初始化设置方法,如科目、币别、物料、客户等信息的设置方法。

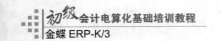

初始化设置是会计电算化中十分重要的工作，同时是整个会计电算化工作的基础。初始设置的好坏，将直接影响会计电算化的质量和运作。清晰的科目结构、准确的数据关系，用户就会在日常处理和财务核算中思路顺畅、驾轻就熟。初始数据的设置工作包含会计科目设置、核算项目设置和币别设置等。

1 双击桌面"金蝶 K3 WISE"图标，系统弹出登录窗口，选择"命名用户身份登录"单选按钮，在"用户名"文本框中输入"administrator"，"密码"文本框为空，如图 4-1 所示。

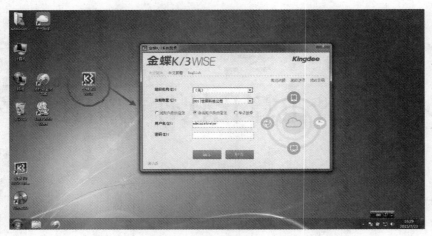

图 4-1

2 单击"确定"按钮，进入"我的工作台"界面，单击工具栏上的"K/3 主界面"，切换到"主界面"显示模式，如图 4-2 所示。

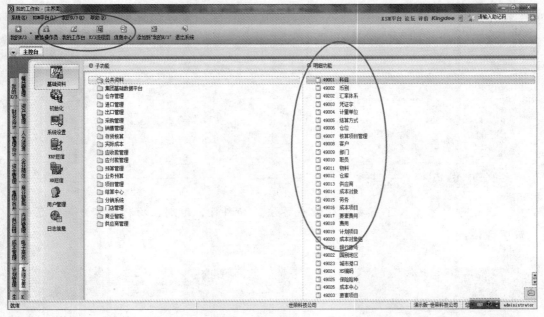

图 4-2

提示

（1）工具栏上的"我的工作台""K/3 流程图""K/3 主界面"按钮，可以互换不同的界面显示模式。

（2）"系统设置"→"基础资料"→"公共资料"下的明细功能，都是需要初始化设置的资料，具体哪些资料要设置根据账套启用功能情况来定。

4.1 币别

货币是财务核算的基本单位，对于有外币业务的企业，财务核算的计算单位可能涉及多种币种。币别设置是对企业所涉及的外币进行"币别"和"汇率"管理，用户可对"币别"进行增加、修改、浏览等操作。

"世荣科技公司"日常业务会涉及"美元"业务，根据表 4-1 增加和修改币别，操作流程如下。

表 4-1　　　　　　　　　　　　　币别　　　　　　　　　　　　单位：美元

币别代码	币别名称	期初汇率	期末汇率
USD	美元	6.215	调汇时输入

❶ 选择"系统设置"→"基础资料"→"公共资料"→"币别"，双击"币别"功能，系统弹出"币别"窗口，如图 4-3 所示。

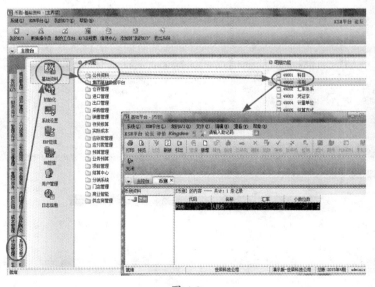

图 4-3

② 单击工具栏上的"新增"按钮，系统弹出"新增"窗口，在"币别代码"文本框中输入"USD"，"币别名称"文本框中输入"美元"，"记账汇率"文本框中输入"6.215"，如图4-4所示。

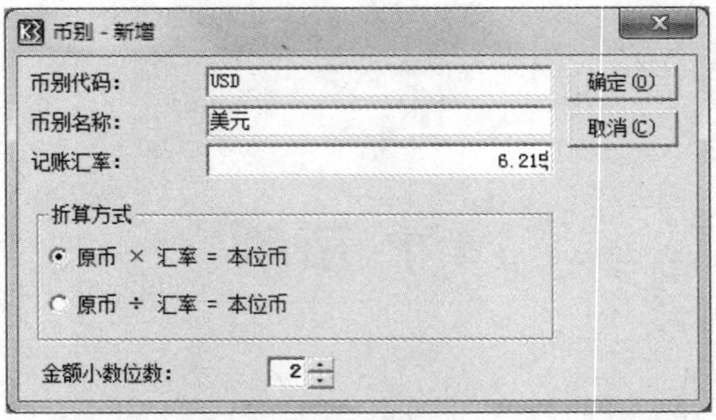

图4-4

- 币别代码：表示货币币别的代码，系统使用3个字符表示。建议使用惯例编码，如RMB、HKD等。货币代码尽量不要使用"$"符号，因为该符号在自定义报表中已有特殊含义，如果使用该符号，在自定义报表中定义取数公式时可能会遇到麻烦。
- 币别名称：表示货币的名称，如人民币、港币等。
- 记账汇率：在经济业务发生时的记账汇率，期末调整汇兑损益时，系统自动按对应期间的记账汇率折算，并调整汇兑损益额度。
- 折算方式：系统提供两种折算公式。
- 金额小数位数：指定币别的精确的小数位数，范围为0～4。

③ 单击"确定"按钮保存设置，这时在"币别"窗口中可以看到已经新增的"美元"币别，如图4-5所示。

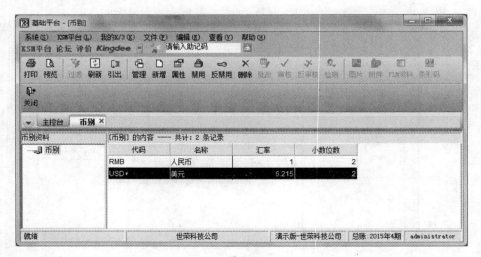

图4-5

4.2 凭证字

凭证字功能是管理凭证处理时使用的凭证字,如收、付、转、记等,可以对凭证字进行新增、修改、删除等操作。

本书学习账套使用"记"字。

选择"系统设置"→"基础资料"→"公共资料"→"凭证字",双击"凭证字",系统进入"凭证字"窗口,单击工具栏上的"新增"按钮,系统弹出"凭证字-新增"窗口,在"凭证字"处输入"记",其他选项保持默认值,如图4-6所示。单击"确定"按钮保存。

- 科目范围:可以设置该凭证字使用的会计科目范围,如借方有某个科目时才能使用该凭证字。
- 限制多借多贷凭证:选中该选项,如果是多借多贷凭证,则不允许保存该凭证。但可以保存一借一贷、一借多贷或多借一贷的凭证。

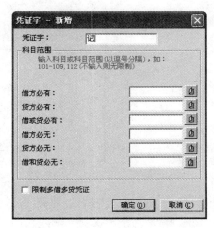

图 4-6

4.3 计量单位

计量单位是维护系统中进行存货核算和固定资产资料录入时,为不同的存货、固定资产设置的计量标准,如公斤、台、张等。

 若账套不使用固定资产模块和进销存模块,计量单位可以不用设置。

【案例】录入表4-2中的计量单位数据。

表4-2   计量单位

组 别	代 码	名 称	系 数
数量组	11	PCS	1
固定资产组	21	台	1
	22	辆	1

❶ 选择"系统设置"→"基础资料"→"公共资料"→"计量单位",系统弹出"计量单位"

窗口。用户需先新增组别，选中左侧"计量单位资料"下的"计量单位"选项，单击"新增"按钮，系统弹出"新增计量单位组"窗口，在"计量单位组"文本框中输入"数量组"，如图4-7所示。

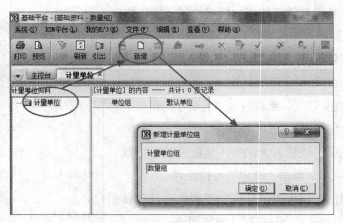

图 4-7

② 单击"确定"按钮，保存设置并返回"计量单位"窗口，这时可以看到左侧新增的"计量单位组"资料。继续新增"固定资产组"。

③ 选中左侧窗口"计量单位"下的"数量组"，然后到右侧窗口任意空白处单击，再单击工具栏上的"新增"按钮，系统弹出"计量单位—新增"窗口，在"代码"文本框中输入"11"，"名称"文本框中输入"PCS"，"换算率"文本框中输入"1"，如图4-8所示。

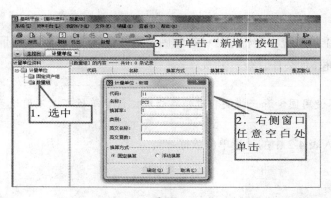

图 4-8

> **注** 系数是计量单位与默认计量单位的换算系数。非默认计量单位与默认计量单位的系数换算关系为乘积的关系，即1（默认计量单位系数）×非默认计量单位系数。一个单位组中只能有一个默认计量单位。

④ 单击"确定"按钮保存设置并返回"计量单位"窗口,这时可以看到新增的"计量单位"资料。继续录入其他计量单位。

4.4 会计科目

在会计电算化软件中,会计科目是填制会计凭证、登记会计账簿和编制会计报表的基础。会计科目是对会计对象具体内容分门别类进行核算所规定的项目。会计科目是区别于流水账的标志,是复式记账和分类核算的基础。会计科目设置的完整性影响着会计过程的顺利实施,会计科目设置的层次深度直接影响会计核算的详细、准确程度。除此之外,对于电算化系统,会计科目的设置还是用户应用系统的基础,它是实施会计电算化的前提。

金蝶 K/3 WISE 系统为用户预设有相关行业的一级会计科目和部分二级明细科目,有新会计准则和企业会计制度科目等行业的标准会计科目,需要用户先引入账套,二级明细科目则由用户自己增加。

选择"系统设置"→"基础资料"→"公共资料"→"科目",双击"科目"子功能,系统进入"会计科目"窗口,如图 4-9 所示。

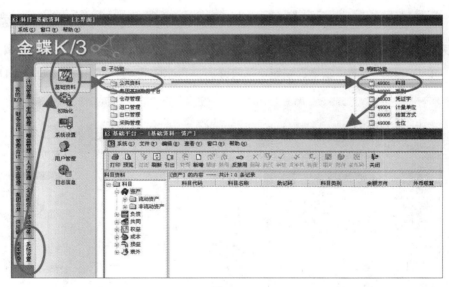

图 4-9

选择菜单"文件"→"从模板引入科目"命令,弹出"科目模板"窗口。单击"行业"下拉按钮,可以自由选择所需要的行业科目;单击"查看科目"按钮,可以查看该行业下预设的会计科目。选择"新会计准则科目"模板,单击"引入"按钮,弹出"引入科目"窗口,单击"全选"按钮，再单击"确定"按钮，引入所有会计科目。稍后系统弹出成功提示，单击"确定"按钮返回"会计科目"窗口，引入成功科目后的窗口如图 4-10 所示。

图 4-10

查看不同科目类别下明细科目的方法是单击类别前面的"+"号查看。

4.4.1 现金和银行存款科目维护

当系统引入会计科目后，已经预设有一级会计科目，一级以下的明细科目都需要用户自己新增。单击工具栏上的"新增"按钮，系统弹出"会计科目 - 新增"窗口，如图 4-11 所示。

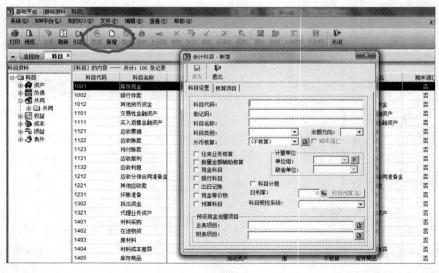

图 4-11

窗口有"科目设置"和"核算项目"选项卡。"科目设置"选项卡的内容介绍如下。

- 科目代码：须先增加上级科目代码，再增加该科目的下级科目，明细级科目代码由"上级科目代码+本级科目代码"组成，中间用小数点进行分隔，科目代码不能重复，必录项。例如，"1001.01"代码，表示一级代码是"1001"，二级代码是"01"。
- 助记码：为提高业务处理效率，引入助记码，可记忆科目的编码，在业务处理时直接使用助记码录入，非必录项。例如，"库存现金"助记码设置为"xj"，在凭证录入时，"会计科目"处输入"xj"，系统将会自动带出"库存现金"科目。
- 科目名称：科目的文字标识，输入的科目名称一般为汉字和字符，必录项。
- 科目类别：选择所属的会计科目类别，必录项。
- 余额方向：选择科目的余额方向。该属性对于账簿或报表输出的数据有直接影响，系统将根据科目的默认余额方向来反映输出的数值，必录项。
- 外币核算：指定科目外币核算类型，系统提供分3种核算方式。① 不核算外币：不进行外币核算，只核算本位币，系统默认为该属性。② 核算所有外币：对本账套中所有货币进行核算。③ 核算单一外币：只对本账套中某一种外币进行核算，当选择核算单一外币，要求选择一种进行核算的外币的名称，系统在处理核算外币时，会自动默认在"币别"功能中输入的汇率。该项目根据管理情况设置。
- 期末调汇：当科目设置外币核算时，设置在期末是否进行汇率调整，如果选择期末调汇，则在期末执行"期末调汇"功能时对此科目进行调汇处理。
- 往来业务核算：若选中，则凭证录入时要求录入往来业务编号，以方便进行往来业务数据的核销处理，此项将影响"往来对账单"和"账龄分析表"的输出，适合"总账"系统单独使用时设置。
- 数量金额核算、计量单位：设置该科目是否进行数量金额辅助核算，若进行数量金额辅助核算，要求选择核算的计量单位。
- 现金科目：若选中，则指定为现金类科目，在现金日记账和现金流量中使用。
- 银行科目：若选中，则指定为银行科目，在银行日记账和现金流量中使用。
- 出日记账：若选中，则查询"明细分类账"时，可以按天统计金额。
- 现金等价物：若选中，则供现金流量表取数使用。
- 预算科目：若选中，则对该科目进行预算管理。单击"科目预算"按钮，系统弹出"科目预算"窗口，可以设置本科目的本年最高预算余额、本年最低预算余额等数据。
- 科目计息、日利率：若选中，则科目可参与利息的计算，以日利率进行计算。
- 科目受控系统：用户可以给明细的科目指定一个对应的受控系统。在用户录入应收应付模块中的收付款等单据时，系统将只允许使用那些被指定为受控于应收应付系统的科目。

- 预设现金流量项目：将科目选择对应的主表项目或附表项目，以增加出现金流量表的速度。

"核算项目"选项卡，为用户提供多项目核算功能，可全方位、多角度地反映企业的财务信息，并且设置多项目核算比设置明细科目更直观、简洁，处理速度更快。

- 增加核算项目类别：单击，系统弹出"核算项目类别"窗口，选择要进行核算的项目，需在"初始化"时就对科目进行是否项目核算设置。
- 删除核算项目类别：将不进行项目核算的项目删除。用户必须在本科目未使用情况下才能使用此功能。

根据表 4-3 所示的数据进行维护现金和银行存款科目，操作流程如下。

表 4-3　　　　　　　　　现金和银行存款科目

科目代码	科目名称	币别核算	期末调汇
1001.01	人民币	否	否
1001.02	美元	单一外币（美元）	是
1002.01	建行白云支行567	否	否
1002.02	中行白云支行935	单一外币（美元）	是

① 在"科目"管理窗口，选择窗口左侧的"科目"→"资产"，系统将"流动资产"下的所有会计科目都显示，在窗口右侧选中"现金"科目，单击工具栏上的"新增"按钮，系统弹出"会计科目－新增"窗口，如图 4-12 所示。

② 在"科目代码"文本框中输入"1001.01"，"科目名称"文本框中输入"人民币"，如图 4-13 所示。

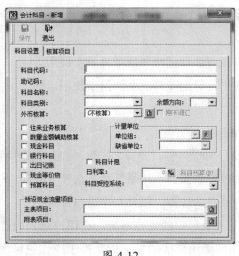

图 4-12

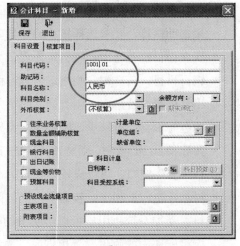

图 4-13

③ 单击"保存"按钮，保存当前科目新增。继续录入其他会计科目。

提示

(1) 录入"1001.02 美元"和"1002.02 中行白云支行 935"科目时,修改科目属性核算"单一外币"中的"美元"。

(2) 会计科目新增完成,想知道是否新增成功,其方法是单击"科目"→"资产"→"流动资产"→"现金"查看。也可以单击菜单"查看"→"选项",系统弹出"选项"窗口,如图 4-14 所示,选中"显示级次"下的"显示所有明细"单选按钮,这样系统会自动从当前系统大类中显示所有明细科目。

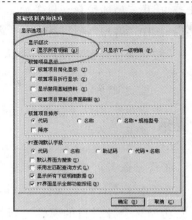

图 4-14

4.4.2 设置往来科目

往来科目不用新增明细类科目,但是要启用核算项目功能,所以要在现有基础上进行科目的设置。

设置表 4-4 往来科目属性。操作流程如下。

表 4-4　　　　　　　　　　　往来科目

科目代码	科目名称	核算项目
1122	应收账款	客户
1123	预付账款	供应商
2202	应付账款	供应商
2203	预收账款	客户

❶ 双击"1122—应收账款"科目,系统弹出"会计科目—修改"窗口,在"科目受控系统"下拉列表框中选择"应收应付",如图 4-15 所示。

❷ 单击"核算项目"选项卡,切换到"核算项目"窗口,如图 4-16 所示。

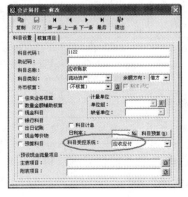

图 4-15

图 4-16

3. 单击"增加核算项目类别"按钮，系统弹出"核算项目类别"窗口，如图4-17所示。

4. 选中"客户"项目，单击"确定"按钮，返回"会计科目—修改"窗口，单击"保存"按钮保存设置。使用同样的方法设置其他科目属性。

> **提示**：当总账系统与应收应付连接使用，所涉及的往来凭证从应收应付生成传递到总账时，则以上往来科目必须设置"科目受控"，否则在应收应付下生成凭证时会显示不成功。

在日常账务处理过程中，需要对会计科目的属性进行修改，或者由于会计科目属性设置错误需要修改，可以利用"修改"功能对会计科目的属性进行修改。在"科目"窗口，选中要修改的"会计科目"，双击进入"会计科目—修改"窗口，对要修改的属性进行修改后，单击窗口上的"保存"按钮即可。

图 4-17

4.4.3 其他科目设置

其他类科目通常是指不用设置特殊管理的会计科目。

参照表4-5维护其他科目，以新增"4001.01-李世荣"为例，操作流程如下。

表 4-5　　　　　　　　　　其他科目

科目代码	科目名称	科目代码	科目名称	科目代码	科目名称
2221.01	应交增值税	5101.05	维护修理费	6601.06	通信费
2221.01.01	进项税额	5101.06	折旧费	6601.07	折旧费
2221.01.02	销项税额	5101.07	厂房房租	6601.08	货运代理费
2221.01.05	已交税金	5101.08	水电费	6601.09	房租费
4001.01	李世荣	5101.09	其他	6601.10	水电费
4001.02	缪燕梅	6601.01	职工薪酬	6601.99	其他
5101.01	职工薪酬	6601.02	业务招待费	6602.10	招聘费
5101.02	办公费	6601.03	差旅费	6602.99	其他
5101.03	差旅费	6601.04	商品维修费		
5101.04	通信费	6601.05	广告费		

1. 选择窗口左侧的"科目"→"权益"，在窗口右侧选中"实收资本"科目，单击工具栏上的"新增"按钮，系统弹出"会计科目—新增"窗口。

❷ "科目代码"文本框中输入"4001.01","科目名称"文本框中输入"李世荣",如图4-18所示。

图 4-18

❸ 单击"保存"按钮保存。继续录入其他会计科目。

由于金蝶 K/3 系统财务模块与进销存模块可以连接使用,存货类科目有不用特殊设置。

4.4.4 禁用、反禁用科目

1. 禁用科目

当不想使用某个会计科目时,可以禁用该科目,禁用后的科目不能再使用。要禁用某一科目,先选中该科目,然后单击工具栏上的"禁用"按钮,或单击鼠标右键,弹出快捷菜单,选择"禁用"命令。

 如果要在"科目"资料窗口看到已禁用科目,选择菜单"查看"→"选项"命令,系统弹出"基础资料查询选项"窗口,选中"显示禁用基础资料"复选框,如图4-19所示,单击"确定"按钮,即可看到被禁用的基础资料。

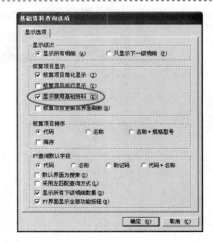

图 4-19

2. 反禁用科目

若需要继续使用已"禁用"的会计科目，可以进行反禁用。其方法是：选中已被"禁用"的会计科目，单击工具栏上的"反禁用"按钮即可。

4.5 核算项目

在财务核算业务中，有的会计科目会有较多的明细科目，如应收账款、应付账款，为每一个往来单位都要设置一个对应明细科目等。随着公司业务的开展，明细科目会越来越多，这样所设置的"会计科目结构"可能就无法满足需求。为提高工作效率，金蝶 K/3 提供会计科目的辅助核算功能，当科目设置辅助核算项目后，该科目所发生的每一笔业务都会同时登记到该科目总账和核算项目账上。应用核算项目的优势有以下几点。

- 核算项目的编码灵活方便，不受科目编码结构的束缚，数量可以成千上百，并可输入便于记忆和使用方便的字符。
- 可简化明细科目的输入工作量。
- 核算项目内容一般都归类放置，一目了然，便于管理和控制。

双击"系统设置"→"基础资料"→"公共资料"→"核算项目管理"，系统弹出"核算项目"窗口，如图 4-20 所示。单击"核算项目"前的"+"号可层层查看该类别的内容。

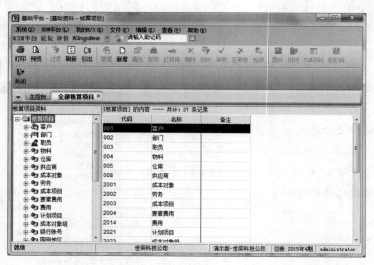

图 4-20

系统中预设有多种核算项目类型，如客户、部门、职员、物料、仓库、供应商和现金流量项目等。用户可以根据需要定义所要使用的核算项目类型。

4.5.1 客户

客户是企业生产经营的对象,准确地设置客户信息有利于往来账务管理。客户资料在以下情况需要设置。

❶ 单独使用"总账"模块,会计科目属性设置"核算项目"为"客户"时,则客户资料需要设置。

❷ 使用"应收款管理"模块,在录入发票或其他应收单据时,需要调用客户信息。

❸ 使用"销售管理"模块,在录入销售订单、销售合同、销售发货等单据时需要调用客户信息。

1. 新增

以新增表 4-6 中的数据为例,介绍"客户"资料的新增方法,操作流程如下。

表 4-6　　　　　　　　　　　　客户档案

代　　码	名　　称
C001	联想电脑
C002	神州电子
C003	华为手机
C004	苹果公司

❶ 在"核算项目"窗口,选择"核算项目"→"客户",在右侧"内容"窗口的任意位置单击鼠标,再单击工具栏上的"新增"按钮,系统弹出"新增"窗口,如图 4-21 所示。

图 4-21

在"新增"窗口有"项目属性"和"参数设置"两个选项卡，同时在"项目属性"选项卡下有"基本资料""应收应付资料""进出口资料""图片"和"条形码"5个选项卡。

"基本资料"选项卡是录入客户的一些基本信息，如公司名、地址、电话和联系人等。

- 代码：客户编码，一个代码只能标识一个客户。
- 名称、全名：都是客户名称，前者是本客户的具体名称，由用户手工录入；后者是包括上级名称在内的客户名称，由系统自动给出。
- 状态：有"使用""未使用"和"冻结"3种状态选择，对于"未使用"和"冻结"状态的客户，系统控制不提供业务处理，但如果改变了状态，之前的发生额可以显示在相关查询报表中。

"应收应付资料"选项卡是设置客户资料在应收系统中需要使用到的一些客户信息，如该客户发现业务时的应收账款科目、预收账款的科目等信息。

"进出口资料"选项卡是设置进出口系统中需要使用的客户信息。

"图片"选项卡可以将客户的一些图片信息引入系统，如公司照片、为该客户生产的产品照片或者厂房照片等。

❷ 在"基本资料"选项卡中，"代码"文本框中输入"C001"，"名称"文本框中输入"联想电脑"，单击"保存"按钮保存。单击"退出"按钮，返回"核算项目"窗口，这时可以看到已经新增的客户资料。

❸ 继续录入表4-6中其他客户资料，新增完成后的窗口如图4-22所示。

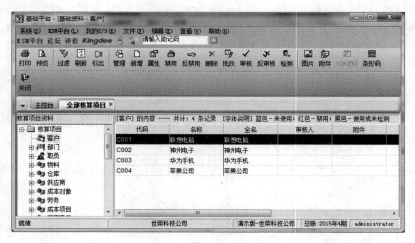

图 4-22

> 注　若用户只使用总账系统，则只需输入代码和名称即可。

2. 修改

客户资料录入完成后，当客户属性中的某个项目内容需要修改，在"核算项目"窗口中，选中需要修改的客户记录，双击进入该客户的档案"修改"窗口，修改所需要的项目内容，再单击"保存"按钮。

3. 审核、反审核

为预防资料被意外或恶意更改，金蝶 K/3 提供客户档案审核功能，当审核后项目需要修改时必须经过"审核人"反审核后才能进行修改。在"核算项目"窗口，选中要审核的记录，单击"审核"按钮。当审核后的项目需要修改时，必须经过反审核后才能进行修改。

 核算项目未审核，在实际日常业务中仍然可以被使用。

使用同样的方法录入表 4-7 供应商资料。

表 4-7　　　　　　　　　　　　　　　供应商

代　码	名　称
P001	新时代方案公司
P002	金鑫塑胶制品公司
P003	杰森包装材料有限公司
P004	星光电子线制品厂
P005	超达物流公司

4.5.2 部门、职员

- 部门：设置账套各职能部门信息，部门是指某核算单位下管辖的具有分别进行财务核算或业务管理要求的单元体，如果该部门不进行财务核算，则没有必要设置。如果需要使用工资模块、固定资产模块、供应链等模块，则需要完整录入部门资料，以供业务处理时调用。
- 职员：设置账套各职能部门中需要对其进行核算和业务管理的职员信息，不需将公司所有的职员信息录入，如生产部门可录入生产部负责人和各生产部文员即可，一般的生产人员在此没必要设置。在使用工资系统时，需完整录入职员资料，以供工资系统调用。

部门和职员维护方法与客户资料相同，将表 4-8 资料录入系统。

表 4-8　　　　　　　　　　部门、职员

部门		职员	
部门代码	部门名称	职员工号	职员姓名
01	总经办	S001	李世荣
02	财务部	S002	胡小兰
		S003	张婷婷
03	销售部	S004	李明生
04	采购部	S005	李萍
05	仓库	S006	王强
06	生产部	S007	郭晓明
		S008	吴超
		S009	李琼
07	人事部	S010	黄丽

部门档案新增完成的结果如图 4-23 所示。

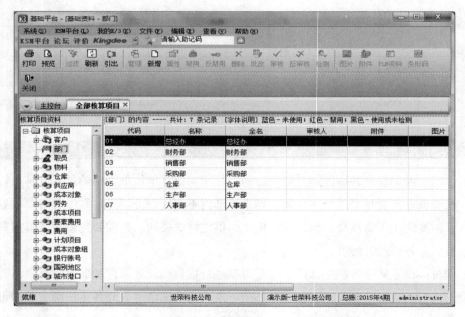

图 4-23

职员档案新增完成的结果如图 4-24 所示。

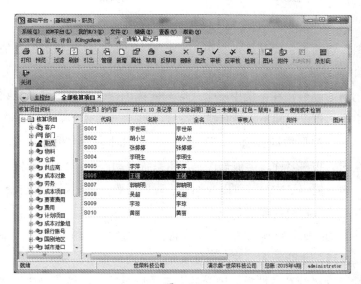

图 4-24

4.5.3 物料

物料是指管理物料档案,如原材料、半成品、产成品等物料。单独使用"总账"模块时,根据管理要求确定是否对物料资料进行设置;使用供应链系统时,必须录入物料档案。

物料管理具有增加、修改、删除和复制等功能,对物料的资料进行集中管理。同其他核算项目一样,物料可以分级设置,用户必须从第一级到最明细级逐级设置。

"物料"窗口有 11 个选项卡——基本资料、物流资料、计划资料、设计资料、标准数据、质量资料、进出口资料、服务资料、图片、条形码和附件,如图 4-25 所示。每个选项卡同时包含不同的物料属性信息,不必对每一属性进行设置,只要根据用户所使用的模块情况设置对应物料的属性。通常使用财务和进销存模块时,只需要对基本资料和物流资料中的部分属性进行设置即可。

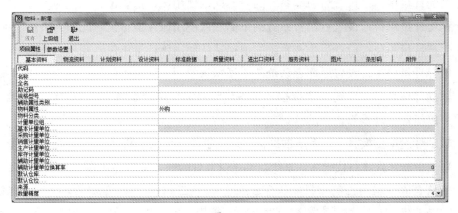

图 4-25

| 65

1. 基本资料

"基本资料"选项卡主要是维护物料的一些基本信息,这些基本信息是各个系统都会使用的信息,如物料代码、名称、规格型号和计量单位等信息。

- 代码:物料的编号,在系统中一个代码只能标识一个物料,可以是数字、字母,或者两者组合,建议中间不要带有特殊符号,如+、-、%等。代码是必录项目。
- 名称和全名:都是物料名称,名称是该物料的具体名称,手工录入,全名是包含上级名称在内的物料名称,类似长代码,由系统自动产生。名称是必录项目。
- 助记码:为方便记忆物料,可以为物料设置助记码。助记码为可选录项目。
- 规格型号:录入物料的规格型号。规格型号为可选录项目。
- 辅助属性类别:如果物料的需要特殊属性,如颜色、尺寸,则先在"辅助资料管理"中进行设置后,才能录入。辅助属性类别为可选录项目。
- 物料属性:物料的基本性质。需要从系统预设属性中选择,包括规划类、配置类、特征类、外购、委外加工和自制物料等。物料属性是必录项目。

① 自制:指物料是由企业自己生产制造出来的产成品。在系统中,如果是自制件,可以进行BOM(Bill of Material,物料清单)设置,在BOM中,既可以设置为父项,也可以设置为子项。

② 外购:指从供应商处取得的物料,既可以作为原材料来生产产品,也可以直接用于销售。在BOM设置中,不可以作为父项存在。

③ 委外加工:指该物料需要委托其他单位进行生产加工的物料。

- 物料分类:物料所属的类别,其内容来源辅助资料中的"物料类别"。此项为可选录项目。
- 计量单位组:选择该物料的采用计量单位所处的计量单位组。此项为必录项目。
- 基本计量单位:每个单位组中作为该物料的标准计量单位,其他计量单位都以它作为计算依据。每个物料必须有一个基本计量单位。
- 采购计量单位:设置后采购系统的单据默认使用该计量单位。此项为可选录项目。
- 销售计量单位:设置后销售系统的单据默认使用该计量单位。此项为可选录项目。
- 生产计量单位:设置后生产系统的单据默认使用该计量单位。此项为可选录项目。
- 库存计量单位:设置后库存系统的单据默认使用该计量单位。此项为可选录项目。
- 辅助计量单位:系统不会根据计量单位组自动携带浮动换算比例的计量单位,但是可以指定浮动换算比例的计量单位。此项为可选录项目。
- 辅助计量单位换算率:系统根据辅助计量单位自动携带其浮动换算率,允许修改,在新增单据录入物料代码后,系统自动携带此处的换算率内容计算辅助计量单位数量。
- 默认仓库:表明当前物料默认存放的仓库。在进行库存类单据的录入时,系统自动携带仓库信息,并且系统会根据仓存系统提供的选项"录单时物料的仓库和默认仓库不一致时给予提示"，来判断是否对仓库的确定予以提示，避免用户出现仓库的选择错误。默认仓库为可选录项目。

- 默认仓位：如果默认仓库是进行仓位管理的，该属性就表明当前物料默认存放仓库所属的最明细级仓位。它同默认仓库一样，都是为方便用户而设置的，系统自动将默认仓库所属仓位组的默认仓位带出，供用户选择确认；如果不选择默认仓库就不能选择默认仓位。默认仓位为可选录项目。
- 来源：如果是外购物料，则是该物料默认供应商；如果是自制物料，则是该物料默认生产部门，是为用户处理业务单据的方便性而设。来源为可选录项目。
- 数量精度：确定物料在单据和报表中数量数据显示的小数位数长度，用户根据需要可随时设定。
- 最低存量、最高存量、安全库存数量：设置物料的最低存量、最高存量、安全库存数量。当系统设置有相关预警参数，在录入各业务单据时，若该物料的现存量与所设置的最低存量、最高存量和安全库存数量有冲突，系统会弹出提示窗口，可以起到控制企业现存的存货价值目的。此项为可选录项目。
- 使用状态：指物料当前的状态，目前内容包括逐步淘汰、将使用、历史资料、使用；物料使用状态仅供报表统计时使用，并没有在单据中进行相应业务控制。使用状态可随时修改。

2．物流资料

"物流资料"选项卡是管理物料的一些物流信息，如保质期、是否采用业务批次管理和盘点期等设置。

- 采购负责人：当前物料的主要采购责任人员，该属性主要应用于采购报表的汇总选项。此项为可选录项目。
- 毛利率（%）：毛利占销售收入的百分比，该字段目前只是在销售订单预评估时做参考使用。此项为可选录项目。
- 采购单价：用于采购时以基本计量单位计算的标准采购单价，单位为本位币货币。此项为可选录项目。
- 销售单价：用于销售时以基本计量单位计算的标准销售单价，单位为本位币货币。此项为可选录项目。
- 是否进行保质期管理：是否进行保质期管理是物料保质期管理的唯一确定依据，是食品、医药等行业的重要需求。
- 保质期（天）：用于确定具体的保质期限，系统要根据该期限确定物料是否到期，并相应提供到期日计算功能。该属性的作用是用来方便用户日常录入物料时自动带入单据相应字段，用户也可以修改。

- 是否需要库龄管理：选择该选项，既可以根据入库日期进行库龄分析，也可以根据库龄输出相关报表。
- 是否采用业务批次管理：选中此项，则该物料在进行业务单据处理时，必须录入批号，方可保存。
- 是否需要进行订补货计划的运算：选择该选项后，才可以对物料的订补货计划进行运算，否则该物料不能进行订补货计划。
- 失效提前期（天）：物料保质期提前的期限，目前只供参考查看。
- 盘点周期单位、盘点周期、每周/月第几天：设置物料盘点情况。此项为可选录项目。
- 上次盘点日期：系统根据进行的最近一次盘点操作的日期自动回填。
- 外购超收比例、外购欠收比例：指外购入库时，允许超过和低于计划数量的比例。
- 销售超交比例、销售欠交比例：指销售出库时，允许超过和低于计划数量的比例。
- 完工超收比例、完工欠收比例：指完工入库时，允许超过和低于计划数量的比例。
- 计价方法：指发货出库结转存货成本所采用的计价方法，如先进先出法、后进先出法和加权平均法等，系统对日常收发，根据该物料所选定的计价方法，通过存货核算系统进行成本核算、生成凭证等管理，并统一将业务资料按规则自动形成财务信息，传入总账系统。计价方法为必选项目。
- 计划单价：指采用计划成本法计价时，物料所规定的计划单价。
- 单价精度：确定物料在单据和报表中单价数据所显示的小数位数长度，用户根据需要设定，可随时修改。
- 存货科目代码：物料作为存货对应的最明细会计科目，是物料重要的核算属性。通过设置凭证模板，在自动生成记账凭证时可以将核算类单据的相关采购成本、结转生产等成本直接对应归入该科目账户，还可以明细到该科目下挂的具体核算项目下，特别应用于库存单据的凭证处理中。此项为必须录入数据的项目。
- 销售收入科目代码：当前物料用于销售时所对应的最明细会计科目，是物料重要的核算属性。录入后，通过设置凭证模板，在自动生成记账凭证时，既可以将销售发票的相关销售收入金额直接对应归入该科目账户，还可以明细到该科目下挂的具体核算项目下。此项为必须录入数据的项目。
- 销售成本科目代码：当前物料用于结转销售成本时所对应的最明细会计科目，是物料重要的核算属性。录入后，通过设置凭证模板，在自动生成记账凭证时，既可以将销售出库单据的相关销售成本直接对应归入该科目账户，还可以明细到该科目下挂的具体核算项目下。此项为必须录入数据的项目。
- 成本差异科目代码：当前物料采用计划成本法计算计划差价时所对应的最明细会计科目。此项为可选录入项目。

- 代管物资科目代码：当前物料作为代管物资时所对应的最明细会计科目。
- 税目代码：物料核算时所使用的税目代码，从辅助资料中获取。
- 税率（%）：指当前物料的税率。
- 成本项目：物料进行成本核算时，所隶属的成本项目。

新增表 4-9 物料档案，操作流程如下。

表 4-9　　　　　　　　　　　　　　物料档案

物料大类	1 原材料							2 产成品	
代　　码	1.01	1.02	1.03	1.04	1.05	1.06	1.07	2.01	2.02
名　　称	USB方案板	车充方案板	USB方案壳	车充方案壳	USB包装盒	车充包装盒	USB端子线	USB成品	车充成品
规格型号									
物料属性	外购	外购	外购	外购	外购	外购	外购	自制	自制
计量单位组	数量组	数量组	数量组	数量组	数量组	数量组	数量组	数量组	数量组
基本计量单位	PCS	PCS	PCS	PCS	PCS	PCS	PCS	PCS	PCS
计价方法	加权平均法								
存货科目代码	1403	1403	1403	1403	1403	1403	1403	1405	1405
销售收入科目代码	6001	6001	6001	6001	6001	6001	6001	6001	6001
销售成本科目代码	6401	6401	6401	6401	6401	6401	6401	6401	6401

❶ 在"核算项目"窗口，选择"核算项目"→"物料"，在右侧的"内容"窗口任意位置单击，再单击工具栏上的"新增"按钮，弹出"新增"窗口，如图 4-26 所示。

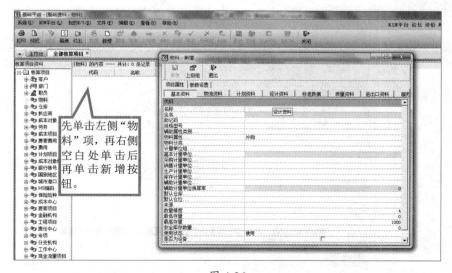

图 4-26

❷ 物料类别设置。单击"新增"窗口的工具栏上的"上级组"按钮,切换到"上级组"窗口,"代码"文本框中输入"1","名称"文本框中输入"原材料",如图 4-27 所示。单击"保存"按钮保存。继续录入"2-成品"。

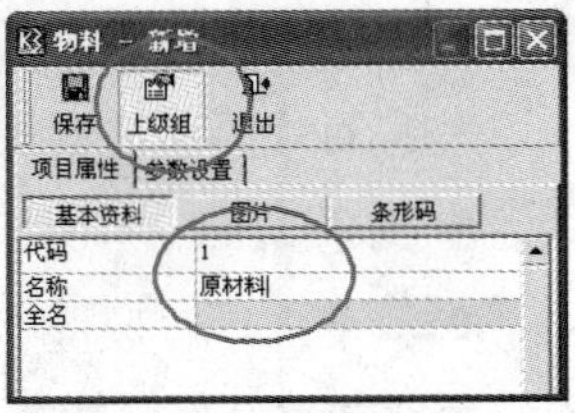

❸ 增加物料明细资料。单击"新增"窗口的工具栏上的"上级组"按钮返回明细维护模式,在"基本资料"选项卡中,"代码"文本框中输入"1.01","名称"文本框中输入"USB方案板","物料属性"选择"外购","计量单位组"选择"数量组","基本计量单位"选择"PCS",其他项目保持默认值,如图 4-28 所示。

图 4-27

❹ 切换到"物流资料"选项卡,"计价方法"选择"加权平均法","存货科目代码"选择"1403","销售收入科目代码"选择"6001","销售成本科目代码"选择"6401",如图 4-29 所示。

图 4-28

图 4-29

❺ 单击"保存"按钮,保存资料录入。继续录入其他物料资料,录入完成后的结果如图 4-30 所示。

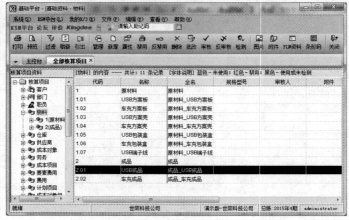

图 4-30

（1）明细资料与上级资料的代码联系以"."（小数点）连接。

（2）其他项目，如最高库存、最低库存和默认仓库等项目是否需要设置，由企业管理要求而定。读者可以在熟练操作金蝶 K/3 系统后再学习其他项目的设置。

修改物料属性的方法是在"核算项目"窗口，双击需要修改的物料，弹出"修改"窗口，将所需修改内容录入后单击"保存"按钮即可。

4.5.4 仓库

仓库档案是管理企业用来存放物料的地方。仓库档案一般使用"供应链"模块时才设置。录入表 4-10 中的仓库档案，操作流程如下。

表 4-10　　　　　　　　　　　　仓库档案

代　　码	名　　称
1	原材仓
2	成品仓

❶ 选中"仓库"项目，再在右侧任意位置单击鼠标，然后单击工具栏上的"新增"按钮，系统弹出"仓库-新增"窗口，如图 4-31 所示。

图 4-31

- 代码：录入仓库代码，为必录项目。
- 名称：录入仓库名称，为必录项目。
- 仓库管理员、仓库地址、电话：可以根据管理情况视要求录入。
- 仓库属性：选择该存放良品、不良品和在检品中的哪一种。

- 仓库类型：仓库的类型分为4种，即实仓、待检仓、代管仓和赠品仓。只有实仓才可以进行仓位管理和选择是否参与MRP计算。其他类型不具仓位和是否参加MRP计算功能。
- 是否MPS/MRP可用量：选中，表明该仓库参与MRP计算，即系统进行MRP计算时，考虑该仓库的物料情况。反之，不参与MRP计算。
- 是否进行仓位管理：该仓库是否下设仓位管理或称为仓库结构管理。
- 仓位组：选中"是否进行仓位管理"项目时，则需要选择本项目。

❷ 在"代码"文本框中输入"1"，"名称"文本框中输入"原材仓"，单击"保存"按钮保存，继续新增其他仓库档案。

4.6 用户管理

用户管理是对使用该账套的操作员进行管理，对用户使用账套的权限管理，可以控制不同的权限范围。系统中预设有6个用户和4个用户组，可以在系统中增加用户并进行相应的授权。

在本账套中建立"胡小兰"和"张婷婷"两名用户，"张婷婷"是负责录入工作，"胡小兰"主要是进行审核和出报表工作，她们的权限都为"所有权限"，如表4-11所示。

操作流程如下。

表4-11 "世荣科技公司"账套用户表

姓 名	组 别	权 限
胡小兰	Administrators	所有权限
张婷婷	财务组	基础资料、总账、固定资产、现金管理、工资、仓存管理、销售管理、采购管理和存货核算

1. 新增用户组

❶ 选择"系统设置"→"基础资料"→"公共资料"→"科目"，单击菜单"账套"→"用户管理"功能，或单击工具栏上的"用户"按钮，系统弹出"用户管理"窗口，如图4-32所示。

❷ 单击工具栏上的"新建用户组"，系统弹出"新增用户组"窗口，在"用户组名"文本框中输入"财务组"，如图4-33所示。

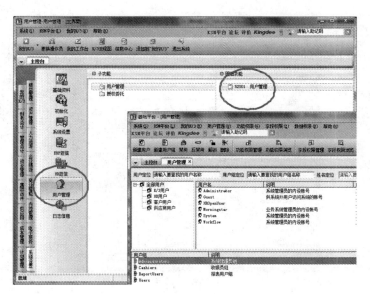

图 4-32

图 4-33

❸ 设置完成后单击"确定"保存,这时在"用户管理"窗口下部可以看到已经新增的"财务组"。

2. 新增用户

下面以新增用户"张婷婷"为例,操作流程如下。

❶ 单击工具栏上的"新建用户",系统弹出"新增用户"窗口,如图 4-34 所示。

- "用户"选项卡:录入用户的名称,所属类别,以及用户有效期和密码有效期内容。
- "认证方式"选项卡:选择当前用户的密码认证方式,是 NT 安全认证或者是密码认证。当选择 NT 安全认证时,需要填写完整的域用户账号。密码认证方式具体分为以下 4 种。

图 4-34

① 传统认证：密码是在"密码"文本框中输入的内容，这个密码是固定的。
② 动态密码锁认证：密码由用户手中持有的动态密码卡动态产生。
③ 智能钥匙认证：密码为用户手中持有的智能钥匙的密码。
④ 自定义认证：密码为用户手中持有的动态密码卡动态产生或者持有的智能钥匙的密码。

- "权限属性"选项卡：设置当前用户的一些权限设置。
- "用户组"选项卡：设置当前用户所属的级别，默认为"Users 组"，没有任何权限。

❷ 在"用户姓名"中录入"张婷婷"，其他项目保持默认值，切换到"认证方式"选项卡，选择"密码认证"中的"传统认证方式"，密码为空值，由用户自行修改。权限属性保持默认值，单击"用户组"选项卡，选中"不隶属于"下的"财务组"，单击"添加"按钮，"张婷婷"即隶属于"财务组"，如图 4-35 所示。

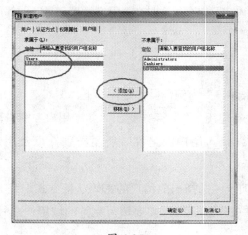

图 4-35

3 单击"确定"保存,这时新增的用户信息会显示在"用户管理"窗口中。继续新增其他用户。

3. 设置权限

权限设置在任何会计电算化系统中都占有非常重要的位置,系统管理员通过权限控制可以有效控制 ERP 资料的保密,如管理现金银行账的用户不能查看往来业务资料。金蝶 K/3 系统为用户提供三大权限设置权限的菜单:功能权限、字段权限和数据权限。

- 功能权限:对各子系统中功能模块的功能的管理权和查询权,当用户拥有该子系统的功能模块的功能权限时,才能进行对应模块的功能操作。
- 字段权限:指对各子系统中某数据类别的字段操作权限,只有当用户拥有该字段的字段权限时,才能对该字段进行对应的操作。例如,对应收管理中的"金额"进行字段权限控制,当该用户具有该字段权限时,则可以进行对应操作,如查询到金额数据,反之,则查询不到金额,可以看到其他信息。
- 数据权限:指对系统中具体数据的操作权限。例如,对"客户"数据进行权限控制时,A 业务员只能看到 A 本人的客户资料,B 业务员只能看到 B 本人的客户资料,业务经理则可以设置为可以同时看到所有人的客户资料。

下面以设置"张婷婷"的"功能权限"为例,介绍用户权限设置的具体步骤。

1 选中用户"张婷婷",单击工具栏上的"功能权限管理",系统弹出"权限管理"窗口,如图 4-36 所示。

- 权限组:系统中所涉及的权限内容列表,在复选框中打钩表示选中。
- 授权:选中,单击该按钮表示授予所选中的权限。
- 关闭:退出"权限管理"窗口。
- 高级:详细设置用户的权限。单击"高级"按钮,系统弹出"用户权限"窗口,如图 4-37 所示。

图 4-36

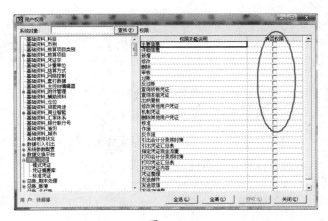

图 4-37

在"用户权限"窗口可以详细设置用户的权限,打钩表示选中。单击"授权"按钮对所选中的功能进行授权,单击"关闭"按钮返回"权限管理"窗口。

- 全选:选中"权限组"中的所有内容。
- 全清:不选择"权限组"中的任一内容。
- 禁止使用工资数据授权检查和工资数据授权:选中"禁止使用工资数据授权检查"复选框,不能使用"工资数据授权"按钮;取消选中,单击"工资数据授权"按钮,系统弹出"项目授权"窗口,打钩选中相应的查看权和修改权,单击"授权"按钮表示授权保存。

2 在"权限管理"窗口中选中"基础资料""总账""固定资产""现金管理""工资""仓存管理""销售管理""采购管理"和"存货核算",如图 4-38 所示,单击"授权"按钮,保存权限功能。

图 4-38

 为方便后面的操作,把操作员都加入"Administrators"组,以授予所有权限。

4.7 课后习题

(1) 会计科目的作用是什么?
(2) 科目受控系统的作用是什么?
(3) 一级科目与二级科目代码用什么符号连接?
(4) 核算项目有什么特点?
(5) 客户资料在怎样的情况下需要设置?
(6) 使用什么模块要进行物料的设置?
(7) 权限设置的目的是什么?

第 5 章
总　　账

学习重点

通过学习本章，了解总账模块原理，会计凭证的录入、审核、过账、修改和打印等各种操作方法，查询各种账簿和报表，以及总账的期末处理方法。

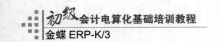

5.1 系统概述

会计工作的基本业务是设置科目账户，填制凭证，然后对其审核、登账，最后统计各种账表，总账模块就是完成这些基本功能的。

总账模块在会计信息系统中属核心模块，主要负责会计凭证填制、审核和记账等工作，同时它接收来自各业务系统传递过来的凭证（如固定资产的计提折旧凭证），在月末会根据转账定义自动生成结转凭证，自动结转损益凭证等。总账系统根据填制的凭证自动生成相应的账簿报表，如总分类账、明细分类账和科目余额表等。

当核算单位的账务简单，涉及往来款、库存等业务较少时，单独使用总账系统就可以实现财务核算的基本要求。

1. 使用需要设置的内容

- 公共资料：本系统所涉及的最基础资料，会计科目、币别和凭证字为必设置项，其他项目视核算要求确定是否设置。
- 系统设置资料：针对该模块的参数进行更详细的设置。

2. 可查询报表

总账系统可执行查询的报表包括总分类账、明细分类账、数量金额明细账、数量金额总账、多栏账、核算项目分类总账、核算项目明细账、科目余额表、试算平衡表、日报表查询、摘要汇总表、核算项目余额表、核算项目汇总表、核算项目组合表、核算项目与科目组合表、科目利息计算表、调汇历史信息表和现金流量表。

3. 操作流程

新启用账套需先系统初始化。正在使用账套完成初始设置后，可直接处理日常业务。系统初始化结束以后，随着公司的业务开展，还有许多基础资料需要设置，如银行科目的新增、客户和供应商的新增等，可以随时在凭证录入时进行处理。操作流程如图 5-1 所示。

4. 总账模块与其他模块间的数据流程图

总账模块与其他模块的数据流程图是各模块之间的数据传递关系，如图 5-2 所示。

总账模块是金蝶 K/3 财务核算的核心，与其他模块通过凭证进行无缝联接，同时业务模块的凭证也可自行在总账中处理，并且报表、现金流量表和财务分析都可以从总账中取数。

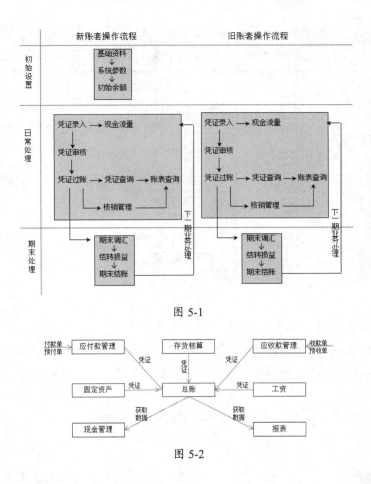

图 5-1

图 5-2

5.2 初始设置

初始设置主要包括基础资料、系统参数和初始化数据录入，公共资料设置方法请参照第 4 章相关章节，本章主要介绍系统参数设置和初始化数据录入。

5.2.1 系统参数

总账系统参数包括系统凭证过账前是否要求凭证审核，出现赤字时是否要求提示等参数设置。

选择"系统设置"→"系统设置"→"总账"→"系统参数"，双击"系统参数"，系统弹出"系统参数"窗口，如图 5-3 所示。

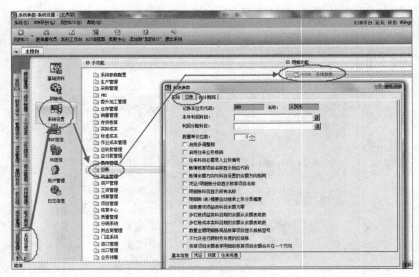

图 5-3

"系统参数"窗口有系统、总账和会计期间 3 个选项卡。"系统"选项卡用于设置当前账套的基本信息,如公司名称、地址和电话信息;"总账"选项卡用于设置整个"总账"模块的参数;"会计期间"选项卡用于查看当前账套采用的会计期间方法,以及业务已经处理到的会计期间。

"总账"选项卡包含有基本信息、凭证和预算 3 个选项卡。

1. 基本信息

(1)本年利润科目、利润分配科目:当软件自动结转损益时会自动将"损益"类科目下的余额结转到"本年利润"科目。若不设置,则结转损益凭证须以手工录入。单击"(获取)"按钮,系统弹出"会计科目"窗口,选择正确的"本年利润"科目,单击"确定"按钮即可。如果要自动结转损益凭证,则必须设置该项。

(2)数量单价位数:设置有"数量金额辅助"科目录入凭证时,数量和单价的小数位数。

(3)启用多调整期:多调整期功能主要是为了方便审计调账设置的。年审完成后企业已经结账到 5 月,如果需要调账要反结账到上一年度才能调整报表年初数,此功能将调账的业务放在调整期末处理,无须反结账即可以实现调整报表年初数。

(4)启用往来业务核销:设置往来会计科目是否进行往来业务核销。选中,录入该科目凭证时需录入业务编号,核销时系统会根据同一业务编号的不同方向发生额进行核销处理。该选项适用于单独使用"总账"模块的用户。

(5)往来科目必须录入业务编号:设置往来业务核算的会计科目在凭证录入时必须录入业务编号。该选项适用于单独使用"总账"模块的用户。

（6）账簿核算项目名称显示相应代码：设置控制预览、打印账簿时，是否显示核算项目的名称及相应代码。

（7）账簿余额方向与科目设置的余额方向相同：选中，账簿显示时，账簿的余额方向始终与同科目余额的方向一致，如果不同，则以负数显示；反之，如果余额方向与科目设置的余额方向相反，则显示科目余额的方向，金额始终为正数。

（8）凭证/明细账分级显示核算项目名称：选中，查看凭证、明细账时会分级显示核算项目名称。

（9）明细账科目显示所有名称：选中，在预览、打印明细账时显示该明细科目的全部内容，反之只显示最明细科目。

（10）明细账（表）摘要自动继承上条分录摘要：选中，系统在生成明细分类账、数量金额明细账、核算项目明细账时，如果凭证中该条分录没有摘要，则明细账摘要自动继承上条有摘要分录的摘要。反之，则自动继承凭证中第一条分录的摘要，而不是上一条有分录的摘要。核算项目明细表在不选择该选项时，如果第一条分录科目下挂核算项目且有摘要，则自动继承第一条分录的摘要，如果第一条分录科目下不挂核算项目，则不继承摘要，核算项目明细表的摘要栏为空。

（11）结账要求损益类科目余额为零：选中，当总账结账时，如果损益科目下有余额，则不能结账。

（12）多栏账损益类科目期初余额从余额表取数：选中，若多栏账制作时涉及损益科目时，则期初余额从余额表中取数。

（13）多栏账成本类科目期初余额从余额表取数：选中，当成本类科目处于未结平的状态（余额不为零），多栏账取数时，左边多栏式与具体明细栏目的期初余额取自初始余额录入的期初余额。成本类科目已结平（余额为零），不选择，左边多栏式余额为零，但具体明细栏目的期初余额取自初始余额录入的实际损益发生额。

（14）数量金额明细账商品核算项目显示规格型号：科目带商品数量金额核算时，选择该选项，则在数量金额明细账商品核算项目显示规格型号。

（15）不允许进行跨财务年度的反结账：选择该参数，不能进行跨年度的反结账。

（16）核算项目余额表非明细级核算项目余额合并在一个方向：选中，核算项目余额表按照其明细级核算项目的余额汇总后，如果既有借方余额又有贷方余额，则需要以借贷方的差额填列，填列方向选取差额的正数方向。若同时选择"账簿余额方向与科目设置的余额方向相同"，则此选项的作用就会失效。

2．凭证

单击"凭证"选项卡，窗口切换到"凭证"窗口，如图5-4所示。

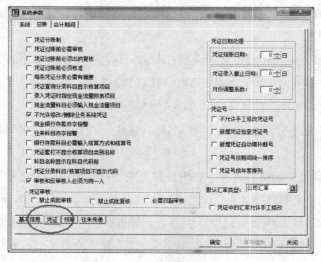

图 5-4

（1）凭证分账制：外币的处理有统账制和分账制两种。统账制下，每笔外币业务都必须折合为本位币进行记录；如果是分账制，则录入外币业务时，不需要进行外币折算，直接记录外币原币的金额即可。分账制一般应用于外币业务量较大的企业，对于外币业务量较小的单位，一般采用统账制进行外币业务的处理。统账制和分账制处理的不同，具体体现在凭证录入中。如果是统账制，则一个凭证中不同的分录可以是不同的币别；如果是分账制，则不同的分录必须是相同的币别。

（2）凭证过账前必须审核：为保证凭证的正确性，凭证需要审核后方能过账，若不选择该项，则未审核的凭证也可以过账。建议勾选。

（3）凭证过账前必须出纳复核：凭证需要出纳复核后方能过账，若不选择该项，则未复核的凭证也可以过账。

（4）凭证过账前必须核准：凭证需要核准后方能过账，若不选择该项，则未核准的凭证也可以过账。

（5）每条凭证分录必须有摘要：录入凭证时，每条分录必须有摘要，否则系统不予保存。

（6）录入凭证时指定现金流量附表项目：选中该项，则在凭证录入时，系统会提示录入"现金流量附表项目"，反之，可以不录入附表项目。

（7）现金流量科目必须输入现金流量项目：选中，当录入凭证时的会计科目有设置现金流量属性时，必须录入会计科目所属的现金流量项目。

（8）不允许修改/删除业务系统凭证：选中，如果有非总账模块录入的凭证，则在总账模块中只能查看不能修改。

（9）现金银行存款赤字报警：选中，在录入凭证时，如果现金或银行类科目出现负值，则系统会自动发出警告。

（10）往来科目赤字报警：选中，在录入凭证时，如果往来类科目出现负值，则系统会自动发出警告。

（11）银行存款科目必须输入结算方式和结算号：选中，在凭证录入时，如果是银行科目的业务，则必须录入该业务的结算方式和结算号。

（12）凭证套打不显示核算项目类别名称：使用套打功能打印凭证时，如果有设置核算项目的会计科目，则打印时不打印核算项目的类别名称。

（13）科目名称显示在科目代码前：在凭证显示时，一般是科目代码在前，名称在后。选中该选项则为名称在前，代码在后。

（14）禁止成批审核：选中，在凭证审核时必须单张审核。

（15）必须双敲审核：选中，在凭证审核时必须双敲才能审核。

（16）不允许手工修改凭证号：选中，将不允许操作员手工修改凭证号。

（17）新增凭证检查凭证号：选中，在网络应用时，不需要使用系统所分配的凭证号，自己录入凭证号即可；反之，新增的凭证号由系统自动分配。

（18）新增凭证自动填补断号：选中，在录入凭证时，如果凭证号出现断号的情况，则该张凭证会自动填补到断号位置。

（19）凭证号按期间统一排序：选中，凭证号将在同一会计期间统一排序。

（20）凭证号按年度排列：选中，凭证号按年度排列，否则，按每一会计期间排列。

3．预算

单击"预算"选项卡，窗口切换到"预算"窗口，如图 5-5 所示。

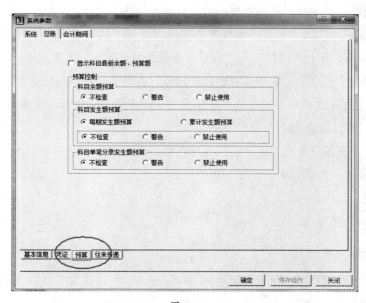

图 5-5

(1) 显示科目最新余额、预算额：选中，在凭证录入时，会在新增凭证窗口左上角显示该科目的最新余额和发生额。

(2) 预算控制：选中，则科目属性中有"预算"，且科目不符合预算时（大于最高预算或小于最低预算），科目录入可以有3种选择——不检查、警告（可继续录入）和禁止使用。

4．往来传递

单击"往来传递"选项卡，窗口切换到"往来传递"窗口，如图5-6所示。

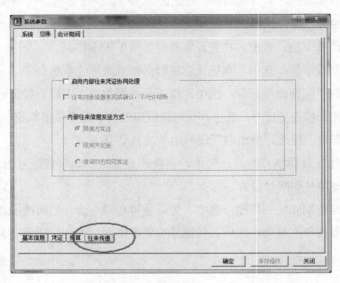

图 5-6

(1) 启用内部往来凭证协同处理：选中，主控台的"内部往来协同处理"及相应的子功能"我方内部往来"及"对方内部往来"才可以使用。只有选中此项时，参数"往来对账信息未完成确认，不允许结账"与"内部往来信息发送方式"才可以选择。

(2) 往来对账信息未完成确认，不允许结账：本期有内部往来信息未完成确认不允许结账，即本期还有我方或对方的内部往来信息处于"未确认""未完全确认"状态时，期末不允许结账。默认状态为不选中。

(3) 内部往来信息发送方式，提供3种选择。

- 限借方发送（默认选中）。
- 限贷方发送。
- 借贷双方均可发送。

5．参数设置

(1) 在"基本信息"选项卡，本年利润科目按"F7"键获取"4103-本年利润"科目，利润分配科目获取"4104"，勾选"结账要求损益类科目余额为零"复选框，如图5-7所示。

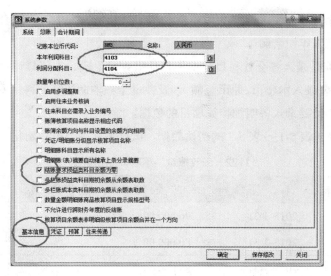

图 5-7

（2）在"凭证"选项卡中，勾选"凭证过账前必须审核""现金银行存款赤字报警""往来科目赤字报警""银行存款科目必须输入结算方式和结算号"和"凭证号按期间统一排序"复选框，如图 5-8 所示。

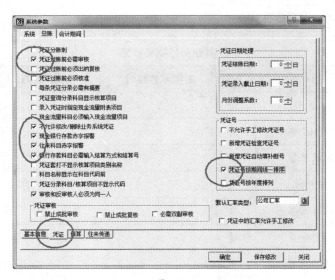

图 5-8

（3）在"预算"选项卡中，选中"显示科目最新余额、预算额"复选框，单击"确定"按钮保存设置。

5.2.2 初始数据录入

基础资料设置和系统参数完成后，可以录入初始数据。当使用总账系统时，需录入各会计科目的期初余额、本年累计借方发生额和本年累计贷方发生额，账套启用会计期间为年初时，只需要录入年初余额。

总账初始数据是录入各会计科目的本年累计借方发生额、本年累计贷方发生额和期初余额，涉及外币的要录入本位币、原币金额，涉及数量金额辅助核算的科目要录入数量、金额，涉及核算项目的科目要录入各明细核算项目的数据。

【案例5】 录入表5-1～表5-3的初始数据，试算平衡后结束初始化。

表5-1　　　　　　　　　"1122—应收账款"下客户期初数据　　　　　　　　　单位：元

客　户	日　期	应收账款	预收账款	期初余额
联想电脑	2015-3-31	96 000.00		96 000.00
神州电子	2015-3-31	80 000.00		80 000.00
华为手机	2015-3-31	85 000.00		85 000.00

表5-2　　　　　　　　　"2202—应付账款"下供应商期初数据　　　　　　　　　单位：元

供 应 商	日　期	应付账款	预付账款	期初余额
新时代方案公司	2015-3-31	131 000.00		131 000.00
金鑫塑胶制品公司	2015-3-31	12 000.00		12 000.00

表5-3　　　　　　　　　　　其他科目期初数据　　　　　　　　　　　单位：元

科目代码	科目名称	方向	本年累计借方	本年累计贷方	期初余额
1001.01	人民币	借			5 000.00
1002.01	工行567本币	借			573 292.00
1122	应收账款	借			261 000.00
1403	原材料	借			120 000.00
1405	库存商品	借			30 000.00
1601	固定资产	借			183 600.00
1602	累计折旧	贷			29 892.00
2202	应付账款	贷			143 000.00
4001.01	李世荣	贷			950 000.00
4001.02	缪燕梅	贷			50 000.00

❶ 选择"系统设置"→"初始化"→"总账"→"科目初始数据录入"，双击"科目初始数据录入"，系统进入"科目初始余额录入"窗口，如图5-9所示。

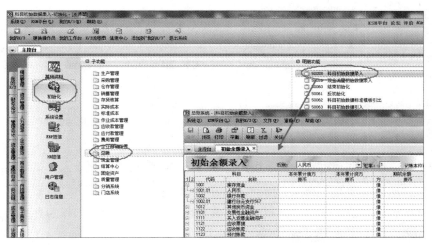

图 5-9

> **说明**
>
> （1）录入数据时选择正确的"币别"，选择外币时系统会自动切换到"外币"窗口。
>
> （2）白色框表示可以录入数据，黄色框表示由明细数据汇总而得。
>
> （3）核算项目上有打钩的表示单击切换到"核算项目初始余额录入"窗口。
>
> （4）有数量金额辅助核算的科目，选中时系统会自动切换到数量、金额录入状态。
>
> （5）年初金额由以下计算公式得出：借方年初余额＝期初余额＋本年累计贷方发生额－本年累计借方发生额；贷方年初余额＝期初余额＋本年累计借方发生额－本年累计贷方发生额。

❷ 录入表 5-1 应收期初数据。单击"1122—应收账款"科目下"核算项目"处有打钩的位置，系统弹出"核算项目初始余额录入"窗口，如图 5-10 所示。

图 5-10

❸ 鼠标光标移至客户项单元格，单元格激活，再单击 ▦（获取）按钮，系统弹出"客户"窗口，在该窗口中可以进行客户档案进行新增和修改等操作。单击"浏览"按钮切换到"列表"窗口，如图 5-11 所示。

图 5-11

④ 双击"C001—联想电脑",系统将选中的记录返回初始余额录入窗口,在该客户对应的"期初余额处"输入"96000",单击窗口左下角的"插入"按钮插入一行,以同样的方法获取"C002—神州电子"客户后输入余额,使用同样的方法将其他应收期初数据录入,录入完成的"核算项目初始余额录入"窗口,如图 5-12 所示。

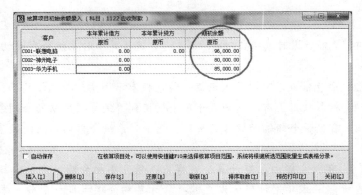

图 5-12

⑤ 单击"保存"按钮保存录入,单击"关闭"按钮返回"科目初始余额录入"窗口,系统会将刚才录入的核算项目的余额汇总到"1122—应收账款"科目下。同样方法录入"2202—应付账款"下期初数据,以表 5-2 中的数据录入。

⑥ 录入其他会计科目的期初余额。以表 5-3 中的数据录入完成并保存。初始数据录入完成后须查看数据是否平衡。单击工具栏上的"平衡"按钮,稍后系统会弹出"试算借贷平衡"窗口,如图 5-13 所示。若试算不平衡,则返回"科目初始余额录入"窗口检查数据,直到试算平衡为止。

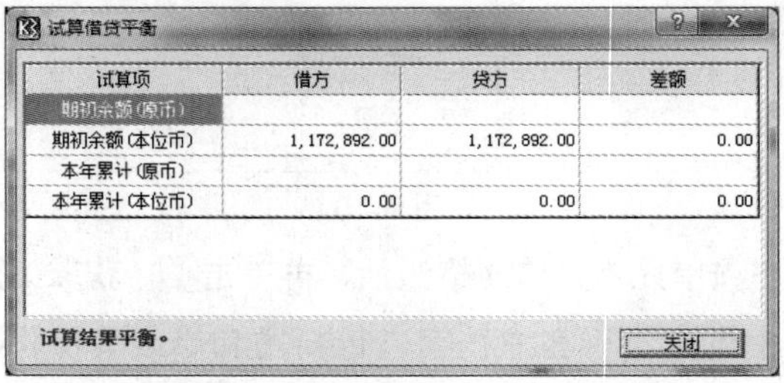

图 5-13

外币科目有期初数据时,试算平衡一定要选择"综合本位币"状态。

若需要通过"总账"系统下的现金流量功能查询现金流量表情况,并且当账套中为年中启用时,需要对启用前的现金流量的数据进行录入,系统才能计算全年的现金流量表。

⑦ 当科目初始数据录入完成,并且只有试算平衡,同时现金流量初始数据录入完成,才可以结束初始化,并启用账套。双击"系统设置"→"初始化"→"总账"→"结束初始化"功能即可。结束初始化后要返回修改初始数据,必须反初始化后才能修改,方法是双击"系统设置"→"初始化"→"总账"→"反初始化"功能即可。

 因本账套需与应收、应付及固定资产系统联合使用,并在同期间启用,建议在这些系统初始化结束后,再结束总账系统的初始化。

5.3 凭证处理

在会计电算化应用过程中,凭证处理是其基础工作之一。在金蝶 K/3 中通过录入和处理凭证(审核、修改凭证等),可以快速完成记账、会计报表编制、证账表的查询和打印等任务。

会计凭证是会计电算化系统的主要数据来源,其正确性直接影响会计电算化系统的真实性、可靠性,因此必须保证凭证录入数据的正确性。会计凭证日常工作包括录入、审核、过账、修改、删除等操作。凭证处理时会计科目可直接从系统科目表中获取,并自动校验分录平衡关系,从而保证录入数据的正确。

下面以表 5-4 ~ 表 5-7 为例,详细介绍"凭证处理"操作方法。

表 5-4　　　　　　　　　　2015-4-1 李总报销广告费　　　　　　　　　　单位:元

日　期	摘　要	会 计 科 目	借 方 金 额	贷 方 金 额
2015-4-1	李总报销广告费	6601.05—广告费	3 580	
	李总报销广告费	1001.01—人民币		3 580

表 5-5　　　　　　　　　　　　　建立摘要库

摘 要 类 别	摘 要 内 容
常用类	报销广告费

表 5-6　　　　　　　　　　　2015-4-2 银行换 2000 美金备用

日期	摘要	会计科目	币别	汇率	原币金额（美元）	借方（元）	贷方（元）
2015-4-2	换美金备用金	1001.02—美元	USD	6.215	2 000	12 430	
	换美金备用金	1002.01—建行白云支行 567					12 430

表 5-7　　　　　　　　　　　2015-4-3 收联想电脑货款　　　　　　　　　　　单位：元

日期	摘要	会计科目	往来单位代码	业务编号	借方	贷方
2015-4-3	收货款	1002.01—建行白云支行 567			60 000	
	收货款	1122—应收账款	C001 联想电脑	S3-01		60 000

5.3.1 凭证录入

凭证录入时，要注意不同科目属性要录入对应的内容，如科目有外币属性时录入汇率，科目设有核算项目时录入核算项目，科目设有辅助数量金额核算时录入单价和数量等。

单击主界面窗口上的菜单"系统"→"更换操作员"，系统弹出"系统登录"窗口，用户名输入"张婷婷"和密码（此时为空），如图 5-14 所示。

图 5-14

若并没有启动金蝶 K/3 系统，则双击桌面上的"金蝶 K/3 主控台"图标，系统弹出"系统登录"窗口，输入用户名和密码，单击"确定"按钮。

新用户第一次登录时，默认"我的工作台"界面模式，如图 5-15 所示。

单击工具栏上的"K/3 主界面"，切换到主界面窗口模式。

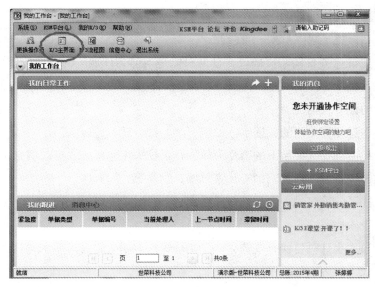

图 5-15

1. 普通凭证录入

普通凭证是指会计科目属性没有设置辅助核算和外币核算等特殊属性的凭证，是日常账务处理中最简单，也是最能体现会计信息系统中凭证录入过程的凭证。下面以表 5-4 为例练习普通凭证录入方法。

❶ 选择"财务会计"→"总账"→"凭证处理"→"凭证录入"，双击"凭证录入"，系统进入"记账凭证—新增"窗口，如图 5-16 所示。

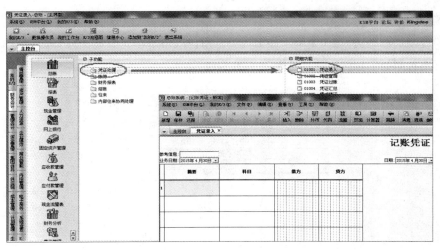

图 5-16

金蝶 K/3 WISE 系统为用户提供仿真凭证录入界面，使用户更容易掌握凭证录入方法。"凭证录入"窗口各项目含义如下。

- 参考信息：凭证的辅助信息，可作为凭证查询的条件，可为空。
- 业务日期：凭证录入日期，可修改。
- 日期：凭证业务日期，可修改。日期只能是当前会计期间的日期或以后的日期，不能是以前的日期。如果当前会计期间是 2015 年 4 月，则日期可以是 2015 年 4 月 1 日以后的任意日期。
- 凭证字：选择要使用的凭证字，如记、收、付、转等凭证字。
- 凭证号：所选择凭证字下的第几号凭证，系统采用递增方式自动填充。
- 附件数：凭证的附件数，如有几张单据、发票等。
- 序号：凭证的顺序号，由系统自动生成。
- 摘要：录入摘要内容。
- 科目：录入会计科目代码或按"F7"功能键获取，一定是最明细科目。
- 借方：录入借方金额。
- 贷方：录入贷方金额。
- 合计：自动累加生成。
- 结算方式：科目中录入的是银行科目时激活此项，包含支票、商业汇票等方式。若勾选"账务处理参数"中的"银行存款科目必需输入结算方式和结算号"复选框，则必须录入结算方式，反之可以不录。
- 结算号：与结算方式对应的号码。
- 经办：该笔业务的经办人，可为空。
- 往来业务：录入的会计科目属性中设有"往来业务核算"时，录入业务编号，以供查询和往来账核销处理时使用。

② "日期"修改为"2015 年 4 月 1 日"。用户既可以单击日期直接修改，也可以单击日期右侧的下拉按钮选择日期，如图 5-17 所示。

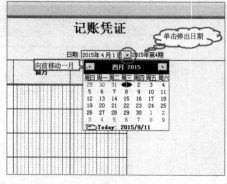

图 5-17

③ "凭证字"采用默认的"记"字，"凭证号"由系统自动生成，"附件数"文本框

中输入"1"。

4 摘要录入。摘要录入有两种方法，一种是鼠标光标单击"摘要"文本框，在其中直接输入内容；另一种是建立摘要库，也就是为经常使用的摘要（如报销费用等）建立一个库，日后使用时可直接选取，提高效率。建立摘要库的方法如下。

① 单击第一行分录"摘要"文本框，按"F7"功能键或单击工具栏上的"代码"按钮，系统弹出"凭证摘要库"窗口，如图 5-18 所示。

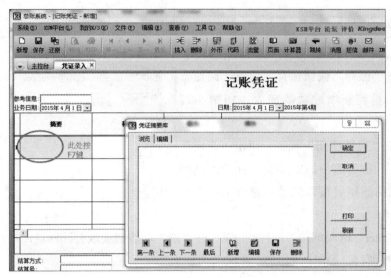

图 5-18

② 单击"编辑"选项卡，切换到"编辑"窗口，单击窗口下方工具栏上的"新增"按钮，这时窗口处于可录入状态。新增摘要库时必须先建立"摘要类别"，即单击"类别"右侧的"打开"按钮，系统弹出"摘要类别"管理窗口，如图 5-19 所示。

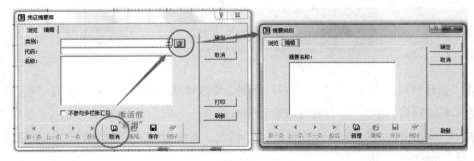

图 5-19

③ 切换到"摘要类别"窗口中的"编辑"选项卡，单击工具栏上的"新增"按钮，这时窗口处于活动状态，在"摘要名称"文本框中输入"常用类"，如图 5-20 所示。

④ 单击"保存"按钮保存设置，单击"确定"按钮返回"凭证摘要库"窗口，单击"类

别"下拉列表框，在其中选择"常用"，在"代码"文本框中输入"01"，"名称"文本框中输入"报销广告费"，如图 5-21 所示。

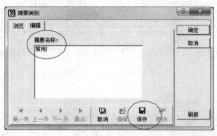

图 5-20

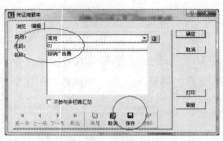

图 5-21

⑤ 单击"保存"按钮保存，单击"浏览"选项卡可以看到新增成功的摘要，如图 5-22 所示。

⑥ 选中"报销费用"摘要，单击"确定"按钮或双击，将所选中的摘要引入凭证的摘要栏。获取成功的摘要可以修改，修改为"李总报销广告费"。

图 5-22

5 按"Enter"键或单击"科目"选项，按"F7"功能键获取会计科目，系统弹出"会计科目"窗口，如图 5-23 所示。

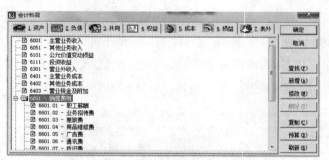

图 5-23

在"会计科目"窗口可以进行科目的新增、修改和删除等操作，科目前有"+"号，则表示为非明细科目，单击"+"号可以展开明细科目。

选中"6601.05-广告费"，单击"确定"按钮，系统会将所选中的科目引入凭证的"科目"栏中，如图 5-24 所示。

6 按"Enter"键，鼠标光标自动移至"借方"，输入"3580"，按"Enter"键，鼠标光标移至第二条分录，在"摘要"文本框中输入".."（两个小数点）复制上一条分录的摘要，在"科目"文本框中按"F7"功能键获取"1001.01 人民币"，"贷方"金额输入"3580"，凭证录入完成后的结果如图 5-25 所示。单击"保存"按钮保存凭证。

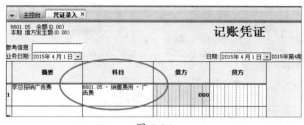

图 5-24

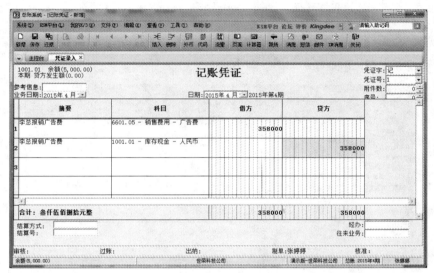

图 5-25

 录入凭证时的快捷键有以下几个。

"F7"功能键：获取代码。　　　　"Ctrl+F7"快捷键：自动借贷平衡。

"F4"功能键：新增凭证。　　　　"F12"功能键：保存当前凭证。

".."（不是两个句号，是两个小数点，注意输入法全半角之间的转换）：复制上一分录的摘要。

"//"：当前凭证有多条分录时，只复制第一条分录的摘要。

2．外币核算凭证录入

外币核算凭证是指会计科目属性设置有"外币"核算，录入凭证时要选择币别和设置汇率。下面以表 5-6 中录入外币凭证为例，操作步骤如下。

❶ 在"记账凭证"窗口，单击工具栏上的"新增"按钮，系统弹出一张空白凭证窗口，"日期"修改为"2015 年 4 月 2 日"，"附件数"文本框中输入"1"，第一条分录"摘要"文本框中输入"换美金备用金"，"科目"中按"F7"功能键获取"1001.02—库存现金—美元科目"，此时"记账凭证"窗口格式已自动切换到复币模式，如图 5-26 所示。

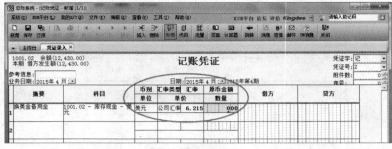

图 5-26

❷ 汇率保持不变,"原币金额"文本框中输入"2000",这时在"借方"文本框中会自动核算出本位币金额,如图 5-27 所示。

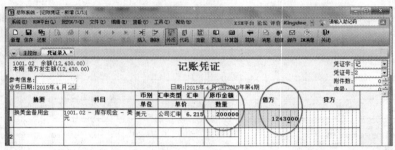

图 5-27

❸ 鼠标光标移至第二条分录,在"摘要"文本框中输入"换美金备用金","科目"中按"F7"功能键获取"1002.01- 银行存款 - 建行白云支行567",鼠标光标移至"贷方"文本框处,同时按"Ctrl+F7"快捷键,使凭证"借贷平衡","结算方式"选择"电汇","结算号"文本框中输入"201504001",如图 5-28 所示。

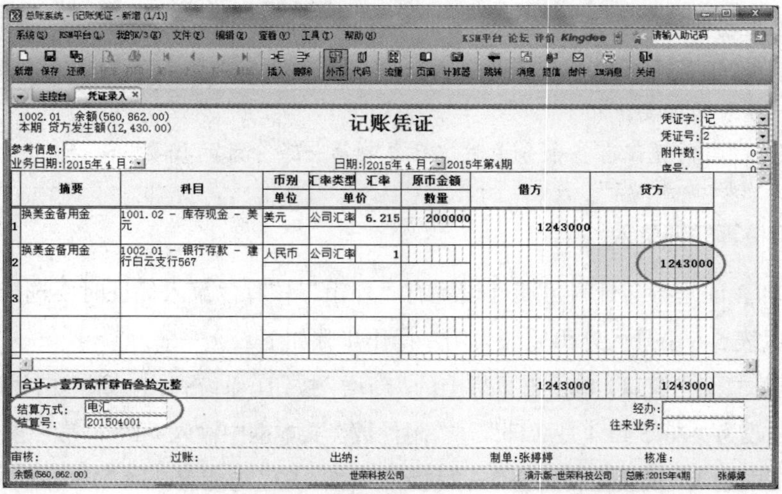

图 5-28

❹ 单击"保存"按钮保存凭证。

(1)"科目"是核算所有币别,则在"币别"文本框处按"F7"功能键进行币别修改。

(2)若所选择科目设置为"数量金额辅助核算",则凭证格式会更换为数量金额式凭证格式,要求在"计量单位"基础上输入单价和数量,自动核算出金额。

(3)选择结算方式和输入结算号,是因为考虑日后要与出纳管理系统连接使用。不使用出纳管理系统,则结算方式和结算号可以不输入。

3. 核算项目凭证录入

核算项目类凭证是指会计科目属性设有项目核算的凭证。录入时要选择"核算项目代码"。下面以表 5-7 录入核算项目凭证为例,操作步骤如下。

① 在"记账凭证-新增"窗口,凭证日期修改为"2015-4-3",第一行分录"摘要"文本框中输入"收货款","科目"按"F7"功能键获取"1002.01 建行白云支行 567","结算方式"选择"票据结算","结算号"文本框中输入"201504002","借方"文本框中输入"60000"。

② 鼠标光标移至第二条分录"摘要"文本框中输入"收货款","科目"按"F7"功能键获取"1122 应收账款",系统会提示"该会计科目已受控于应收应付系统",需要修改科目属性不受控。其方法是在"会计科目"窗口,"科目代码"文本框中选择"1122",单击右侧的"修改"按钮,系统弹出"会计科目-修改"窗口,"科目受控系统"设置为空,如图 5-29 所示。

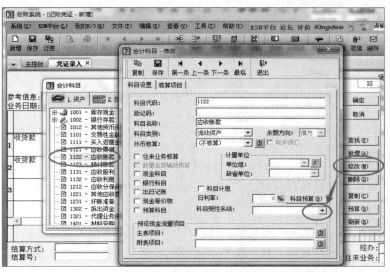

图 5-29

③ 单击"保存"按钮保存设置,关闭修改窗口,"科目代码"选择"1122",单击"确定"按钮返回凭证窗口,按"Enter"键,这时鼠标光标会移到窗口下部的"客户"文本

框处，这是因为系统检测到"1122—应收账款"科目设置有"客户"辅助核算功能，自动定位到此项目，按"F7"功能键，系统弹出"客户"窗口，单击"浏览"按钮，显示所有客户档案，如图5-30所示。

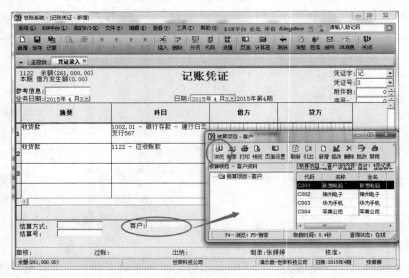

图 5-30

④ 双击"C001—联想电脑"记录，返回凭证窗口，在"贷方"文本框中按"Ctrl+F7"快捷键，借贷平衡，此时请注意第二条分录中的会计"科目"的显示内容，如图5-31所示。

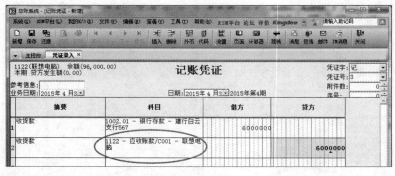

图 5-31

⑤ 单击"保存"按钮保存凭证。

（1）若科目属多个项目核算时，在"科目"文本框中会同时显示。

（2）通过挂核算功能，既可以减轻基础设置工作，同时又能满足工作需求。例如，"销售费用"类下明细科目要核算"业务员"时，如果手工新增科目方式，则需要增加几十或者上百个科目，而通过挂核算项目为"职员"，只要设置二级明细科目并设置"职员"辅助核算，在实际凭证录入时再选择正确的职员代码即可。

5.3.2 凭证查询

凭证查询在日常工作会经常使用到，如查询日期等于、大于或小于某个日期，查询客户在某个时间段的业务往来资料，这些功能总账模块都具有。查询时还可以将经常使用的查询条件以方案形式保存下来，以备下次查询使用。

1 选择"财务会计"→"总账"→"凭证处理"→"凭证查询"，双击"凭证查询"，弹出"会计分录序时簿过滤"窗口，如图5-32所示。

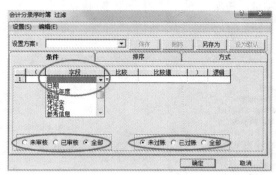

图 5-32

① 在"条件"选项卡中可以设置各种查询条件，如字段、内容、比较关系和比较值等。还可同时设置多个条件，并可查询不同审核和过账情况下的凭证。

② 在"排序"选项卡中可以设置查询结果凭证资料的排序方式，默认以时间先后次序排列。

③ 在"方式"选项卡中可以设置过滤方式——按凭证过滤还是按分录过滤，可采用默认值。

2 保持默认条件，单击"确定"按钮，系统进入"会计分录序时簿"窗口，如图5-33所示。

图 5-33

在"会计分录序时簿"窗口中可以对凭证进行查看、修改、删除、审核和打印等操作。

5.3.3 审核凭证

凭证是登记账簿的依据，其准确性是正确财务核算的基础。因此凭证记账前必须经专人检查凭证输入是否有错误并审核凭证。会计制度上规定，凭证的审核人与制单人不能为同一操作员。

凭证一旦进行审核，就不允许对其进行修改和删除，用户必须进行反审核操作后才能对凭证进行修改和删除。

金蝶 K/3 WISE 系统提供可以不经过审核就能过账的功能，设置方法是更改总账的系统参数。选择"系统设置"→"系统设置"→"总账"→"系统参数"，双击，系统弹出"系统参数"窗口，单击"总账"选项卡，再单击下方的"凭证"选项卡，如图 5-34 所示。勾选"凭证过账前必需审核"复选框，表示凭证必须经过审核后才能过账，反之，不审核的凭证也能过账。

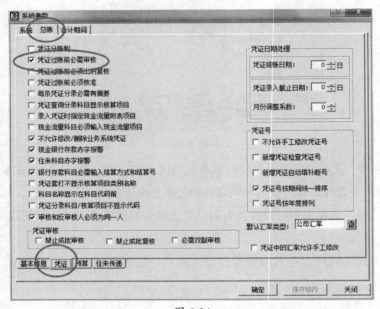

图 5-34

> **注** 只有系统管理员才能修改参数。

金蝶 K/3 WISE 凭证审核方式有单张审核、成批审核和双敲审核 3 种模式。

1. 单张审核

单张审核方式是对所审核的每一张凭证再次仔细检查其是否正确，确认无误即可审核。下面以审核 1 号凭证为例，介绍单张审核方法。

以"胡小兰"身份登录账套，查询凭证进入"会计分录序时簿"窗口。在"会计分录序时簿"窗口，选中"记-1"号凭证，单击工具栏上的"审核"按钮，系统进入"记账凭证-审核"窗口，单击工具栏上的"审核"按钮，如果窗口左下角的"审核"中显示审核人的名字，表示审核成功，如图 5-35 所示。

图 5-35

关闭"审核"窗口,返回"会计分录序时簿"窗口,单击工具栏上的"刷新"按钮,"记-1"的凭证"审核"文本框中显示"胡小兰",表示该凭证是该用户审核,如图 5-36 所示。

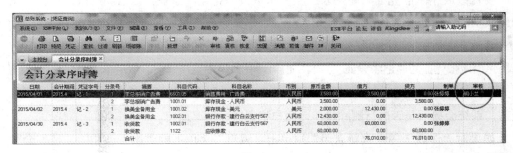

图 5-36

反审核(取消审核)的方法是:选中要反审核的凭证,单击工具栏上的"审核"按钮,系统弹出"审核"窗口,再单击工具栏上的"审核"按钮,窗口左下角"审核"文本框中无用户名显示,就表示反审核成功。

2. 成批审核

金蝶 K/3 WISE 系统为提高工作效率,提供成批审核功能。

❶ 在"会计分录序时簿"窗口,单击菜单"编辑"→"成批审核",系统弹出"成批审核凭证"窗口,如图 5-37 所示。

窗口中有两个选项——审核未审核的凭证和对已审核的凭证取消审核,两个选项只能选择其一。

❷ 在窗口中选择"审核未审核的凭证"单选按钮,单击"确定"

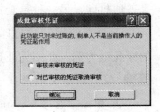

图 5-37

按钮，稍后系统弹出提示，单击"确定"按钮。成批审核成功后的"会计分录序时簿"窗口如图 5-38 所示。

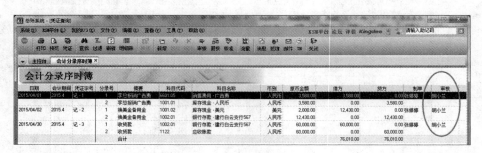

图 5-38

（1）已经提示审核成功的凭证，如果在"会计分录序时簿"窗口中的"审核"项中未显示"审核人"的名字，则单击工具栏上的"刷新"按钮即可。
（2）成批反审核（取消审核）的方法是在"成批审核凭证"窗口，选中"对已审核的凭证取消审核"复选框，单击"确定"按钮。

要修改或删除的凭证只能是未过账和未审核的凭证。如果凭证已经过账或审核，删除和修改功能按钮处于灰色，不能使用，凭证一定要经过反过账、反审核后才能修改。

修改方法是在"会计分录序时簿"窗口，选中需要修改的凭证，单击工具栏上的"修改"按钮，系统弹出该张凭证的"记账凭证—修改"窗口，在窗口中直接修改，然后单击"保存"按钮。

删除方法在"会计分录序时簿"窗口，选中需要删除的凭证，单击工具栏上的"删除"按钮，系统会提示是否进行删除操作，用户根据实际情况而定。

如果对"作废"凭证重新启用，则单击"编辑"菜单下的"恢复已删除凭证"命令，或者单击工具栏中的"恢复"按钮即可。

5.3.4 凭证打印

凭证可以根据实际需要打印输出，并装订成册妥善保管。

金蝶 K/3 WISE 系统提供两种凭证打印方式，一种是普通打印，另一种是套打打印。

下面以使用针式打印机，纸张大小为 14cm×24cm 的穿孔纸为例，介绍凭证打印方法。

1 建立自定义纸张。

① 单击"开始"，在弹出的菜单右侧单击"设备和打印机"选项，如图 5-39 所示。

图 5-39

② 系统进入"设备和打印机"窗口，选中要使用的打印机，单击工具栏上的"打印服务器属性"命令，如图 5-40 所示。

图 5-40

③ 系统弹出"打印服务器属性"窗口，勾选"创建新表单"复选框，"宽度"修改为"24cm"，"高度"修改为"14cm"，"表单名称"文本框中输入"凭证"，如图 5-41 所示。

图 5-41

④ 单击右上角的"保存表单"按钮保存所设置的格式。单击"关闭"按钮退出窗口。

（1）自定义纸张是所有用户都容易忽略的第一步。
（2）不同品牌的打印机，建立自定义纸张的方法可能不同，可以找专业人士帮忙建立。

❷ 返回金蝶 K/3 WISE 系统，在"会计分录序时簿"窗口，单击菜单"文件"→"打印凭证"→"打印设置"，系统弹出"打印设置"窗口，在窗口中可以选定打印机的名称，纸张大小选择先前设置的"凭证"，如图 5-42 所示。

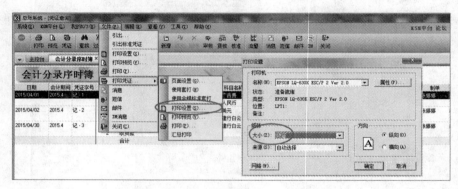

图 5-42

❸ 单击"确定"按钮返回"打印预览"窗口，再单击菜单"文件"→"打印凭证"→"打印预览"，预览效果如图 5-43 所示。

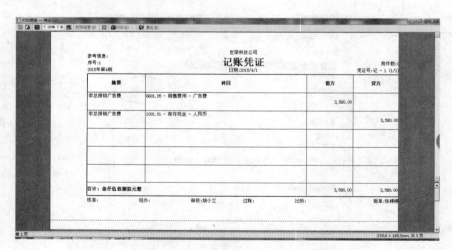

图 5-43

"贷方"金额没有显示，应缩小科目宽度。

❹ 单击"退出"按钮返回"会计分录序时簿"窗口，单击菜单"文件"→"打印凭证"→"页面设置"，系统弹出"凭证页面设置"窗口，单击"尺寸"选项卡，选择"单位"为"厘米"，修改"摘要栏"和"科目栏"，"宽度"为"3.5"cm，如图 5-44 所示。

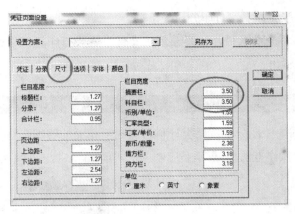

图 5-44

5. 单击"确定"按钮，返回"会计分录序时簿"窗口，再单击"文件"→"打印凭证"→"打印预览"，系统弹出"打印预览"窗口，如图 5-45 所示。

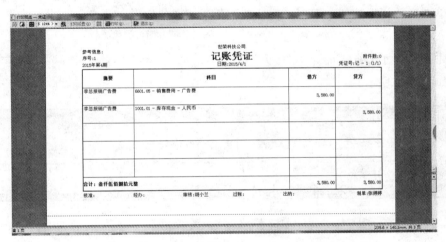

图 5-45

6. 设置凭证为外币/数量时的打印格式。在"页面设置"窗口中切换到"选项"选项卡，如图 5-46 所示。在窗口中有"人民币大写合计""打印外币""打印数量"和"每张凭证打印分录数"4 个选项，"打印外币"和"打印数量"建议选择"自动"单选按钮，这样系统在打印凭证时，如果检测到外币或数量，会将外币和数量打印出来；如果没有选择"自动"单选按钮，则不打印外币或数量。"每张凭证打印分录数"

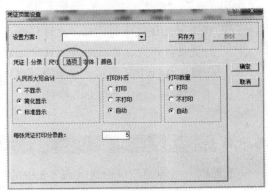

图 5-46

是指打印时一张凭证上可打印分录的条数。

7 打印格式调整符合要求后，选择菜单"文件"→"打印凭证"→"打印"命令，进行凭证的打印输出。

5.3.5 凭证过账

凭证过账是指系统凭证分录按照会计科目登记到相关的明细账簿。只有当期的凭证过账后才能期末结账。操作方法如下。

1 双击"财务会计"→"总账"→"凭证处理"→"凭证过账"，双击"凭证过账"，系统弹出"凭证过账"窗口，如图 5-47 所示。

2 保持默认值，单击"开始过账"按钮，稍后系统弹出过账情况信息。

3 单击"关闭"按钮，双击"凭证查询"进入"会计分录序时簿"窗口，过账成功的凭证会在过账项目下显示过账人的用户名，如图 5-48 所示。

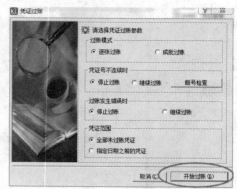

图 5-47

图 5-48

理论上已经过账的凭证不允许修改，只能采取补充凭证或红字冲销凭证的方式进行更正。因此，在过账前应该对记账凭证的内容仔细审核。

金蝶 K/3 WISE 为用户提供有反过账功能，在"会计分录序时簿"窗口中单击菜单"编辑"→"反过账"命令。

5.3.6 凭证录入练习

下面以"张婷婷"身份录入表 5-8 中的凭证，以备后面操作时使用，并以"胡小兰"身份审核和过账所有凭证。

表 5-8　　　　　　　　　　　　　凭证录入练习　　　　　　　　　　　　　单位：元

日期	摘要	会计科目	辅助核算项目或结算方式	借方	贷方
2015-4-3	销售苹果公司USB产品	1122—应收账款	C004 苹果公司	117 000	
		6001—主营业务收入			100 000
		2221.01.02—销项税额			17 000
2015-4-3	采购USB方案板	1403—原材料		30 000	
		2221.01.01—进项税额		5 100	
		2202—应付账款	P001 新时代方案		35 100
2015-4-6	采购USB外壳	1403—原材料		5 115.3	
		2221.01.01—进项税额		869.6	
		2202—应付账款	P002 金鑫塑胶制品公司		5 984.9
2015-4-6	采购USB包装盒	1403—原材料		12 000	
		2221.01.01—进项税额		2 040	
		2202—应付账款	P003 杰森包装材料有限公司		14 040
2015-4-6	采购USB端子线	1403—原材料		11 000	
		2221.01.01—进项税额		1 870	
		2202—应付账款	P004 星光电子线制品厂	0	12 870
2015-4-15	支付货款	2202—应付账款	P001 新时代方案公司	30 000	
		1002.01—建行白云支行567	电汇 201504003		30 000
2015-4-15	销售产品	1122—应收账款	C003 华为手机	117 000	
		2221.01.02—销项税额			17 000
		6001—主营业务收入			100 000
2015-4-15	收到货款	1002.01—建行白云支行567	电汇 201504004	50 000	
		应收账款	C002 神州电子		50 000
2015-04-20	李总报销费	6601.02—业务招待费		1 200	
		6601.06—通讯费		300	
		1002.01—建行白云支行567	电汇 201504005		1 500
2015-04-20	郭晓明报销交通费	5101.03—差旅费		650	
		1001.01—人民币			650

5.4 账簿

金蝶 K/3 WISE 提供详细的账簿查询功能，有总分类账、明细分类账、数量金额总账、数量金额明细账、多栏账、核算项目分类总账和核算项目明细账等。

5.4.1 总分类账

"总分类账"查询科目总账数据，查询科目的本期借方发生额、本期贷方发生额和期末余额等项目数据。操作方法如下。

❶ 选择"财务会计"→"总账"→"账簿"→"总分类账"，双击"总分类账"，系统弹出"过滤条件"窗口，如图 5-49 所示。

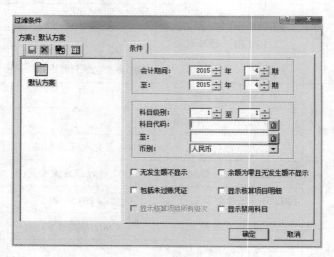

图 5-49

- 科目级别：选择要求显示的科目级次。
- 科目代码：设置查询的科目范围，按"F7"功能键获取会计科目。
- 无发生额不显示：选中，不显示在期间范围内没有发生业务的科目。
- 包括未过账凭证：选中，科目的汇总数据含有未过账凭证，反之，汇总数据只有已过账凭证。
- 余额为零且无发生额不显示：选中，不显示科目余额为零且在期间范围内无发生额总账。
- 显示核算项目明细：选中，科目下有核算项目的显示核算项目明细数据，反之不显示。
- 显示核算项目所有级次：选中"显示核算项目明细"，再选中该项，当核算项目有分级时，核算项目显示到最明细，反之，只显示核算项目的第一级数据。
- 显示禁用科目：选中，若禁用科目下有数据也显示出来，反之不显示。

❷ 过滤条件保持默认值，单击"确定"按钮，系统进入"总分类账"窗口，如图5-50所示。

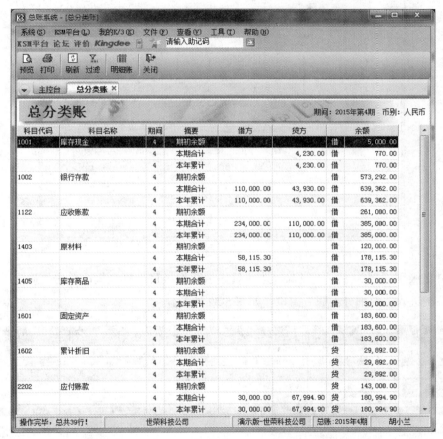

图 5-50

单击"查看"和"文件"菜单，可以查看明细账、设置页面属性、套打或按科目分页打印等。

5.4.2 明细分类账

"明细分类账"查询各科目下的明细账数据。

❶ 选择"财务会计"→"总账"→"账簿"→"明细分类账"，双击"明细分类账"，系统弹出"过滤条件"窗口，如图5-51所示。
- 按期间查询：查询会计期间范围为某期间至某期间。
- 按日期查询：查询范围为某天至某天。
- 只显示明细科目：选中，当科目级别为多级别时，明细账只显示最明细科目的数据。
- 强制显示对方科目：选中，同时显示对方科目。

- 显示对方科目核算项目：选中，对方科目下有核算项目的同时显示。
- 按明细科目列表显示：选中，则以明细科目列表格式显示。

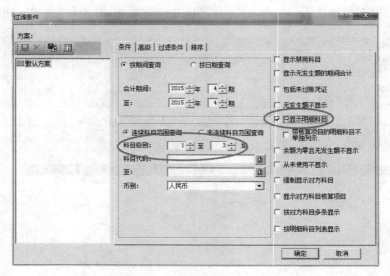

图 5-51

2 科目级别设置为 1～3 级，勾选"只显示明细科目"复选框，单击"确定"按钮，系统进入"明细分类账"窗口，如图 5-52 所示。

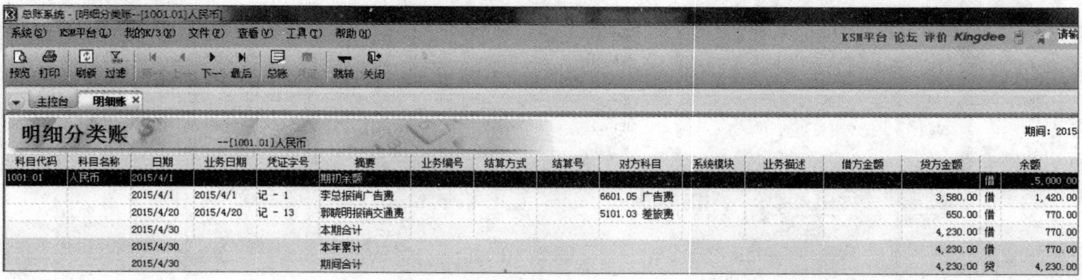

图 5-52

单击"第一""上一""下一""最后"按钮查询不同科目的明细账，单击"总账"按钮查看该科目的总账数据。

5.4.3 多栏账

不同企业的科目设置情况不同，因此多栏式明细账需要自行设定。下面以查询"销售费用"的多栏账为例，介绍多栏账的设置方法。

1 选择"财务会计"→"总账"→"账簿"→"多栏账"，双击"多栏账"，系统弹出"多栏式明细分类账"窗口，如图 5-53 所示。

- 多栏账名称：选择已设计好的多栏账。

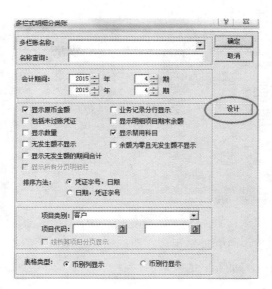

图 5-53

- 会计期间：查询期间范围。
- 设计：进行多栏账的设计管理，如新增、修改或删除等。

② 单击"设计"按钮，系统弹出"多栏式明细账定义"窗口，如图 5-54 所示。

图 5-54

- 浏览：浏览已有的多栏账。
- 编辑：新增、修改或删除多栏账。

③ 在"编辑"窗口，单击"新增"按钮，"会计科目"处按"F7"功能键获取"6601"科目，再单击窗口右下角的"自动编排"按钮，系统会自动将该科目下的明细科目排列显示，如图 5-55 所示。

④ "币别代码"选择"人民币"，"多栏账名称"保持默认值，单击"保存"按钮保存当前设置。若要编辑、删除已设计好的多栏账，则切换到"浏览"窗口选中多栏账后，再返回"编辑"窗口进行编辑和删除操作。

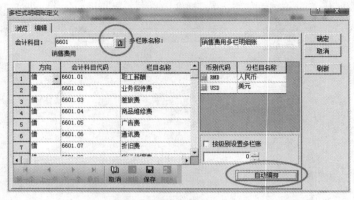

图 5-55

5 在"浏览"窗口选中"管理费用多栏明细账",单击"确定"按钮,返回"多栏式明细分类账"窗口,如图5-56所示。

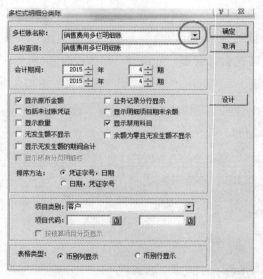

图 5-56

6 "多栏账名称"选择刚才所设计的"销售费用多栏明细账",单击"确定"按钮,系统进入"多栏式明细账"窗口,如图5-57所示。

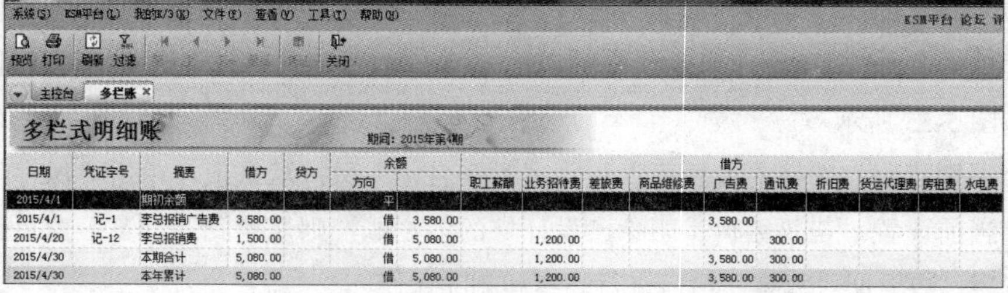

图 5-57

5.4.4 核算项目分类总账

核算项目分类总账用于查看带有核算项目设置的科目总账。

1 选择"财务会计"→"总账"→"账簿"→"核算项目分类总账",双击"核算项目分类总账",系统弹出"过滤条件"窗口,如图 5-58 所示。

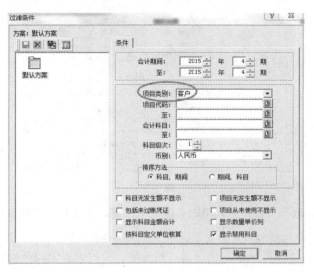

图 5-58

查询时,重点是"项目类别"的选择,是客户、供应商或者是部门等项目,其他过滤条件设置方法基本同前面的总分类账设置。

2 "项目类别"选择"客户",单击"确定"按钮,系统进入"1122 应收账款"的"核算项目分类总账"窗口,如图 5-59 所示。

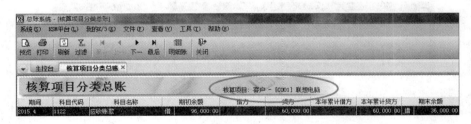

图 5-59

单击"第一""上一""下一""最后"按钮,可以查看不同核算项目的数据。

5.4.5 核算项目明细账

核算项目明细账用于查看核算项目的明细账。

1 选择"财务会计"→"总账"→"账簿"→"核算项目明细账",双击"核算项目明细账",系统弹出"过滤条件"窗口,如图 5-60 所示。

图 5-60

❷ "项目类别"选择"客户",单击"确定"按钮,系统进入"核算项目明细账"窗口,如图 5-61 所示。

单击"第一""上一""下一""最后"按钮,可以查看不同核算项目的数据。

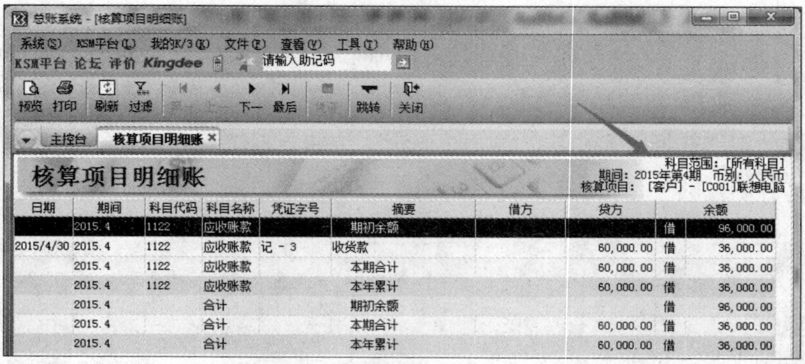

图 5-61

5.5 财务报表

金蝶 K/3 WISE 系统提供详细的财务报表查询功能,报表有科目余额表、试算平衡表、日报表查询、核算项目余额表、核算项目明细表、核算项目汇总表、核算项目组合表、科目利息计算表和调汇历史信息表等。

下面以查询"科目余额表"为例,介绍报表的查询方法,其他报表的查询方法可以参照"科目余额表"。

① 选择"财务会计"→"总账"→"财务报表"→"科目余额表",双击"科目余额表",系统弹出"过滤条件"窗口,如图 5-62 所示。

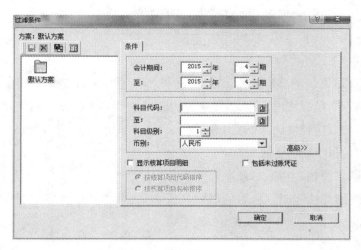

图 5-62

在窗口中可以设置查询条件,单击"高级"按钮可以进行更复杂的条件设置。

② "过滤"条件窗口中的"科目级别"设为"2",单击"确定"按钮,系统进入"科目余额表"窗口,如图 5-63 所示。

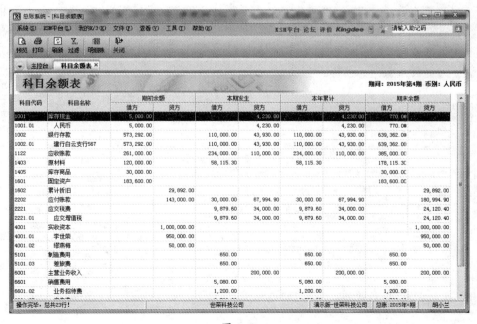

图 5-63

单击工具栏上的"明细账"按钮,可以由科目余额表联查到明细账,在明细账窗口可以联查到总账和凭证。

5.6 往来

金蝶 K/3 WISE 系统中总账模块下的"往来"子功能,主要适用于单独使用"总账"模块的用户,如果有购买应收应付模块,更加详细的往来管理可以在应收应付模块中处理。

往来提供核算管理、往来对账单和账龄分析表等功能。使用此功能时,科目的属性必须设置为"往来业务核算",同时不受控,如图 5-64 所示。

已设置"往来业务核算"的科目在录入凭证时,系统会提示录入"往来业务编号",如图 5-65 所示。

图 5-64

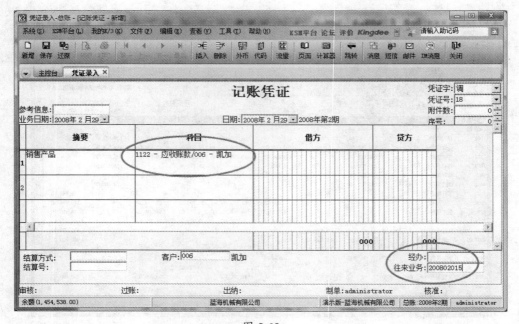

图 5-65

5.6.1 核销管理

要使用"核销管理"功能需要设置以下几项。

（1）设置会计科目属性"往来业务核算"选项。

（2）涉及往来业务核算科目的凭证，往来业务编号一定要录入（或按"F7"功能键获取），因为核销的原理是根据同一业务编号、不同方向进行核销的。

（3）设置总账参数中的"启用往来业务核销"选项。

由于本账套需要照顾后面的应收应付模块的操作，所以没有启用往来业务核算。本节只讲核销原理，核算操作不进行具体讲解。

【案例】4月1日销售A公司产品，凭证如下。

借：应收账款—A公司—201504001（业务编号）　　5 000
　　贷：主营业收入　　　　　　　　　　　　　　　5 000

4月2日销售A公司产品，凭证如下。

借：应收账款—A公司—201504002（业务编号）　　680
　　贷：主营业收入　　　　　　　　　　　　　　　680

4月3日销售A公司产品，凭证如下。

借：应收账款—A公司—201504003（业务编号）　　1 000
　　贷：主营业收入　　　　　　　　　　　　　　　1 000

4月4日收A公司货款5500元，凭证如下。

借：银行存款　　　　　　　　　　　　　　　　　　5 500
　　贷：应收账款—A公司—201504001　　　　　　 5 000
　　贷：应收账款—A公司—201504002　　　　　　 500

通过该张收款凭证可以知道，所收款项为201504001号单据的5 000元和201504002号单据的500元，并且201504001号还欠180元。

核销管理功能就是对凭证的同一会计科目、同一核算项目或同一业务编号，但是不同方向的金额进行核销处理，以便了解每张单据的款项已付、未付和欠款等情况。

核销管理是为了详细知道每个业务编号核销情况。若公司管理要求只要知道客户的本期借方发生额、本期贷方发生额，则两项相减即可知道客户的期末余额（欠款数），而不用业务编号核销管理。

5.6.2 往来对账单

往来对账单可用于查询会计科目设有"往来业务核算"属性的科目借方额、贷方额和余额。

在主界面窗口，选择"财务会计"→"总账"→"往来"→"往来对账单"，双击"往来对账单",系统弹出"过滤条件"窗口,如图 5-66 所示。

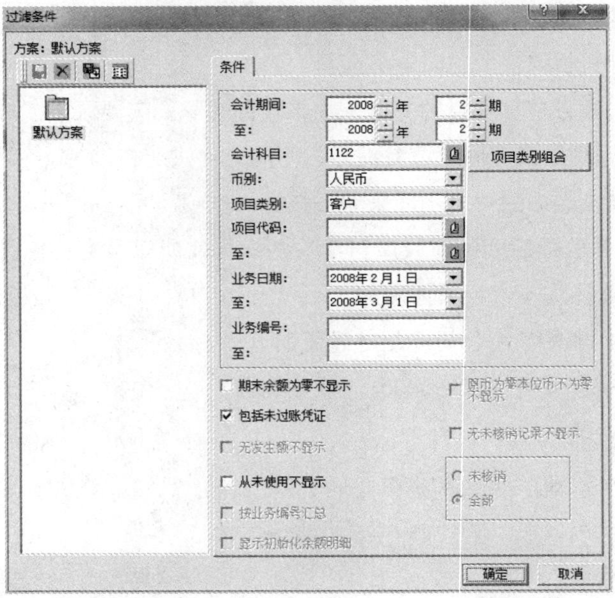

图 5-66

会计科目获取有设置"往来业务核算"的科目,单击"确定"按钮,系统会进入"往来对账单"窗口,如图 5-67 所示。

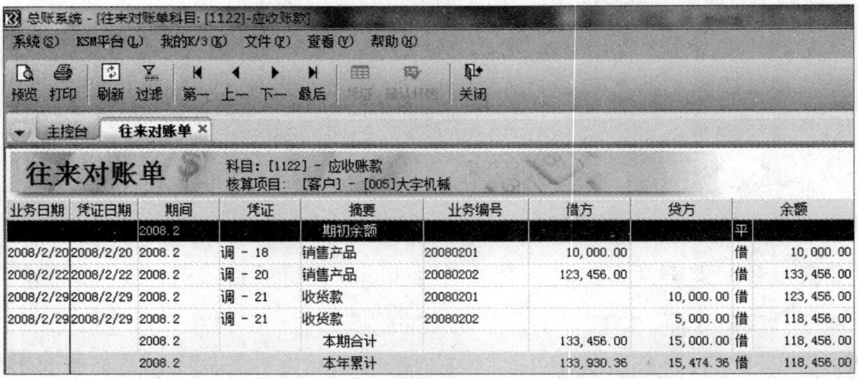

图 5-67

若要查看其他客户的对账单,单击工具栏上的"上一""下一"按钮进行查询。

5.6.3 账龄分析表

账龄分析表可用于对设有往来核算科目的往来款项余额的时间分布进行分析。

① 选择"财务会计"→"总账"→"往来"→"账龄分析表",双击"账龄分析表",系统弹出"过滤条件"窗口,如图 5-68 所示。

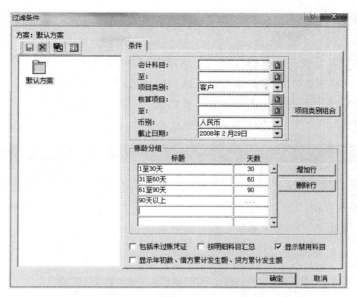

图 5-68

- 会计科目：选择要查询的会计科目。该项为空时，系统会自动将设有往来业务核算的科目显示出来。
- 项目类别：必选项。
- 账龄分组：录入天数后，标题会自动更改，可增加或删除行。

❷ "项目类别"选择"客户"，单击"确定"按钮，系统进入"账龄分析表"窗口，如图 5-69 所示。

图 5-69

5.7 结账

当会计期间凭证业务处理完成后，可以进行期末处理，即期末调汇、自动转账、结转损益和期末结账操作。

>
> （1）单独使用"总账"模块，可以开始期末处理。与固定资产、应收和应付等模块连接时，则必须业务系统先结账后再进行期末处理工作。
> （2）建议先出完资产负债表、损益表后，再进行期末结账。

5.7.1 期末调汇

期末调汇是在期末时，对有外币核算和设有"期末调汇"的会计科目计算汇兑损益，生成汇兑损益转账凭证。

① 先设置期末汇率。选择"系统设置"→"基础资料"→"公共资料"→"汇率体系"，鼠标双击"汇率体系"，系统进入"汇率体系"窗口，如图 5-70 所示。

图 5-70

② 选择"公司汇率"下的"生效日期"为"2015-04-01"记录行，单击"修改"按钮，系统弹出"汇率—修改"窗口，"汇率"修改为"6.2"，如图 5-71 所示。

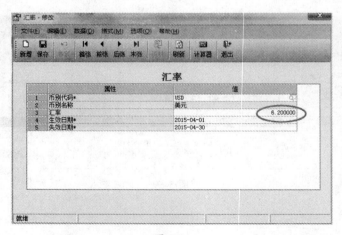

图 5-71

③ 单击"保存"按钮，保存当前修改。单击"关闭"按钮退出汇率修改。

④ 选择"财务会计"→"总账"→"结账"→"期末调汇"，双击"期末调汇"，系统弹出"期末调汇"窗口，如图 5-72 所示。

5 单击"下一步"按钮,系统凭证信息设置窗口,如图 5-73 所示。

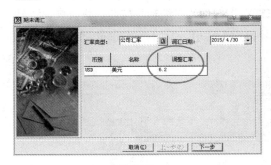
图 5-72

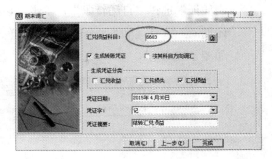
图 5-73

6 科目获取成功,勾选生成"汇兑收益"复选框,单击"完成"按钮,稍后系统提示"已经生成一张调汇转账凭证,凭证字号为:记 -××"。

查看生成的凭证。双击"财务会计"→"总账"→"凭证处理"→"凭证查询",在"会计分录序时簿"窗口中可以查询到生成的凭证。

5.7.2 自动转账

期末转账凭证是将相关科目下的余额转入到另一个相关科目下。例如,将制造费转入生产成本科目,既可以直接录入凭证,也可以使用自动转账功能,定义好转账公式,在期末只要选中要转账的项目,生成凭证即可,这样既简单又能提高效率。

下面定义"制造费用转生产成本",操作方法如下。

1 选择"财务会计"→"总账"→"结账"→"自动转账",双击"自动转账",系统弹出"自动转账凭证"窗口,如图 5-74 所示。

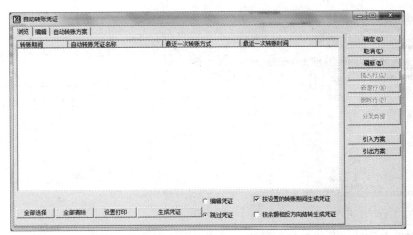
图 5-74

在浏览窗口中可以查看已设置好的自动转账凭证。在"编辑"选项卡中可对自动转账凭证进行新增和编辑等操作。

② 在"编辑"选项卡，单击"新增"按钮，"名称"文本框中输入"制造费用转生产成本"，"机制凭证"选择"自动转账"，单击"转账期间"右边的"编辑"按钮，系统弹出"转账期间"窗口，单击"全选"按钮，单击"确定"按钮，返回"自动转账凭证"窗口，如图 5-75 所示。

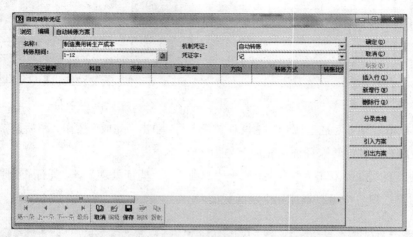

图 5-75

③ 第一条分录中"摘要"文本框中输入"制造费用转生产成本"，"科目"按"F7"功能键获取"5001 生产成本"，"方向"选择"自动断定"，"转账方式"选择"转入"。

④ 第二条分录中"摘要"文本框中输入"制造费用转生产成本"，"科目"按"F7"功能键获取"5101.01"，"方向"选择"自动断定"，"转账方式"为"按公式转出"，"公式方法"为"公式取数"，在"公式定义"中单击"下设"按钮，系统弹出"公式定义"窗口，如图 5-76 所示。

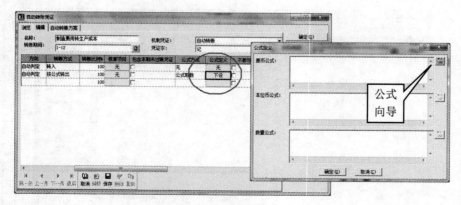

图 5-76

单击窗口右侧的"公式向导"按钮，系统弹出"报表函数"窗口，如图 5-77 所示。

选中常用函数下的"ACCT"函数，单击"确定"按钮，系统进入"函数表达式"窗口，"科目"按"F7"功能键获取"5101.01"，"取数类型"获取"Y"（期末余额），如图 5-78 所示。

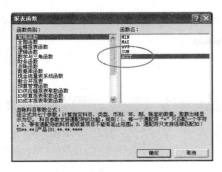
图 5-77

图 5-78

单击"确认"按钮,返回"公式定义"窗口,单击"确定"按钮,返回"自动转账凭证"窗口。

5 按步骤 4 录入剩余的科目,并设置公式,结果如图 5-79 所示。

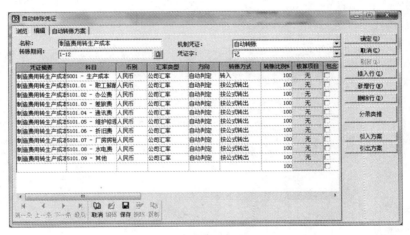
图 5-79

6 单击窗口下部的"保存"按钮保存设置,切换到"浏览"窗口,选中刚刚建立的转账凭证,如图 5-80 所示。

图 5-80

7 单击"生成凭证"按钮,稍后系统弹出提示窗口,单击"关闭"按钮,双击"财务会计"→"总账"→"凭证处理"→"凭证查询",设定过滤条件后进入"会计分录序时簿"窗口中可以查询到刚才生成的凭证。

5.7.3 结转损益

结转损益将损益类科目下的所有余额结转到"本年利润"科目下,并生成一张结转损益的凭证。

在结转损益前,一定要将本期的凭证都过账,包括自动转账生成的凭证。

1 选择"财务会计"→"总账"→"结账"→"结转损益",双击"结转损益",系统弹出"结转损益"窗口,单击"下一步"按钮,系统弹出"损益类科目对应本年利润科目"窗口,如图 5-81 所示。

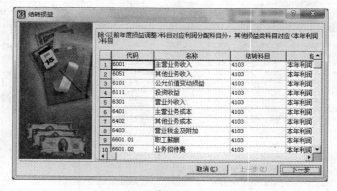

图 5-81

2 单击"下一步"按钮,进入设置窗口,如图 5-82 所示。

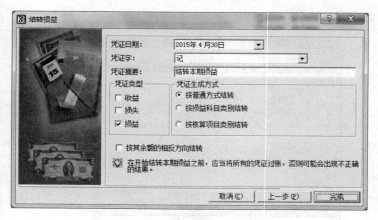

图 5-82

3 单击"完成"按钮。稍后系统弹出已经生成的一张某字某号的凭证。

以上操作将结转损益凭证审核过账。

5.7.4 期末结账

本期会计业务全部处理完毕后，可以进行期末结账处理，本期期末结账后，系统才能进入下一期间进行业务处理。

> **注** 期末结账的前提是本期所有凭证已过账完毕。

 选择"财务会计"→"总账"→"结账"→"期末结账"，双击"期末结账"，系统弹出"期末结账"窗口，如图 5-83 所示。

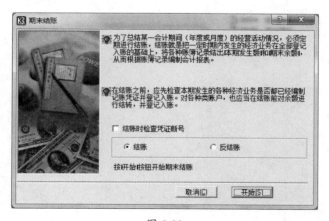

图 5-83

金蝶 K/3 WISE 系统为用户提供结账和反结账功能，在图 5-83 窗口，选中"反结账"单选按钮即可。

 项目设置完成后，单击"开始"按钮可结账。

> **注** 当总账系统与固定资产、应收和应付等系统连接使用，一定要固定资产、应收和应付等系统结账后才能进行总账模块的结账。

5.8 课后习题

（1）审核凭证时对审核人有什么要求？

（2）在"会计分录序时簿"窗口中选中要修改、删除的凭证，但是修改、删除功能是灰色，怎样处理后，这两个功能才能使用？

（3）凭证打印方式有几种？

（4）本期有外币业务，在查看试算平衡表时不平衡，原因可能是什么？

（5）应用"往来"模块下的功能，前提是什么？

（6）期末转账凭证有几种生成方式？

（7）总账模块期末结账的前提是什么？

第 6 章　报　表

学习重点

通过学习本章，了解资产负债表和利润表的查看方法，报表格式、报表公式和报表打印的操作方法。

6.1 系统概述

金蝶 K/3 WISE 报表模块主要处理资产负债表、利润表等常用的财务报表,并可以根据管理需要自定义报表。报表系统还可以和合并报表系统联用,制作各种上报报表。

报表模块与总账模块联用时,可以通过 ACCT、ACCTCASH、ACCTGROUP 等取数函数从总账的科目余额表中取数;和工资模块连接时,可以通过函数 FOG-PA 从工资系统中取数;和固定资产系统连接时,可以通过函数 FOG-PA 从固定资产系统中取数;和供应链连接时,可以通过函数从供应链中取数。

金蝶 K/3 WISE 的报表模块界面显示为一个表格,操作与 Excel 类似,简单、易上手。报表模块没有初始设置和期末结账,主要用于查询报表、修改格式和公式,然后打印输出。报表模块与其他模块的关系如图 6-1 所示。

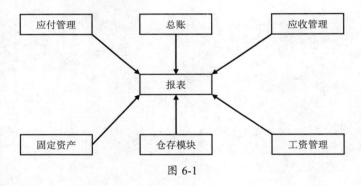

图 6-1

6.2 报表处理

报表模块为用户预设有不同行业的报表模板,有资产负债表、利润表和利润分配表等。用户既可以利用公式向导更改取数公式,也可以通过页面设置更改输出格式。

6.2.1 资产负债表查看

❶ 以"胡小兰"身份登录。选择"财务会计"→"报表"→"新企业会计准则"→"新会计准则资产负债表",双击"新会计准则资产负债表",系统进入"资产负债表"窗口,如图 6-2 所示。

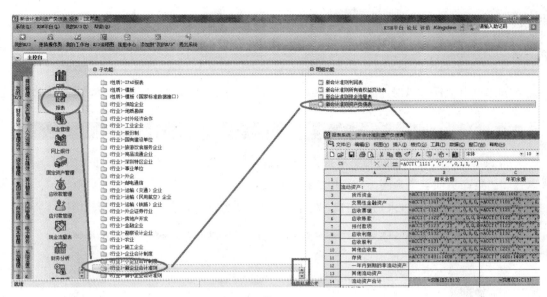

图 6-2

> 注　由于系统中报表模板多，如果没有显示，则单击上下滚动条进行选择。

2 进入报表窗口时，系统默认为“公式”窗口，选择菜单“视图”→“显示数据”，切换到数据窗口，再单击菜单“报表”→“报表重算”，报表会以设置好的公式计算出结果，如图 6-3 所示。

	A	B	C	D	E	F
1	资　产	期末余额	年初余额	负债和所有者权益（或股东权益）	期末余额	年初余额
2	流动资产：			流动负债：		
3	货币资金	652532	578292	短期借款	0	0
4	交易性金融资产	0	0	交易性金融负债	0	0
5	应收票据	0	0	应付票据	0	0
6	应收账款	385000	261000	应付账款	180994.9	143000
7	预付款项	0	0	预收款项	0	0
8	应收利息	0	0	应付职工薪酬	0	0
9	应收股利	0	0	应交税费	24120.4	0
10	其他应收款	0	0	应付利息	0	0
11	存货	208115.3	150000	应付股利	0	0
12	一年内到期的非流动资产			其他应付款	0	0
13	其他流动资产			一年内到期的非流动负债		
14	流动资产合计	1245647.3	989292	其他流动负债		
15	非流动资产：			流动负债合计	205115.3	143000
16	可供出售金融资产	0	0	非流动负债：		
17	持有至到期投资	0	0	长期借款	0	0
18	长期应收款	0	0	应付债券	0	0
19	长期股权投资	0	0	长期应付款	0	0
20	投资性房地产	0	0	专项应付款	0	0
21	固定资产	153708	153708	预计负债	0	0
22	在建工程	0	0	递延所得税负债	0	0
23	工程物资	0	0	其他非流动负债		
24	固定资产清理	0	0	非流动负债合计	0	0
25	生产性生物资产			负债合计	205115.3	143000
26	油气资产			所有者权益（或股东权益）：		
27	无形资产	0	0	实收资本（或股本）	1000000	1000000

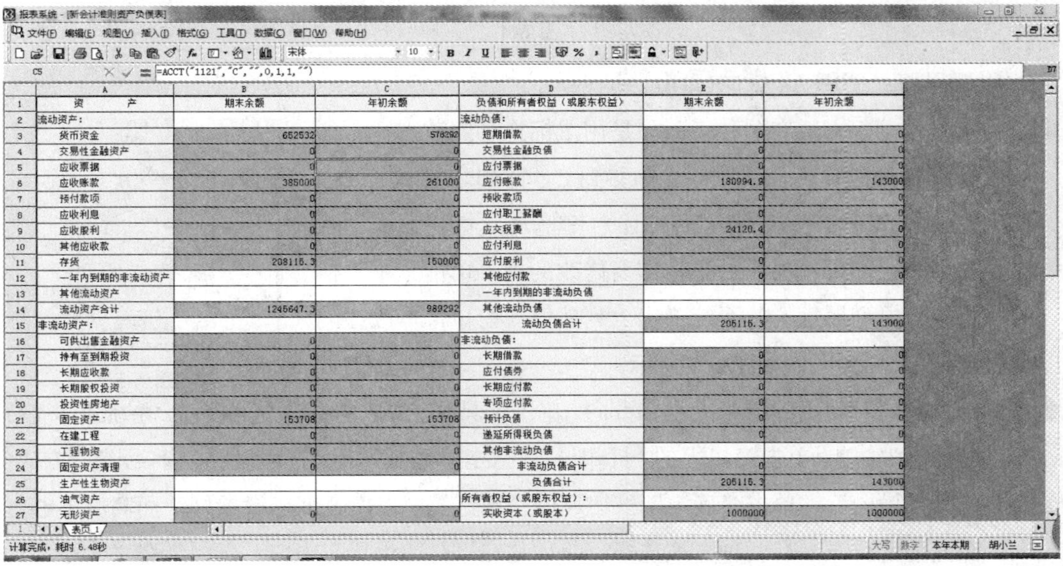

图 6-3

报表计算结果出现后，一般要分以下三步来核对。

（1）报表中有无直接显示"错误"，如#科目代码错误等；

（2）资产负债表是否平衡。

（3）各项目中有无计算出错误的数值。

如果有以上任一错误，都要仔细核对，然后参考 6.2.3 小节"自定义报表"来修改公式。

6.2.2 报表打印

报表输出为求美观，随时要对报表格式进行设置，如列宽、行高和字体等内容。下面以打印"资产负债表"为例，介绍格式报表打印设置步骤。

❶ 单击打印预览，进入预览窗口，发现一页 A4 大小的纸张根本无法放下，如图 6-4 所示。

图 6-4

设置思路：使用 A4 横向打印。

❷ 修改列宽。方法有两种：一种是用鼠标拖动修改列宽，如修改 C 列的宽度，将鼠标光标移到 C、D 列之间的竖线位置，当光标变成 ↔ 箭头时按住左键拖动，将列宽拖动至适当位置即可；另一种是选定要修改的列，单击菜单"格式"→"列属性"，系统弹出"列属性"窗口，修改"列宽"为"380"，如图 6-5 所示。

图 6-5

❸ 设置打印时使用的纸张大小和方向。单击工具栏上的"打印预览"按钮，系统进入"打印预览"窗口，单击窗口上的"打印设置"按钮，系统弹出"打印设置"窗口，将"方向"改为"横向"，单击"确定"按钮返回"预览"窗口，宽度已设置好，而高度不够。在这种情况下，有两种方式选择：一种是在"打印设置"窗口，选择纸张"大小"为"A3"；另一种是更改文字大小、单元格高度、宽度等设置，以使其能在一张 A4 纸上打印出来，打印设置如图 6-6 所示。

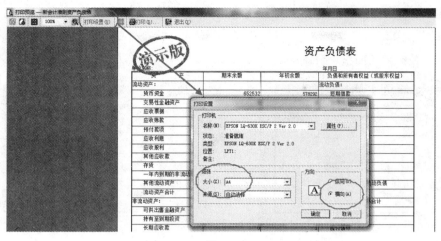

图 6-6

准备压缩高度到 A4 大小。

4 更改字体大小。返回报表窗口。选定整个表格内容,如图 6-7 所示。

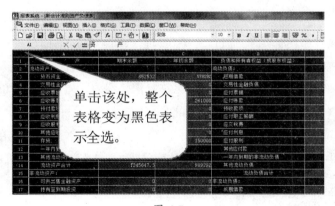

图 6-7

再单击菜单"格式"→"单元属性",系统弹出"单元属性"窗口,如图 6-8 所示。

图 6-8

单击窗口上的"字体"按钮,系统弹出"字体"窗口,"大小"选择"9"号,如图 6-9 所示。单击"确定"按钮,返回"单元属性"窗口,再单击"确定"按钮返回报表。

❺ 压缩行高。全选整个表格，单击菜单"格式"→"行属性"，系统弹出"行属性"窗口，如图 6-10 所示。取消勾选"缺省行高"复选框，将"行高"修改为"45"，单击"确定"按钮，返回报表窗口。

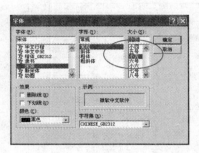

图 6-9

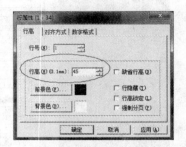

图 6-10

 在作格式调整时，建议多使用"打印预览"功能，以查看格式。若字体、行高、列宽已经设到最小，还是不能满足要求，建议使用大的纸张进行打印或者分页打印。

❻ 修改表头项目和页眉页脚。通过"预览"发现，"编制单位"后面没有数据，没有报表"日期"，需在"页眉页脚"选项卡中修改。

① 选择菜单"格式"→"表属性"，系统弹出"报表属性"窗口，单击"页眉页脚"选项卡，选中第 3 行"单位名称"页眉，如图 6-11 所示。

② 单击"编辑页眉页脚"按钮，系统弹出"自定义页眉页脚"窗口，在冒号后输入"世荣科技公司"，将"年月日"修改为"2015 年 4 月 30 日"，如图 6-12 所示。

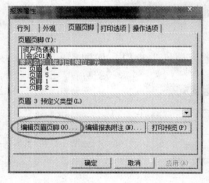

图 6-11

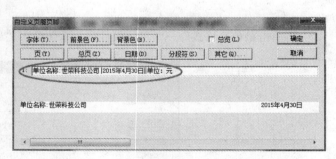

图 6-12

单击"确定"按钮，保存页眉修改，并返回"报表属性"窗口，单击"确定"按钮，保存所有页眉页脚的修改。

7 单击工具栏上的“打印预览”按钮，系统进入“打印预览”窗口，如图 6-13 所示。预览发现当前修改已经基本符合输出要求。

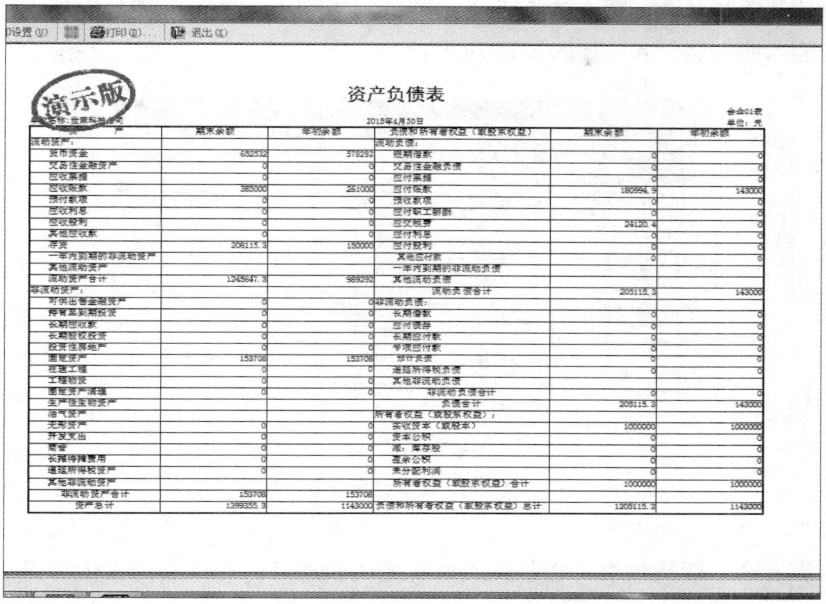

资产负债表

会企01表

单位名称:世荣科技公司　　2015年4月30日　　单位：元

资　产	期末余额	年初余额	负债和所有者权益（或股东权益）	期末余额	年初余额
流动资产：			流动负债：		
货币资金	652532	578292	短期借款	0	0
交易性金融资产	0	0	交易性金融负债	0	0
应收票据	0	0	应付票据	0	0
应收账款	385000	261000	应付账款	180994.9	143000
预付款项	0	0	预收款项	0	0
应收利息	0	0	应付职工薪酬	0	0
应收股利	0	0	应交税费	24120.4	0
其他应收款	0	0	应付利息	0	0
存货	206115.3	150000	应付股利	0	0
一年内到期的非流动资产			其他应付款	0	0
其他流动资产			一年内到期的非流动负债		
流动资产合计	1245647.3	989292	其他流动负债		
非流动资产：			流动负债合计	205115.3	143000
可供出售金融资产	0	0	非流动负债：		
持有至到期投资	0	0	长期借款	0	0
长期应收款	0	0	应付债券	0	0
长期股权投资	0	0	长期应付款	0	0
投资性房地产	0	0	专项应付款	0	0
固定资产	153708	153708	预计负债	0	0
在建工程	0	0	递延所得税负债	0	0
工程物资	0	0	其他非流动负债		
固定资产清理	0	0	非流动负债合计	0	0
生产性生物资产			负债合计	205115.3	143000
油气资产			所有者权益（或股东权益）：		
无形资产	0	0	实收资本（或股本）	1000000	1000000
开发支出	0	0	资本公积	0	0
商誉	0	0	减：库存股	0	0
长期待摊费用	0	0	盈余公积	0	0
递延所得税资产	0	0	未分配利润	0	0
其他非流动资产			所有者权益（或股东权益）合计	1000000	1000000
非流动资产合计	153708	153708			
资产总计	1399355.3	1143000	负债和所有者权益（或股东权益）总计	1205115.3	1143000

图 6-13

注 该报表的日期由于预设到页眉中，当输出 2 月份报表时，返回页眉进行编辑即可。

请读者用同样的方法将“新会计准则利润表”业务处理后进行格式调整。

6.2.3 自定义报表

报表是多种多样的，不同企业有不同的要求，不同领导也需要不同的报表。报表系统提供了“自定义报表”功能，用户可以根据需要随意编制报表。

下面以图 6-14 报表为例，介绍如何“自定义报表”。

应收情况表

第1页

单位名称:世荣科技公司

客户名称	本月期初	本月增加	本月收款	本月余额
联想电脑	96000	0	60000	36000
神州电子	80000	0	50000	30000
华为手机	85000	117000	0	202000
苹果公司	0	117000	0	117000

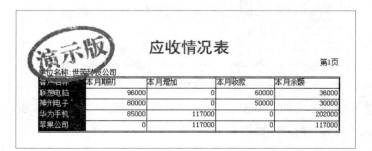

图 6-14

❶ 在主界面窗口，选择"财务会计"→"报表"→"新建报表"→"新建报表文件"，双击该功能，系统进入"报表系统"窗口。选择菜单"视图"→"显示公式"，切换到公式编辑状态，输入文字项目。选定 A1 单元格，输入"客户名称"，其他单元格内容参照方法录入，如图 6-15 所示。

图 6-15

> **注** 若要修改单元格内容，修改后单击"√"表示确定，不单击表示取消，此操作不能省略。修改报表内容、公式或自定义报表时，建议在"显示公式"状态下进行。

❷ 鼠标光标定位到 B2 单元格，单击工具栏上的"fx（函数）"按钮，系统弹出"报表函数"窗口，如图 6-16 所示。

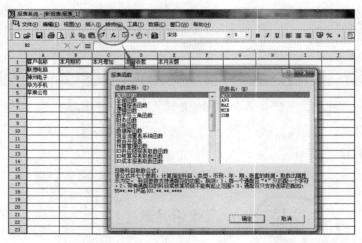

图 6-16

❸ 选择"常用函数"下的"ACCT（总账科目取数公式）"选项，单击"确定"按钮，系统进入"公式"窗口，如图 6-17 所示。

❹ 在"科目"文本框中按"F7"功能键，系统弹出"取数科目向导"，获取科目代码为"1122"，

"核算类别"选择"客户","代码"文本框中按"F7"功能键获取"C001",设置完成后单击"填入公式"按钮,将设置显示在"科目参数"文本框中,如图 6-18 所示。

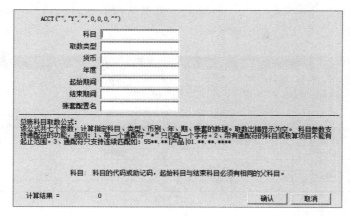

图 6-17

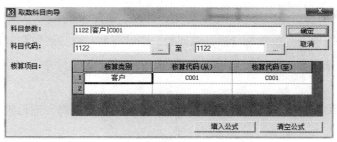

图 6-18

⑤ 单击"确定"按钮,保存取数设置,并返回"公式"窗口,请注意窗口的变化。鼠标光标移到"取数类型"文本框处,按"F7"功能键,系统弹出"类型"窗口,如图 6-19 所示。

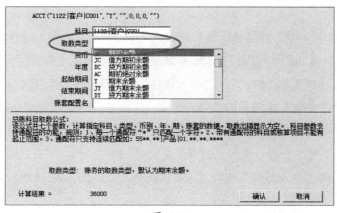

图 6-19

6 "取数类型"选择"期初余额",单击"确认"按钮保存该公式,以同样的方法输入其他单元格的公式。注意不同列的"取数类型"选择,公式输入完成后,选择菜单"视图"→"显示数据",系统根据所设置的公式自动计算出数据,如图 6-20 所示。

	A	B	C	D	E
1	客户名称	本月期初	本月增加	本月收款	本月余额
2	联想电脑	96000	0	60000	36000
3	神州电子	80000	0	50000	30000
4	华为手机	85000	117000	0	202000
5	苹果公司	0	117000	0	117000
6					

图 6-20

7 隐藏多余的行和列。选择菜单"格式"→"表属性",系统弹出"报表属性"窗口,"报表属性"窗口主要管理报表的行列、外观、页眉页脚等。

① "行列"选项卡:包含总行数、总列数、冻结行数、冻结列数和默认行高。

② "外观"选项卡:包含前景色、背景色、网格色、默认字体、是否显示网格以及公式或变量底色。

③ "页眉页脚"选项卡:包含页眉页脚内容、编辑页眉页脚、编辑附注和打印预览。

④ "打印选项"选项卡:包含标题行数、标题列数、是否彩色打印、是否显示页眉页脚以及表格页脚是否延伸。勾选"页脚延伸"复选框,表示页脚定位于页面底部,反之页脚显示在表格后。

⑤ "操作选项"选项卡:包含自动重算和人工重算。人工重算时,按"F9"功能键或单击菜单"数据"→"报表重算"时才会重算。当编辑大量单元公式并且计算较慢时,该选项较为适用。

在"行列"选项卡中,将"总行数"修改为"5","总列数"修改为"5",设置完成后单击"确定"按钮,返回"报表"窗口。若部分项目没有显示或列宽过大,可以调整列宽。

8 选中 A 列,选择菜单"格式"→"单元属性",前景色改为"白色",背景色改为"黑色",单击"确定"按钮返回"报表"窗口,设置后的效果如图 6-21 所示。

9 选择菜单"格式"→"表属性",弹出"报表属性"窗口,单击"页眉页脚"选项卡,选中"报表名称"页眉,单击"编辑页眉页脚"按钮,弹出"自定义页眉页脚"窗口,在文本框中将"报表名称"改为"应收情况表",如图 6-22 所示。

图 6-21

图 6-22

10 单击"确定"按钮返回"报表属性"窗口,以同样的方法在"单位名称"页眉后增加"世荣科技公司",单击"确定"按钮保存设置,单击工具栏上的"预览"按钮,系统进入"打印预览"窗口,如图 6-23 所示。

图 6-23

11 单击"关闭"按钮,返回"报表"窗口,选择菜单"文件"→"保存",将当前自定义报表保存起来,以供以后随时调用。

至此整个报表的定义工作结束。

6.2.4 报表常用菜单

1. 图表

报表模块为用户提供有图表分析功能，在需要的报表中，选中要建立的图表区域，可以建立柱形图、线段图和台阶图形等。

❶ 打开需要进行图形的报表，选中整个表格，选择菜单"插入"→"图表"，系统弹出"图表向导"窗口，如图 6-24 所示。

在"图表类型"窗口中选择要生成的图表形状，如平面柱形图、立体线段图和平面区域图等。

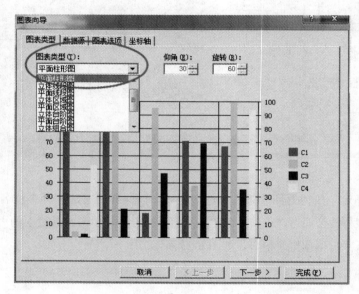

图 6-24

❷ 选择"平面柱形图"，单击"下一步"按钮，切换到"数据源"窗口，如图 6-25 所示。

- 添入数据：在显示数据状态下，单击"添入数据"，可以添入数据源。其方法是：单击想添入数据的单元格，再单击"添入数据"按钮。数据来源有两种，一是来源于报表中被选中的单元格或区域，另一种是直接手工录入。
- 显示数据：输入单元格中的坐标变为报表中相应单元格的值，同时按钮变为"显示定义"。显示定义下，"添入数据"变为"刷新数据"，可以对数据刷新，此时不能添入数据，必须切换为"显示数据"才可添入数据。

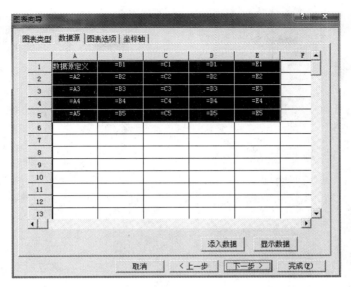

图 6-25

3 单击"下一步"按钮,系统进入"图表选项"窗口,"图表标题"文本框中输入"应收情况表","数据系列"选择"定义于行"单选按钮,如图 6-26 所示。

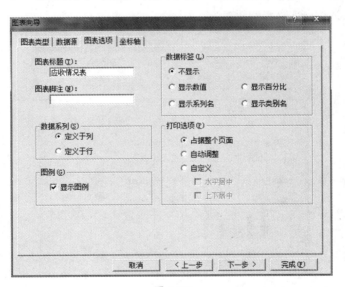

图 6-26

4 单击"下一步"按钮,系统进入"坐标轴"窗口,"X 轴标题"文本框中输入"款项类型",并选中"显示刻度"复选框,"Y 轴标题"文本框中输入"金额",如图 6-27 所示。

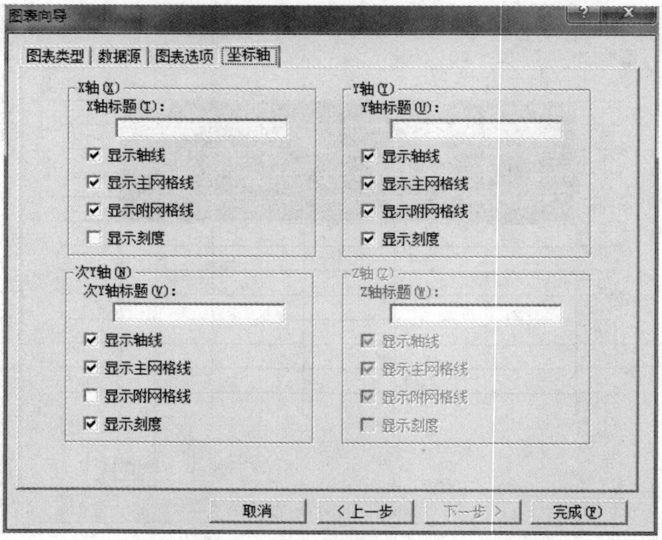

图 6-27

5 单击"完成"按钮,系统根据图表向导中所设置的内容生成图表,如图 6-28 所示。

若对图表不满意,可以单击菜单"图表属性"下的相应子菜单,然后再进行设置即可。单击"保存"按钮可以保存当前图表。

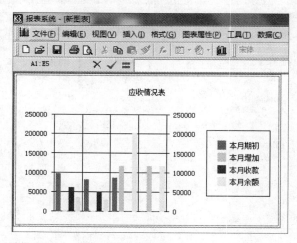

图 6-28

2. 单元融合

选择菜单"格式"→"单元融合",即可实现单元融合。单元融合是对选中的两个或两个以上的单元格合并一个单元格,选中的单元格必须是连接在一起的。

若取消单元合并,则可以选择菜单"格式"→"解除融合"命令。

3. 公式取数参数

有些时候，当账套已经完成好几期的业务处理工作，如现在是 2015 年 4 期，报表也正处于当前期间，而实际情况是需要返回查询一下"2015 年 3 期"的报表数据，那就可以通过"公式取数参数"功能设置后再查询。选择菜单"工具"→"公式取数参数"命令，系统弹出"设置公式取数参数"窗口，如图 6-29 所示。

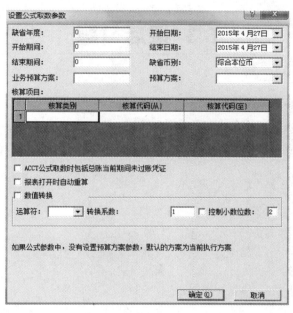

图 6-29

- 缺省年度：默认当前期间，可以手工录入。
- 开始期间、结束期间：默认当前期间，可以手工录入所需要的期间。
- 开始日期、结束日期：针对按日取数的函数。
- 核算项目：在公式取数参数中提供核算项目选择，减少定义报表取数公式的工作量。公式中定义了具体的核算项目的单元格，报表重算时，以具体的核算项目为准取数；公式中没有定义具体的核算项目的单元格，报表重算时，以在公式取数参数中选择的核算项目为准取数。
- ACCT 公式取数时包括总账当前期间未过账凭证：选中，在 ACCT 函数进行取数计算时，会包括账套当前期间的未过账凭证。
- 报表打开时自动重算：选中，在每次打开报表时都会自动对报表进行计算。不选择，打开报表时将显示最后一次的计算后的结果。
- 数值转换：在数值转换功能中，可以对报表的数据进行乘或是除的转换。

4. 报表重算

选择菜单"数据"→"报表重算",即可实现报表重算。报表重算是对当前报表中的数据有疑义时,再次确认"公式取数参数"是否正确,然后单击该功能,系统根据公式重新计算出正确的数据,以供使用。

6.3 课后习题

(1) 如何确定修改单元格的内容?
(2) 自定义报表应在什么状态下编辑?
(3) 自定义"应付账款"的报表。

第 7 章
应收、应付管理

学习重点

通过学习本章,了解应收管理、应付管理日常业务操作流程,熟悉发票和收付款操作方法,掌握查询往来日常报表。

7.1 系统概述

应收款管理、应付款管理模块主要负责管理企业的往来业务，可处理发票、其他应收单、应付单、收款单及付款单等单据，及时、准确地提供客户往来账款资料，并提供各种分析报表，如账龄分析、周转分析和回款分析等分析报表。通过分析各种报表，帮助企业合理地进行资金调配，提高资金利用率。

金蝶K/3 WISE系统同时提供预警和控制功能，如到期债权列表和合同到期款项列表等，可以帮助企业及时对到期账款进行催收，以防止产生坏账。信用额度的控制有助于随时了解客户的信用情况，以防止产生呆坏账。此外，系统还提供应收票据的跟踪管理，可以随时对应收票据的背书、贴现、转出、贴现及作废等操作进行监控。

应付款管理、应收款管理模块既可以单独使用，又可与采购管理、销售管理、存货核算集成使用，提供完整全面的供应链与财务流程处理。

1. 使用应付款与应收款管理系统需要设置的内容

- 公共资料：公共资料是本系统所涉及的最基础资料，其中，客户和供应商必须设置，否则在进行单据处理时会受到相应的限制。
- 应付款管理基础资料：采购管理基础资料有付款条件、类型维护、凭证模板和采购价格管理。基础资料可以视管理要求进行设置。
- 应收款管理基础资料：如收款条件、类型维护、凭证模板、信用管理、价格资料和折扣资料。
- 初始化：系统进行初始化时，需要设置系统参数设置、初始数据录入和结束初始化等内容。
- 系统设置资料：系统设置是针对该模块的参数进行再详细化设置，包含系统设置、编码规则和多级审核管理设置。

公共资料和初始化是必须设置的。基础资料和系统设置资料可以根据管理要求确定是否需要设置，或者在以后的使用过程中返回再进行修改。

2. 应收款管理、应付款管理模块可执行的查询与生成的报表

应收款可以查询的报表和分析有应收明细表、应收款汇总表、往来对账、到期债务列表、应收款计息表、调汇记录表、应收款趋势分析表、账龄分析、周转分析、欠款分析、款账分析、回款分析、收款预测、销售分析、信用余额分析、信用期限分析和信用数量分析等。

应付款可以查询的报表和分析有应付明细表、应付款汇总表、往来对账、到期债务列表、应付款计息表、调汇记录表、应付款趋势分析表、账龄分析、付款分析和付款预测等。

3. 应收款管理模块与其他模块的数据流向

应收款管理模块与其他模块间的数据流向如图 7-1 所示。

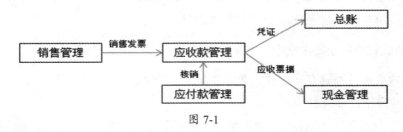

图 7-1

- 销售管理：应收款管理与销售管理连接使用，销售管理录入的销售发票和销售费用发票传入应收款管理作为应收款的收款依据；不连接使用，销售发票需在应收款管理中手工录入。
- 总账：应收款管理与总账连接使用，应收款管理生成的往来款凭证传递到总账模块；不连接使用，往来业务凭证需在总账中手工录入。
- 现金管理：应收款管理与现金管理连接使用，应收款管理的应收票据与现金管理中的票据可以互相传递，前提是应收款管理的系统参数选中"应收票据与现金系统同步"复选框。
- 应付款管理：应收款管理与应付款管理连接使用，应付款管理录入的采购发票、其他应付单与应收款管理进行应收冲应付核算。

4. 应付款管理模块与其他模块间的数据流向

应付款管理模块与其他模块间的数据流向如图 7-2 所示。

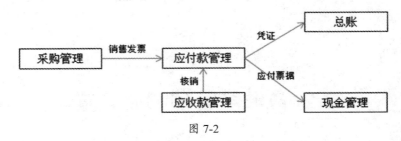

图 7-2

- 采购管理：应付款管理与采购管理连接使用，采购管理录入的采购发票和采购费用发票传入应付款管理作为付款依据；不连接使用，采购发票要在应付款管理中手工录入。
- 总账：应付款管理与总账连接使用时，应付款管理生成的往来款凭证传递到总账模块；不连接使用，往来业务凭证要在"总账"系统中手工录入。

- 现金管理：应付款管理与现金管理连接使用，应付款管理的应付票据与现金管理中的票据可以互相传递，前提是应付款管理的系统参数选中"应付票据与现金系统同步"复选框。
- 应收款管理：应付款系统与应收款管理连接使用，应收款管理录入的销售发票、其他应收单与应付款管理进行应付冲应收核算。

5．应收款管理每期操作流程

由于应收业务流程具有适用性，本章重点讲述"应收款管理"模块的操作方法，应付款管理模块的操作可参照本章。

应收款管理每期操作流程如图 7-3 所示。应付款管理的操作流程可以参照应收款管理流程。

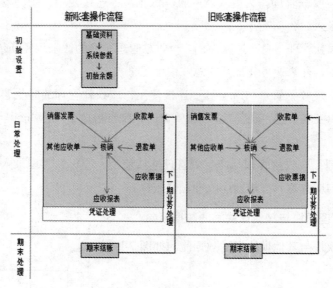

图 7-3

7.2 应收款管理初始设置

应收款管理初始设置包括基础资料、公共资料设置、系统参数和初始化数据录入。

7.2.1 应收款管理参数

应收款管理参数是针对"应收款管理"模块的系统启用会计期间和会计科目的设置等。双击"系统设置"→"系统设置"→"应收款管理"→"系统参数"，系统弹出"系统参数"

窗口，如图 7-4 所示。

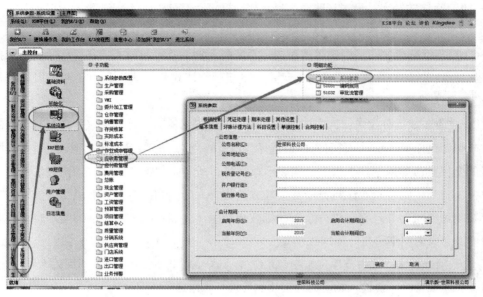

图 7-4

1．基本信息

● 公司信息：管理账套公司名称和公司地址等，可采用默认值。

● 会计期间：设置应收款管理模块的启用年份和启用会计期间，当前年份、当前会计期间是随着结账时间而自动更新。

2．坏账计提方法

单击"坏账计提方法"选项卡，切换到"坏账计提方法"窗口，如图 7-5 所示。

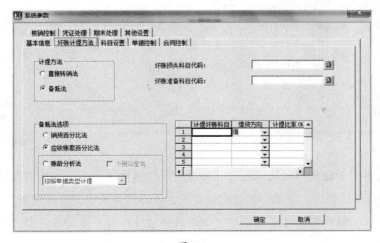

图 7-5

设置计提坏账准备的方法，系统会自动根据设置的方法计提坏账准备，并生成相关凭证。

（1）直接转销法：设置坏账损失科目代码即可，其他选项不用设置。

（2）备抵法：系统提供3种方法。

① 销货百分比法：选中该单选按钮，系统提示输入"销售收入"科目代码、坏账损失百分比（%）。计提坏账时，系统按计提时的已过账"销售收入"科目余额和以坏账损失百分比（%）计算坏账准备。

② 应收账款百分比法：选中该单选按钮，系统提示输入"计提坏账"科目、科目的借贷方向和计提比率（%）。科目方向可选择"借"或"贷"。如果不选，则取"计提坏账"科目的余额数；如果选择"借"，则表示取该科目所有余额方向为借方的明细汇总数；如果选择"贷"，则表示取该科目所有余额方向为贷方的明细汇总数。如果"计提坏账"科目存在明细科目，并且存在借方余额和贷方余额时，将存在的贷方余额的明细科目排除，只对借方余额的明细科目计提坏账。

③ 账龄分析法：选中该单选按钮，系统提示输入相应的账龄分组，不用输入计提比例，在计提坏账准备时，再输入相应的计提比例计算坏账准备。

3. 科目设置

单击"科目设置"选项卡，切换到"科目设置"窗口，如图7-6所示。

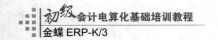

图 7-6

该窗口主要用于设置生成凭证所需的会计科目和核算项目，当不采用凭证模板的方式生成凭证，则凭证处理时，系统会根据此设置的会计科目自动填充生成凭证。

按"F7"功能键或单击"获取"按钮即可选择会计科目，所选择的会计科目属性必须为受控科目。

系统预设 4 种进行往来核算的项目类别，分别是客户、供应商、部门和职员。如果还要对其他核算项目类别进行往来业务核算，可以单击"增加"按钮进行操作。

4．单据控制

单击"单据控制"选项卡，切换到"单据控制"窗口，如图 7-7 所示。

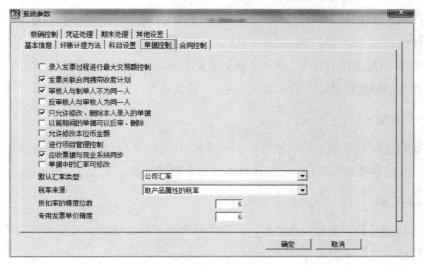

图 7-7

- 录入发票过程进行最大交易额控制：选中，当客户档案中设有最大交易额时，如果录入发票额超过"最大交易额"，系统不允许保存。
- 发票关联合同携带收款计划：选中，新增发票和其他应收单关联合同时，不管是否整体关联，均将合同上的收款计划明细表全部携带到发票和其他应收单相应的内容上，并且允许用户手工修改收款计划的内容。反之，新增时不携带合同的收款计划到发票和其他应收单的收款计划上。
- 审核人与制单人不为同一人：制单人不能审核自己录入的单据。
- 反审核与审核人为同一人：反审核人与原审核人必须为同一人，也就是单据的审核人才可以执行反审核操作。
- 只允许修改、删除本人录入的单据：选中，则只能修改和删除本操作员所录入的单据，不能修改和删除其他操作员所录入的单据。
- 以前期间的单据可以反审、删除：选中，对于应收款管理系统当前账套以前期间的单据（指财务日期所在期间＜当前账套期间的单据）：已经审核但未生成凭证、未核销的单据可以反审；未审核的可以删除；反之，系统提示"不能反审、删除以前期间的单据"。
- 允许修改本位币金额：选中，涉及外币核算的单据上的本位币金额可以修改。

- 进行项目管理控制：项目管理控制只对收款单和应收退款单有效，并且是在关联对应销售发票或者其他应收单时才有效，在保存收款单和应收退款单时进行检验。
- 应收票据与现金系统同步：初始化结束后，应付款管理系统的应付票据与现金系统的应付票据可以互相传递、同步更新；反之，两系统的应付票据不互相传递。
- 税率来源：系统提供两种方式。

① 取产品属性的税率：系统默认值，表示所录入的单据上的税率自动带出该物料档案中所设置的税率。

② 取核算项目属性的税率：录入单据上的税率自动带出核算项目档案中所设置的税率。
- 折扣率的精度位数、专用发票单价精度：设置小数点的位数，系统默认为6位小数。

5. 合同控制

允许执行金额或执行数量超过合同金额或数量：选中，则系统录入单据关联合同时，所录入的金额或数量都可以超过合同资料本身的金额或数量；反之，不能超过。

6. 核销控制

- 单据核销前必须审核：核销时，只显示所有已审核的单据，没有审核的单据不能进行核销。建议选中此复选框。
- 相同合同号才能核销：选中，则在核销处理时只有相同合同号的单据才能进行核销处理；反之，不能核销。
- 相同订单号才能核销：选中，则在核销处理时只有相同订单号的单据才能进行核销处理；反之，不能核销。
- 审核后自动核销：选中，则单据一经审核后就自动核销。

7. 凭证处理

单击"凭证处理"选项卡，窗口切换到"凭证处理"窗口，如图7-8所示。

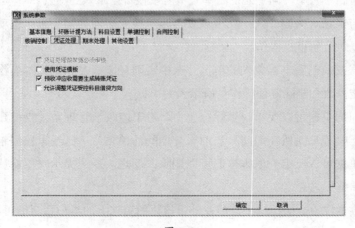

图 7-8

- 凭证处理前单据必须审核：选中，则单据生成凭证时必须审核，这样能保证单据上的金额与凭证上的金额统一；反之，未审核的单据也可以生成凭证。
- 使用凭证模板：选中，则采用凭证模板的方式生成凭证，在单据序时簿和单据上生成凭证也采用凭证模板；反之，按应收系统设置的会计科目生成凭证。采用凭证模板方式生成凭证，须首先定义凭证模板，由于模板类型较多，初次使用时工作量较大，但模板设置好后生成凭证很方便。按应收系统设置的会计科目生成凭证，可以保留用户的习惯，不需定义模板，在生成凭证时可以灵活处理，同时凭证摘要的内容可以根据单据的单据号、商品明细自动填充。
- 预收冲应收需要生成转账凭证：选中，预收款冲销应收款的单据也需要生成凭证；反之，可以不生成。

8. 期末处理

单击"期末处理"选项卡，切换到"期末处理"窗口，如图7-9所示。

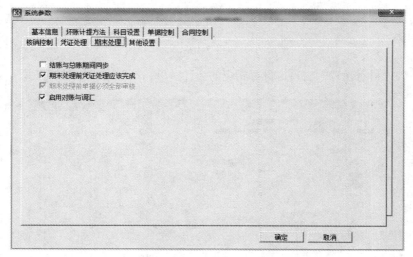

图 7-9

- 结账与总账期间同步：与总账系统联用时，选中，则应付款管理必须先结账，之后总账才能结账；反之，不控制。
- 期末处理前凭证处理应该完成：在期末处理之前，当前会计期间的所有单据必须已生成记账凭证，否则不予结账。建议选择此复选框，否则总账数据与应付款数据可能不一致。
- 期末处理前单据必须全部审核：结账前，当前会计期间的所有单据必须已经审核，否则不予结账。
- 启用对账与调汇：选中，可以使用对账和调汇功能；反之，不能使用。

9. 应收系统参数设置

1 启用会计年份，会计期间保持为 2015 年 4 月。

2 切换到"坏账计提方法"窗口，"计提方法"选择"直接转销法"，"费用科目代码"选择"6602.99"科目，如图 7-10 所示。

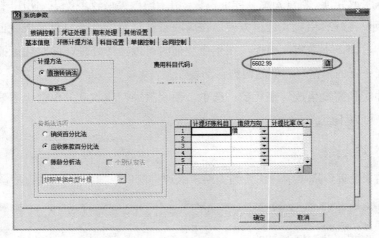

图 7-10

3 切换到"科目设置"窗口，设置相应的会计科目，设置完成如图 7-11 所示。

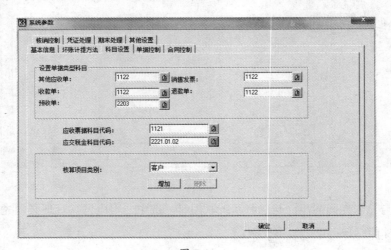

图 7-11

4 切换到"期末处理"和"凭证处理"窗口，勾选"结账与总账期间同步""使用凭证模板"，其他采用系统默认值，单击"确定"按钮保存设置。

 保存时，系统提示某会计科目不为受控时，则需要在"会计科目"窗口修改该科目为受控后，再进行设置。

7.2.2 基础资料

应收款管理的基础资料设置,是针对公共资料以外的收款条件、凭证模板和信用管理进行设置,基础资料视本企业管理要求来定夺是否要设置。选择"系统设置"→"基础资料"→"应收款管理",切换到可设置的基础资料窗口,如图 7-12 所示。

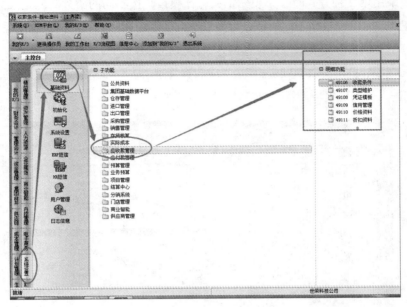

图 7-12

1. 收款条件

收款条件是进行销售业务时对客户应收款事项的约定,如现款现货、月结 30 天、收货 15 天等收款条件。当收款条件建立,同步在客户档案中"应收应付"选项卡关联到收款条件,这样在录入销售出库和销售发票时,可以根据预先设置的收款条件计算出该笔业务的应收款日期,从而方便应收款提醒或财务人员进行账龄分析。

2. 类型维护

类型维护主要对应收款系统中的单据类型进行设置,如合同类型有销售合同类和采购合同类等。

3. 凭证模板维护

应收款管理模块提供 3 种生成凭证的方式。① 新增单据时,在单据序时簿或单据新增界面即时生成凭证。② 采用凭证模板,在凭证处理时直接根据模板生成凭证。③ 采用凭证处理时随机定义凭证科目的方式生成凭证。

第 2 种与第 3 种方式不能并存。采用第 1 种方式即时生成凭证的单据包括销售发票、其他应收单、收款单和预收单等，一些特殊的事务类型，如预收冲应收、应收冲应付、应收款转销、预收款转销、收到应收票据、应收票据背书、应收票据贴现、应收票据转出和应收票据收款等则必须通过第 2 种或第 3 种方式进行凭证处理，坏账必须通过第 1 种方式进行处理，如坏账损失、坏账收回和坏账计提。应收票据退票必须通过第 3 种方式处理。

当系统采用第 2 种方式时，必须先定义凭证模板。按不同的事务类型定义好凭证模板之后，凭证处理时可以根据不同的事务类型系统自动套用相应的凭证模板生成凭证。

新增一份"销售专用发票"凭证模板，具体操作步骤如下。

1 选择"系统设置"→"基础资料"→"应收款管理"→"凭证模板"，双击"凭证模板"，系统进入"凭证模板设置"窗口，如图 7-13 所示。

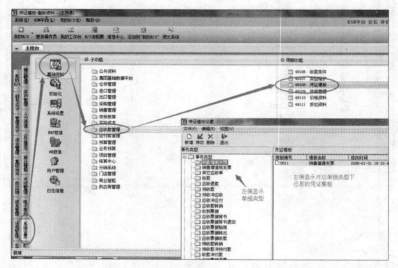

图 7-13

2 选择左侧"销售增值税发票"类型，再单击工具栏上的"新增"按钮，系统弹出"凭证模板"窗口，如图 7-14 所示。

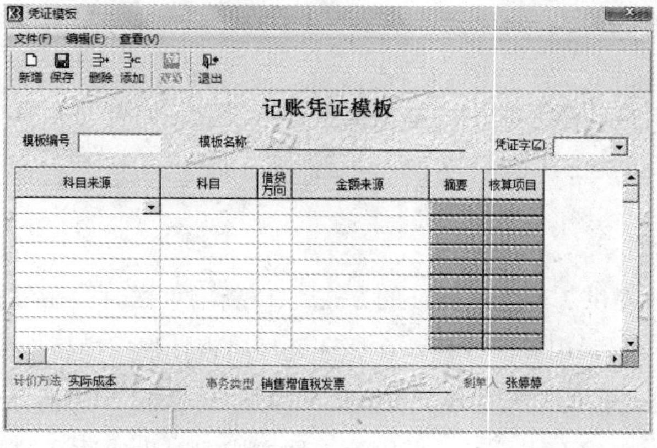

图 7-14

③ "模板编号"设为"XSZY02"(随意值,不与系统内已有编号重复即可),"模板名称"为"销售专用发票2","凭证字"选择"记",如图7-15所示。

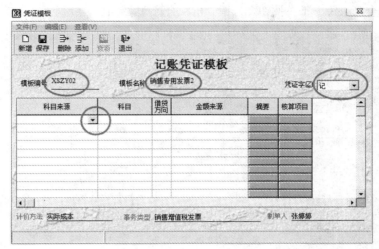

图 7-15

④ 第一条分录,单击"科目来源"下拉按钮,系统弹出来源方式,如图7-16所示。选择"单据上的往来科目","借贷方向"默认为"借"方。

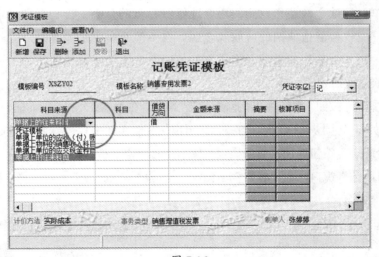

图 7-16

- 凭证模板:生成凭证时,使用模板上设置的科目。选中,在"科目"文本框处设置正确的科目代码。
- 单据上单位的应收(付)账款科目:取核算项目客户或供应商基础资料中设置的应收(付)账款科目。
- 单据上物料的销售收入科目:取商品(物料)属性中设置的销售收入科目。
- 单据上单位的应交税金科目:取核算项目客户或供应商基础资料中设置的应交税金

科目。
- 单据上单位的往来科目：取专用发票上的往来科目。

5 单击"金额来源"下拉按钮，选择"价税合计"，如图 7-17 所示。

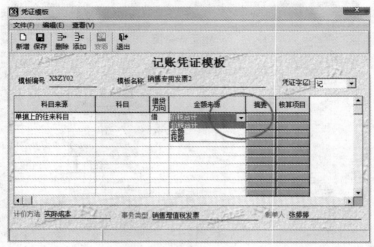

图 7-17

- 销售普通发票：分为不含税金额、税额和应收金额，应收金额＝不含税金额＋税额。
- 收款单：收款金额是指收到的现金或银行存款的金额。折扣金额是指现金折扣的金额，应收金额指核销的应收款金额。在不涉及多币别换算时，应收金额＝收款金额＋折扣金额；如果涉及多币别换算时，应收金额是指要核销的应收款金额，与收款金额币别不一致。

6 单击"摘要"按钮，系统弹出"摘要定义"窗口，在"摘要公式"文本框中直接输入"销售产品"，如图 7-18 所示。摘要公式可以从摘要单元中取数或自行定义。

7 单击"确定"按钮返回"凭证模板"窗口，再单击"核算项目"按钮，系统弹出"核算项目取数"窗口，在"客户"右侧的"对应单据上项目"一栏选择"核算项目"，如图 7-19 所示。

图 7-18

图 7-19

⑧ 单击"确定"按钮返回凭证模板窗口,第二条分录,"科目来源"选择"单据上物料的销售收入科目","借贷方向"选择"贷"方,"金额来源"为"金额","摘要"同样设为"销售产品",此项不用设置核算。

⑨ 第三条分录,"科目来源"选择"单据上单位的应交税金科目","借贷方向"选择"贷"方,"金额来源"为"税额",设置完成如图7-20所示。

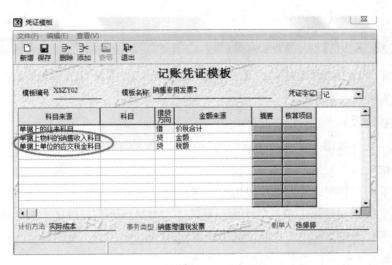

图 7-20

⑩ 单击工具栏上的"保存"按钮保存凭证模板。单击"退出"按钮,返回"凭证模板设置"窗口,可以看到新增的模板,如图7-21所示。

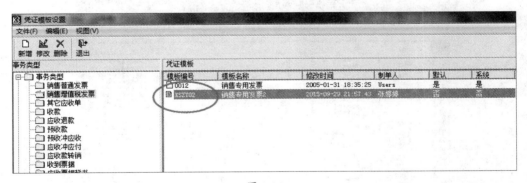

图 7-21

在"凭证模板设置"窗口,如果要对模板进行修改或删除,可以选中模板后单击工具栏上的相应按钮。

⑪ 调整默认凭证模板。系统自动将系统模板作为默认模板,可将自定义的凭证模板调整为默认模板。系统会根据默认模板生成凭证。将"销售专用发票2"设为"默认模板",选中凭证模板记录,单击菜单"编辑"→"设为默认模板"即可。

> （1）使用的模板要设定"凭证字"，每条分录的"科目来源""借贷方向"和"金额来源"要正确。
>
> （2）若在生成凭证时发生错误，可进入"凭证模板"中对相关类型的模板进行修改。若凭证生成后发现科目不对，则建议删除凭证，重新修改模板，然后再生成凭证。

7.2.3 应收款初始数据

初始数据是作为会计电算系统必须录入业务数据，如果没有录入初始数据，则会导致会计报表跟实际报表不匹配。

应收款初始数据主要有以下几种。

- 应收单期初数据：录入截止启用期间里未核销完的销售普通发票、销售增值税发票和其他应收单数据。
- 预收单期初数据：录入截止启用期间未核销完成预收款数据。
- 应收票据期初数据：录入截止启用期间还没有进行票据处理的应收票据，不包括已经背书、贴现、转出或已收款的应收票据。
- 期初坏账数据：以后有可能收回的坏账。

应收款初始化数据位于"系统设置"→"初始化"→"应收账款管理"下，如图7-22所示，在录入期初时选择相应选项。

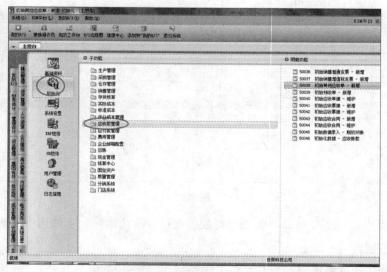

图 7-22

1. 应收款初始数据录入

应收单初始数据录入通常有两种方法。

(1)按照实际未核销完的业务单据,使用对应销售发票一条明细,一条明细的录入业务数据。其优点是可以详细管理往来冲销;缺点是工作量大,现有数据中可能查询不到详细数据。

(2)汇总式录入,即将同一客户下的应收单初始数据汇总一条录入,只录入欠款总金额即可。其优点是可以快速完成初始化工作;缺点是此部分数据看不到详细的冲销过程。

在本账套中使用第二种方法录入初始数据,录入表 7-1 中的数据。

表 7-1　　　　　　　　　　　　应收初始数据　　　　　　　　　　　　　　单位:元

初 始 类 型	日　　期	客　　户	往 来 科 目	发　生　额
其他应收单	2015-03-31	联想电脑	1122	96 000.00
其他应收单	2015-03-31	神州电子	1122	80 000.00
其他应收单	2015-03-31	华为手机	1122	85 000.00

❶ 选择"系统设置"→"初始化"→"应收款管理"→"初始其他应收单-新增",双击"初始其他应收单-新增",系统进入"初始化_其他应收单-新增"窗口,如图7-23所示。

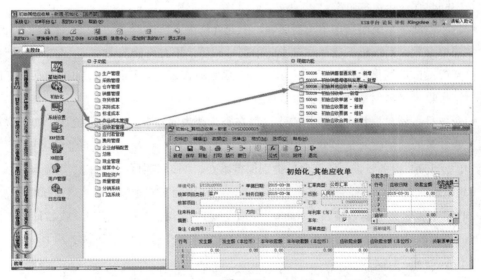

图 7-23

- 单据号码:指当前单据的流水号。
- 单据日期:指单据的开票日期,对于初始化汇总的发票可以自由设定。系统可以根据此日期计算账龄分析表(单据日期)、应收计息表。
- 财务日期:指单据的录入日期,系统默认与单据日期一致,允许修改,但是必须控制大于或等于单据日期并且小于账套日期。系统可以此计算账龄分析表(记账日期)。系统根据财务日期确定单据的会计期间。

- 核算项目类别、核算项目：选择该单据是涉及客户还是供应商的类别，根据核算类型再选择核算项目。
- 币别、汇率：选择该张发票的原币和汇率。
- 往来科目：不需要将初始化数据传入总账时，此处不用录入，否则必须录入对应的往来会计科目，如"应收款"，必须是最明细科目，如果该科目下有核算项目，则不用录入相应核算项目代码，系统会根据该发票的核算项目名称、部门、职员等自动填充。通过该科目系统把相应的应收款初始资料传递至总账系统，避免了总账系统初始化往来资料的重复录入。
- 方向：指往来科目的方向。
- 发生额：指单据的发生数，即应收款金额。用户可以按客户汇总金额输入。
- 本年收款额：录入当前会计年度的收款金额，以前会计年度收款的金额不包括在内。一般反映的是"应收账款"科目的本年累计贷方发生数。
- 应收款余额：扣除收款额后的实际应收数，由右侧窗口的明细框汇总得出。一般反映的是"应收账款"科目的期初余额。由于初始化数据的特殊性，允许明细列表框中同时存在正负数金额。
- 源单类型：系统根据选单类型回填，不允许修改。
- 源单编号：系统根据选单时选中的单据号回填，不允许修改。
- 部门：该单据是何部门操作，可在查询账表时按部门进行统计，如查询某个部门的销售收入是多少、已收回多少货款等。
- 业务员：该单据是由何职员操作，可在查询账表时按业务员进行统计，如查询某个业务员的赊销收入是多少、已收回多少货款等，从而对业务员进行业绩考核。

❷ 单据日期、财务日期、核算项目类别保持不变，"核算项目"按"F7"功能键获取"联想电脑"客户，"往来科目"自动带入，"发生额"文本框中输入"96000"，"应收款余额"文本框中输入"96000"，在右边"应收款余额"窗口（收款计划表）中的"收款金额"会自动显示余额，取消勾选"本年"复选框，如图7-24所示。

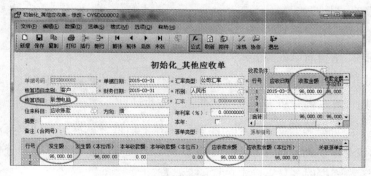

图 7-24

❸ "部门"设置为"销售部","业务员"选择"李明生",其他保持默认值,单击"保存"单据。

继续录入表 7-1 中其他客户的期初数据。

2. 初始应收单据-维护

初始应收单据-维护主要负责应收初始数据的修改和删除等操作。

① 选择"系统设置"→"初始化"→"应收账款管理"→"初始应收单据-维护",双击"初始应收单据-维护",系统弹出"过滤"窗口,如图 7-25 所示。

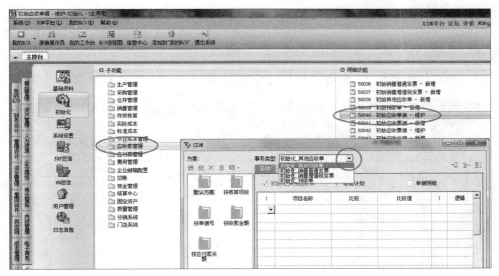

图 7-25

事务类型:选择要查询的单据类型。此项很重要,有时查询如果没有数据显示,有可能就是事务类型选择错误。

② 在窗口中选择正确的"事务类型"后,根据其他要求设置过滤条件,单击"确定"按钮系统进入"初始化"窗口,在窗口中可以对初始数据进行修改、删除和查询等操作。

3. 其他几种初始单据

(1)销售普通发票、销售增值税发票:以发票形式录入应收的初始数据。与其他应收单不同之处是,在发票窗口可以录入发生业务的产品明细。

(2)预收单:发生额是指预收款金额,既可以按往来单位汇总输入所有预收款单的汇总数,也可以按单据进行明细录入,一般反映的是"预收账款"科目的贷方发生数。余额反映未核销的预收款余额,一般反映的是"预收账款"科目的期初余额数。本年发票额反映已经收到销售发票的预收金额,一般反映的是"预收账款"科目的借方发生额。

(3)应收票据:初始化时,应收账款的金额应是与应收票据核销后的余额,即应收账款不包括应收票据的金额。应收票据录入的是已收到票据并已核销了应收账款,但还未进行背书、转出、贴现和收款处理的票据。已收到票据但没有核销应收账款的应收票据应在初始化结束后录入。

(4)应收合同:应收合同是录入业务未执行完毕的合同资料,如本笔合同的货物没有发货完成、相关款项没有结算完成等。

(5)期初坏账:期初坏账是退出了应收款管理系统的往来核算,但为了对期初坏账在以后期间收回的往来账款进行管理,可以在此处录入期初坏账。

4．结束初始化

应收款期初数据录入完整、正确后才能结束初始化,结束初始化后,应收系统才能进行日常的业务处理工作。

结束初始化功能位于"财务会计"→"应收款管理"→"初始化"下,如图7-26所示。

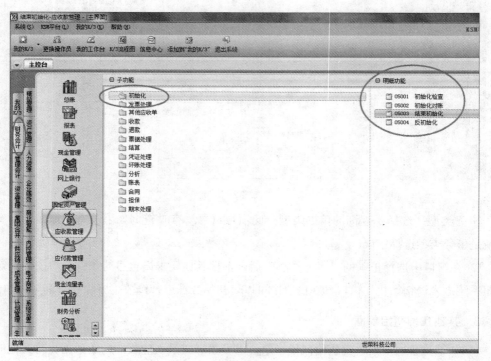

图 7-26

结束初始化工作前,可以进行初始化数据检查,双击"应收款管理"→"初始化"→"初始化检查",系统检查结束后会弹出相应的提示。

为防止应收款下的应收款余额与总账科目下的余额有出入,系统提供了初始化对账功能,双击"应收款管理"→"初始化"→"初始化对账",进入"初始化对账"界面。

双击"应收款管理"→"初始化"→"结束初始化"功能,则可以成功启用应收款管理模块。

若需要反初始化，返回修改期初数据时，双击"反初始化"。

应付款管理模块的初始数据录入与应收款管理模块基本相同，可以参照本章节。

7.3 日常业务

应收的日常业务是指怎样应收账款入账，挂了应收账款怎么收款，或有了预收款后，怎样来冲销，收到票据怎样处理，与总账模块连接使用时，业务单据怎样生成凭证等日常业务操作。

7.3.1 应收账款入账

在会计核算系统中，应收账款入账通常用 3 种单据类型供处理，即销售普通发票、销售增值税发票和其他应收单。销售发票是往来业务中的重要凭证，其他应收单重点是处理非由产品明细产生的应收费用单据处理，系统都提供以上 3 种单据类型业务的新增、修改、删除、审核和打印等操作。

在"应收款管理"模块新增发票时，只能以"合同"资料作为源单据生成或者手工录入发票。当进销存模块使用时，可以采用销售出库单或销售订单作为生成发票的源单据，需要在"销售管理"模块中进行新增、审核，在"应收款管理"模块只能查询，不能修改。要在"应收款管理"中查询销售管理传递过来的发票，前提是应收款系统初始化结束之后生成的发票才能查询到。

1．销售发票录入

下面以表 7-2 中的"销售增值税发票"，练习销售增值税发票处理方法。

表 7-2   销售增值税发票

日期	客户	产品代码	产品名称	数量（件）	含单价/元	价税合计/元	税率（%）	部门	业务员
2015-4-3	华为公司	2.01	USB 成品	10 000	11.70	117 000	17	销售部	李明生

❶ 以"张婷婷"身份登录进行单据录入。选择"财务会计"→"应收款管理"→"发票处理"→"销售增值税发票—新增"，双击"销售增值税发票—新增"，进入"销售增值税发票"窗口，如图 7-27 所示。

❷ "开票日期"和"财务日期"修改为"2015-04-03"，"核算项目"按"F7"功能键获取"华为手机"，如图 7-28 所示。

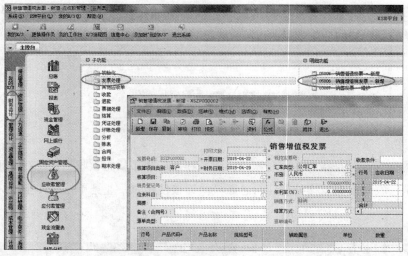

图 7-27

图 7-28

3 录入发票涉及产品明细。将鼠标光标移至表第一条分录"产品代码"一栏，单击"🔍（获取）"按钮，系统弹出物料列表，选择"2.01"代码，此时"产品名称"和"规格型号"自动带入，"数量"文本框中输入"10000"，"含税单价"文本框中输入"11.7"，如图 7-29 所示。

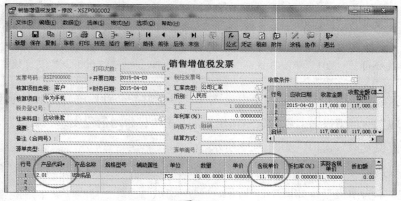

图 7-29

❹ "部门"选择"销售部","业务员"选择"李明生",其他保持默认值,单击"保存"按钮保存当前单据。

2. 发票维护

发票维护是指通过查询条件进入"发票序时簿"窗口后,可以查询、新增、修改、删除和审核发票等操作。

双击"财务会计"→"应收款管理"→"发票处理"→"销售发票-维护",系统弹出"过滤"窗口,如图 7-30 所示。

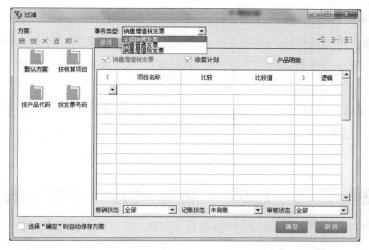

图 7-30

在"过滤"窗口中可以设置事务类型。在"过滤"窗口中可以设置条件,如发票日期大小或小于某一个期间值,以及发票所处状态(如核销状态、记账状态和审核状态)等条件。

"事务类型"选择"销售增值税发票",其他保持默认值,单击"确定"按钮,系统进入"销售增值税发票序时簿"窗口,如图 7-31 所示。

图 7-31

"发票序时簿"窗口的常用功能介绍如下。

(1)新增:单击"新增"按钮,系统弹出空白发票窗口,以供数据录入。

（2）查看：鼠标双击该按钮，弹出该发票信息窗口，以供阅览。注意：查看状态下不能修改发票内容。

（3）修改：单击"修改"按钮，弹出该发票窗口，可以对未审核的发票进行修改，如数量、单价等项目。

（4）删除：选中未审核的发票，可以将其从系统中删除。

（5）审核：对选中的发票进行审核。如果系统参数选中"审核人与制单人不能为同一人"复选框时，则必须更换操作员来互相审核。取消审核位于"编辑"菜单下。

（6）上查、下查：向上查，是审核该张发票由什么数据源单据生成；向下查是查询当前单据被何种单据引用生成。

（7）过滤：单击该按钮，系统弹出"过滤"窗口，重新设置条件后查询发票信息。

（8）核销记录：查询选中发票的核销记录情况，实时掌控往来核销情况。

以"胡小兰"身份登录账套，审核该张发票。

取消发票审核方法是：选择菜单"编辑"→"取消审核"。

其他应收单是指处理非发票形式的应收单据，操作方法与销售发票处理类似，可单击"财务会计"→"应收款管理"→"其他应收单"应用此项。

7.3.2 应收账款收款

应收账款收款主要有两种业务，一种是直接收款，使用收款单处理；另一种是提前预收，使用预收单处理，两种收款单都可关联销售发票和合同，为往来核算提供核销依据。

1．收款单录入

下面以表 7-3 中的收款单为数据，练习收款单处理方法。

表 7-3　　　　　　　　　　　收款单

日期	客户	源单类型	源单代码	结算实收金额/元	部门	业务员
2015-4-20	华为手机	其他应收单	OYSD000004	85 000	销售部	李明生
2015-4-20	华为手机	销售发票	XSZP000002	15 000	销售部	李明生

在表 7-3 中的两笔收款数据，OYSD000004 为期初录入的其他应收单，金额为 85 000 元；XSZP000002 为上一节中产生的销售发票，只收到部分款项 15 000 元。

❶ 以"张婷婷"登录账套。选择"财务会计"→"应收款管理"→"收款单"→"收款单－新增"，双击"收款单－新增"，系统弹出"收款单新增"窗口，如图 7-32 所示。

❷ "单据日期"和"财务日期"修改为"2015-04-20"，"核算项目"按"F7"功能键获取"华为手机"，"源单类型"选择"其他应收单"，如图 7-33 所示。

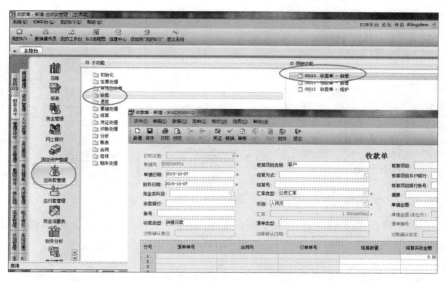

图 7-32

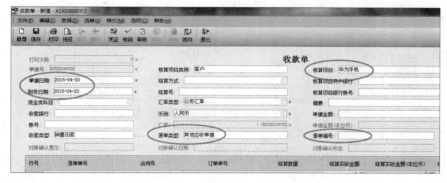

图 7-33

3 将鼠标光标移至"源单编号"处,按"F7"功能键获取单据信息,系统会以"华为手机"客户为条件过滤出满足条件的业务记录,如图 7-34 所示。

图 7-34

4 选中 OYSD000004 后,单击"返回"按钮,此时系统将所引用的源单显示在收款明细表中,如图 7-35 所示。

在弹出的"源单"窗口中,如果同时有多张记录需要选择时,使用"Ctrl"键辅助同时选择多行再返回。

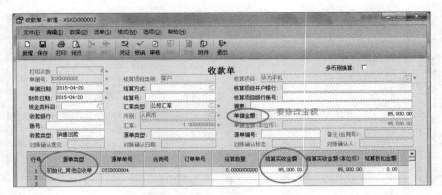

图 7-35

5 由于本次收款单要同时冲销其他应收单和销售发票,所以表头上的单据金额的修改为"0",再选择"源单类型"为"销售发票",如图 7-36 所示。

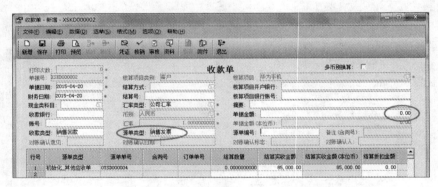

图 7-36

6 将鼠标光标移至"源单编号"处,按"F7"功能键获取单据信息,系统会以"华为手机"客户为条件过滤出满足条件的业务记录,选中 XSZP000002 发票,双击返回"收款单"窗口,修改"结算实收金额"为"15000",如图 7-37 所示。

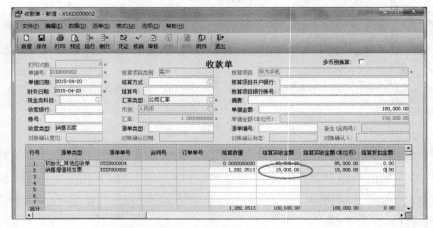

图 7-37

7 表头"结算方式"选择"电汇","结算号"文本框中输入"201504005","现金"科目选择"1002.01",其他项目保持默认值,单击"保存"按钮保存当前单据。

2．查询 / 修改 / 删除 / 复制 / 审核 / 打印

收款单的查询、修改、删除、复制、审核和打印操作方法与前面单据的操作方法类似。以"胡小兰"的身份审核所有单据。

预收单是处理未开发票,但是已经收到销售款项的单据,处理方法可以参照"收款单"。

退款单是用于处理已经收到的货款并已录入"收款单",因为某种原因需要退还货款的单据。退款单的操作方法基本同收款单。

7.3.3 票据处理

票据是公司因销售商品、产品和提供劳务等而收到的商业汇票,包括银行承兑汇票和商业承兑汇票。票据处理包括应收票据的新增、修改、删除、背书、转出、贴现和退票等操作,还可以生成收款单。

如果勾选应收款管理"系统参数"中的"应收票据与现金系统同步"选项,则系统初始化结束后,应收款管理系统录入的应收票据可以传到现金管理系统,现金管理系统的应收票据也可以传到应收款管理系统。当应收款管理系统对应收票据进行转出、贴现、收款或背书操作时,现金管理系统也同时进行相应的操作,以保证两个系统的票据管理的同步。

1．新增

选择"财务会计"→"应收款管理"→"票据处理"→"应收票据-新增",可以进入"应收票据"新增""窗口,如图 7-38 所示。

图 7-38

- 票据类型：选择票据的类型，票据类型在类型维护中进行设置。
- 票据编号：指应收票据的号码，系统自动编号。应收票据与现金系统同步时，系统根据该号码与现金管理系统的票据进行对应。初始化时，应收款系统的票据与现金管理系统的票据分别录入，初始化结束后，可以互相传递，同步更新。
- 到期日期：是票据到期的日期，新增时默认取系统日期。
- 到期值：票据到期时的面值，到期值＝票面金额＋票面金额×票面利率÷360×付款期限（天），系统根据公式自动计算。
- 承兑人：一般是针对银行承兑汇票，可手工录入承兑银行名称，或按"F7"功能键获取。
- 出票人：录入出票人的名称，可手工录入或按"F7"功能键获取。若出票人为无关第三方，可以手工录入，同时在前手栏录入客户信息资料，如果有多个前手信息，则无关前手，可以手工录入，系统默认最后一个前手必须为客户。
- 合同号：若不按合同进行往来款的管理，此处可以为空。如果录入了合同号，则审核生成的收款单或预收单可以携带合同号，据此可以进行合同收款的跟踪。
- 背书人（前手）：是应收票据背书记录中的前手。如果有多个前手信息，则无关前手，可以手工录入，系统默认最后一个前手必须为客户。

2．背书

收到应收票据后，如果到期可以收取现金或银行存款，此时要进行收款处理。若应收票据没有到期，由于急需资金，可以对票据进行背书处理。

选择"财务会计"→"应收款管理"→"票据处理"→"应收票据-维护"，双击"应收票据-维护"，系统弹出过滤窗口，设置条件后进入"应收票据"窗口，选中要背书的票据，单击工具栏上的"背书"按钮，系统弹出"应收票据背书"窗口，如图7-39所示。

- 背书日期：应收票据背书处理的日期。背书处理时系统会自动产生相应的单据（付款单、应收单、预付单），自动产生的单据日期和财务日期均自动取背书日期。
- 背书金额：默认取应收票据的票面金额，不允许修改。背书时产生单据的实付金额（或金额）和单据金额自动取背书金额。

图7-39

- 对应科目：指生成凭证时对应的会计科目，票据背书生成凭证时可以自动获取该科目。
- 冲减应付款：选择"冲减应付款"，系统在背书处理时自动在应付款管理系统中产生一张付款单。该付款单的"摘要"中显示"应收票据×××背书"字样，以区别于手工录入的付款单，并且付款单处于未审核未核销状态。背书所生成的付款单不能在应付款系统中删除。如果要删除，则在应收款管理系统取消应收票据背书方可，不可以修改金额、币别和汇率。如果付款单已经审核,则该应收票据不能取消背书。
- 转预付款:选择"转预付款",系统在进行背书处理时自动在应付款管理系统中产生一张预付单,处于未审核未核销状态。其他同"冲减应付款"。
- 转应收款:选择"转应收款",系统在进行背书处理时自动在应收款管理系统中产生一张其他应收单,处于未审核未核销状态。背书生成的其他应收单不能在应收款管理系统中删除。如果要删除,则取消应收票据背书方可,也不可以修改金额、币别和汇率。若其他应收单已经审核,则该应收票据不能取消背书。
- 其他:选择"其他",即直接增加原材料或材料采购等,不涉及冲销应收应付账款,生成背书凭证冲销应收票据即可,并且不在应收应付系统增加任何单据。

应收票据只有"审核"后才能进行"背书"处理,应收票据背书成功后,会在查询窗口的"状态"栏中显示"背书"。

3. 转出

应收票据未到期,暂不能收到钱款,可以作转出处理,即重新增加应收账款。

在"应收票据序时簿"窗口,选中要转出的票据,单击工具栏上的"转出"按钮,系统弹出"应收票据转出"窗口,如图 7-40 所示。

应收票据只有审核后才能作转出处理。应收票据转出成功后,状态显示为"转出"。应收票据作转出处理时,应收票据减少,同时系统自动在应收单中产生一张其他应收单。应收票据转出生成的其他应收单不能在应收单序时簿中删除。如果要删除,只有取消应收票据转出方可。其他应收单对应的凭证字号自动获取应收票据转出凭证的凭证字号。若其他应收单已经审核,则不能取消应收票据转出。如果其他应收单未审核,则应收票据转出不能生成凭证。

4. 贴现

收到应收票据后,若应收票据没有到期且急需资金,可以对票据进行贴现处理。

在"应收票据"窗口,选中要贴现的票据,单击工具栏上的"贴现"按钮,系统弹出"应收票据贴现"窗口,如图 7-41 所示。

图 7-40

图 7-41

只有审核后的票据才能贴现。应收票据贴现处理后不在应收款管理系统产生任何单据，并且应收票据的状态变为"贴现"。取消贴现的方法是在"应收票据"窗口中，单击菜单"编辑"→"取消处理"选项。

应收票据与现金管理系统同步时，在应收管理系统进行了贴现的应收票据，传到现金管理系统时会回填相关的贴现信息。

5. 收款

应收票据到期后可以收取现金或银行存款，此时要进行收款处理。

在"应收票据"窗口，选中票据，单击工具栏上的"收款"按钮，系统弹出"应收票据到期收款"窗口。

应收票据只有审核后才能作收款处理。应收票据收款凭证只能在凭证处理模块中生成。应收票据进行收款处理后，不在应收款管理系统产生任何单据，只是状态变为"收款"。应收票据收款处理后，也不应再作收款单的录入。取消票据的收款处理，是在"应收票据"窗口中单击菜单"编辑"→"取消处理"选项。

6. 退票

应收票据收到后，作贴现处理或到期提款时，因票据填写错误或印章不清晰等原因，有可能要作退票处理。

在"应收票据"窗口，选中要退票的票据，单击工具栏上的"退票"按钮，可以对应收票据进行退票操作。

系统提供应收票据退票的情况有应收票据审核后、应收票据背书冲减应付款、应收票据背书转预付款、应收票据背书转其他、期初应收票据、期初应收票据背书冲减应付款、期初应收票据背书转预付款和期初应收票据背书转其他等情况。

（1）应收票据审核后退票。对已审核的应收票据进行退票处理时，首先必须反核销原已核销的相关记录，如收款单、预收单等，退票成功后，在应收款管理系统自动产生一张应收退款单，与原票据审核时自动产生的收款单（或预收单）自动核销。应收退款单摘要中注明"票据×××退票"的字样。退票的凭证在凭证处理模块的应收票据退票中进行处理。

退票后的应收票据在"应收票据"查询窗口的状态栏中显示"作废"字样。

如果取消退票，要手工删除相关凭证，并在核销日志中反核销收款单（或预收单）与应收退款单的记录，同时系统会自动删除原退票产生的应收退款单，并且该应收票据取消退票且状态变为"审核"。

（2）应收票据背书冲减应付款退票。应收票据背书冲减应付款后进行退票处理时，首先必须反核销原已核销的相关记录（包括应收款管理系统与应付款管理系统），退票成功后在应收款管理系统产生一张应收退款单，在应付款管理系统产生一张应付退款单，应收退款单冲销原应收票据审核时自动产生的收款单（或预收单），应付退款单冲销背书冲减应付款处理时产生的付款单。应收退款单和应付退款单的"摘要"中均要注明"票据×××退票"字样。退票的凭证在凭证处理模块的应收票据退票中进行处理。

背书冲减应付款退票后的应收票据，在"应收票据"窗口的状态栏中显示为"背书、作废"。

如果要取消退票，应手工删除相关凭证，并在应收款管理系统的核销日志中反核销收款单（或预收单）与应收退款单、付款单和应付退款单的记录，同时系统会自动删除原退票产生的应收退款单和应付退款单，并且取消该应收票据背书冲减应付款的退票操作，应收票据的状态变为"背书"。

（3）应收票据背书转预付款退票。应收票据背书转预付款后进行退票处理时，首先必须反核销原已核销的相关记录（包括应收款管理系统与应付款管理系统），退票成功后在应收款管理系统产生一张应收退款单，在应付款管理系统产生一张应付退款单，应收退款单冲销原应收票据审核时自动产生的收款单（或预收单），应付退款单冲销背书转预付款处理时产生的预付单。应收退款单和应付退款单的"摘要"中均要注明"票据×××退票"字样。退票的凭证在凭证处理模块的应收票据退票中进行处理。

背书转预付款的应收票据退票后在"应收票据"窗口的状态栏中显示为"背书、作废"。

如果取消退票，应手工删除相关凭证，并在应收款管理系统的核销日志中反核销收款单（或预收单）与应收退款单、预付单和应付退款单的记录，同时系统会自动删除原退票产生的应收退款单和应付退款单，并且取消该应收票据背书转预付款的退票操作，应收票据的状态变为"背书"。

（4）应收票据背书转其他退票。应收票据背书转其他进行退票处理时，系统直接在"应收票据序时簿"窗口的状态栏中显示"背书、作废"，并且不在应收应付款系统中增加任何单据。

（5）期初应收票据退票。期初应收票据进行退票处理时，系统在应收款管理系统中自动产生一张其他应收单，"摘要"中注明"期初票据×××退票"，并且该应收单处于未审核未核销状态，由用户自行核销。期初应收票据退票的凭证只能在"凭证处理"→"凭证—生成"中的应收票据退票中进行处理。

（6）期初应收票据背书冲减应付款退票。期初应收票据背书冲减应付款后进行退票处理时，首先必须反核销原已核销的相关记录（应付款管理系统），退票成功后在应付款管理系统产生一张应付退款单，并与期初应收票据背书冲减应付款生成的付款单自动核销，该应付退款单的"摘要"中注明"期初票据×××退票"字样；同时在应收款管理系统产生一张其他应收单，并且该其他应收单处于未审核未核销状态，由用户自行核销，该应收单的"摘要"中注明"期初票据×××退票"字样。期初应收票据背书冲减应付款退票的凭证只能在"凭证处理"→"凭证—生成"中的应收票据退票中进行处理。

（7）期初应收票据背书转预付款退票。期初应收票据背书转预付款后进行退票处理时，首先必须反核销原已核销的相关记录，退票成功后在应付款管理系统产生一张应付退款单，并与期初应收票据背书转预付款生成的预付单自动核销，该应付退款单的"摘要"中注明"期初票据×××退票"字样；同时在应收款管理系统产生一张其他应收单，并且该其他应收单处于未审核未核销状态，由用户自行核销，该其他应收单的"摘要"中注明"期初票据×××退票"字样。期初应收票据背书转预付款退票的凭证只能在"凭证处理"→"凭证—生成"中的应收票据退票中进行处理。

（8）期初应收票据转其他退票。期初应收票据背书转其他进行退票处理时，系统自动产生一张其他应收单，"摘要"中注明"期初票据×××退票"，并且该其他应收单是未审核未核销状态，由用户自行核销。期初应收票据转其他退票的凭证只能在"凭证处理"→"凭证—生成"中的应收票据退票中进行处理。

 退票后，不能查看原背书记录。取消退票只能针对当前期间已经退票的票据。

7.3.4 结算

结算管理是指应收发票、其他应收单与收款单、退款单的核销处理，系统提供 7 种核销类型和 3 种核销方式。

1. 核销类型

（1）到款结算：包括收款单、退款单与销售发票、其他应收单核销，或收款单与退款单互冲、红字销售发票、其他应收单与蓝字销售发票、其他应收单互冲，不包括预收单。

（2）预收款冲应收款：预收款与销售发票、其他应收单核销，或预收单与退款单互冲。预收款冲应收款与到款结算的区别之处在于，预收冲应收要根据相应的核销记录生成预收冲应收凭证，而到款结算则不用。

（3）应收款冲应付款：销售发票、其他应收单与采购发票、其他应付单的核销处理。

（4）应收款转销：属于单边核销，即从一个客户转为另一个客户，实际应收款的总额并不减少。

（5）预收款转销：属于单边核销，即从一个客户转为另一个客户，实际预收款的总额并不减少。

（6）预收款冲预付款：预收单与预付单进行核销。

（7）收款冲付款：收款单与付款单进行核销。

2. 核销方式

（1）单据：用户选择单据进行核销时，系统内部仍然按行依次核销。

（2）存货数量：用户可以对发票上的存货数量行进行选择并核销。

（3）关联关系：对存在结算关联关系的单据进行核销，包括收款单关联应收单、退款单关联负数应收单、退款单关联收款单和退款单关联预收单。

 若系统参数中选择"审核后自动核销"，则单据在审核时就自动与存在关联的单据进行核销处理，核销日志可以在"核销日志－查看"中查询。如处理表7-3数据，当收款单审核时，由于是关联发票生成的收款单，系统已经自动进行核销处理。

3．到款结算

选择"财务会计"→"应收款管理"→"结算"→"应收款核销－到款结算"，双击"应收款核销－到款结算"，系统弹出"单据核销"窗口，如图7-42所示。

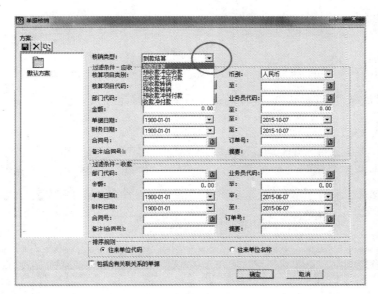

图 7-42

在窗口中选择"核销类型"和设置过滤条件后，单击"确定"按钮，系统进入"核销应收"窗口。

在此核销类型选择"到款结算"，其他保持默认值，单击"确定"按钮进入核销窗口，如图7-43所示。

选择核销方式后，可以单击"自动"按钮，此时系统会根据选项设置自动进行核销处理；"核销"则是对只有选中的单据进行核销处理。

在此单击"自动"按钮，稍后窗口中被选中的记录被隐藏，表示核销成功。

核销日志用于查看当前系统中的单据核销情况，如"×××应收单"与"×××收款单"进行核销时，核销了多少金额等。当已核销的单据需要修改时，可以在"核销日志"

中反核销单据，之后再进行修改。

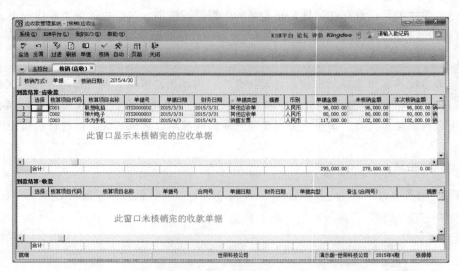

图 7-43

在主界面窗口，双击"财务会计"→"应收款管理"→"结算"→"核销日志—维护"，系统弹出"过滤条件"窗口，设置查询条件后单击"确定"按钮进入"核销日志"窗口，如图 7-44 所示。

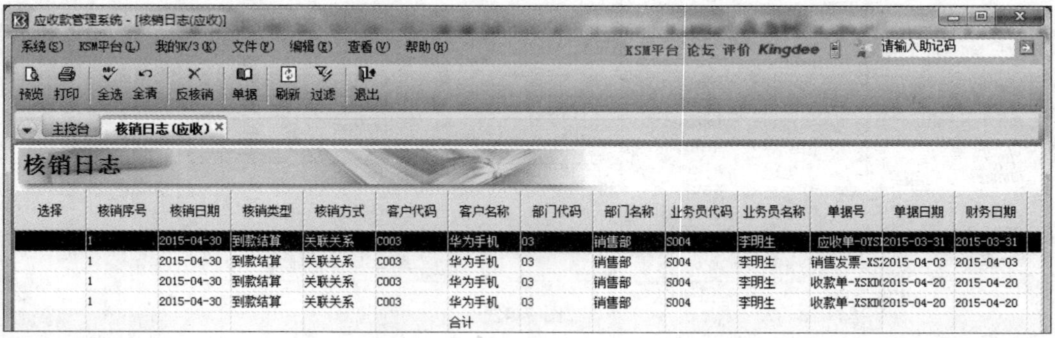

图 7-44

通过核销日志能查询每一笔单据的结算情况。若要查看记录的单据情况，选中记录后，单击"单据"按钮即可。

反核销的方法是双击选中核销记录，再单击工具栏上的"反核销"按钮。

7.3.5 凭证处理

凭证处理是指将应收款系统中的各种单据生成凭证并转到总账系统，总账经过过账、汇总后得出相关的财务报表，这样可省去在总账系统中手工录入凭证的工作量。若应收款管理模块单独使用，则可不用作凭证处理。

选择"财务会计"→"应收款管理"→"凭证处理"→"凭证—生成",双击"凭证—生成",系统弹出"选择事务类型"窗口,如图7-45所示。

选择"销售增值税发票",单击"确定"按钮,系统进入过滤窗口,保持默认值,单击"确定"按钮,进入"生成记账凭证"窗口,如图7-46所示。

图 7-45

图 7-46

单击工具栏上的"类型"按钮,可以切换到要生成凭证的单据列表,再选择要生成的记录,单击"按单"按钮,则系统是按照当前单据的内容生成一张凭证。单击"汇总"按钮,则系统会将所有选中的单据汇总成一张凭证。单击"选项"按钮,系统弹出生成凭证选项设置窗口,如图7-47所示。

在选项窗口可以对生成凭证时的异常处理、凭证模板和科目合并选项等设置进行控制。

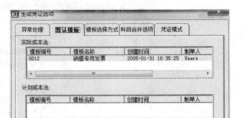

图 7-47

当选中单据,单击按单或汇总后,系统会自动生成凭证,如果有错误,系统会显示相应的信息,操作员根据信息进入调整后,再生成凭证即可。

要查询、修改和删除凭证,双击"财务会计"→"应收款管理"→"凭证处理"→"凭证—维护",系统弹出过滤窗口,设置条件后,单击"确定"按钮,系统会将满足条件的凭证显示,如图7-48所示。

图 7-48

7.4 账表查询分析

应收款管理模块提供各种明细表、汇总表和分析报表。查询的重点是选择正确的"报表",设置正确的"过滤"条件,才可查询到自己所需要的报表。

1. 应收款明细表

应收款明细表用于查询系统中应收账款的明细情况,既可以按期间或日期查询,也可以通过应收款明细表查询往来账款的日报表。

❶ 双击"财务会计"→"应收款管理"→"账表"→"应收款明细表",系统弹出"查询条件"窗口,如图 7-49 所示。

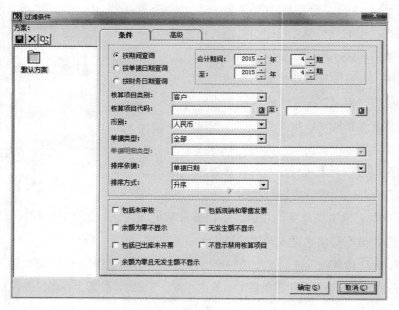

图 7-49

❷ 在窗口中可以选择"按期间查询""按单据日期查询"或"按财务日期查询",并设置期间或日期范围,设定查询的"核算项目代码"范围、单据类型等条件,单击"高级"按钮,可设定"地区"范围和"行业"范围。查询条件设置完成后,单击"确定"按钮进入"应收款明细表"窗口,如图 7-50 所示。

单击"最前""向前""向后""最后"按钮查询不同客户的明细账,选中记录,单击"单据"按钮,弹出该记录的单据查看窗口,单击"过滤"按钮可重新设定查询条件。

核算项目代码	核算项目名称	单据日期	财务日期	单据类型	单据编号	明细类型	凭证号	税控发票号	往来科目	摘要	备注(合同号)	部门	业务员	本期应收	本期实收	期末余额
										期初余额						85,000.00
C003	华为手机	2015-04-0	2015-04-03	销售增值税发票	XSZP000002		记-17		应收账款			销售部	李明生	17,000.00		202,000.00
C003	华为手机	2015-04-2	2015-04-20	收款单	XSKD000002	销售回款			应收账款			销售部	李明生		100,000.00	102,000.00
										本期合计				17,000.00	100,000.00	
										本年累计				02,000.00	100,000.00	

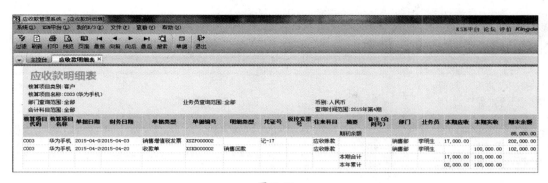

图 7-50

2．应收款汇总表

应收款汇总表用于查询客户在当前会计期间应收款的汇总情况。

双击“财务会计”→“应收款管理”→“账表”→“应收款汇总表”，系统弹出“查询条件”窗口，设置方法同明细表设置方法，单击“确定”按钮进入“应收款汇总表”窗口，如图 7-51 所示。

核算项目代码	核算项目名称	期间	期初余额	本期应收	本期实收	本年累计应收	本年累计实收	期末余额
C001	联想电脑	2015.4	96,000.00					96,000.00
C002	神州电子	2015.4	80,000.00			80,000.00		80,000.00
C003	华为手机	2015.4	85,000.00	117,000.00	100,000.00	202,000.00	100,000.00	102,000.00
C004	苹果公司	2015.4						
	合计	2015.4	261,000.00	117,000.00	100,000.00	282,000.00	100,000.00	278,000.00

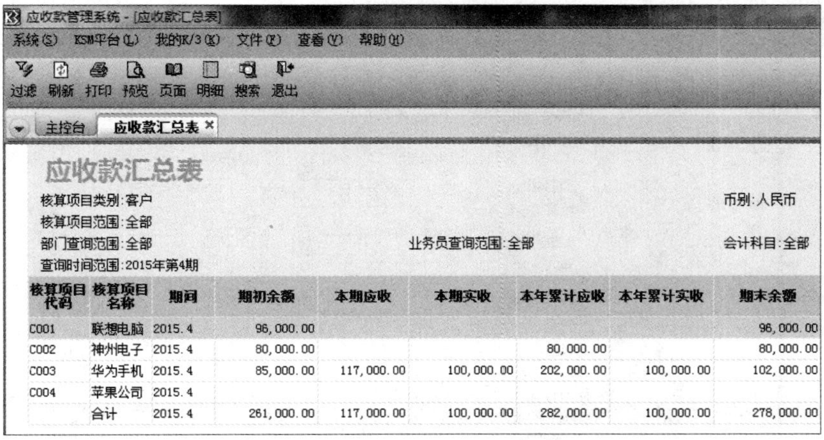

图 7-51

单击工具栏上的“明细表”可以查看该客户的明细账情况。

3．往来对账单

往来对账单用于查询客户在某个时间范围内的往来情况，通过对账单能了解哪张单据欠款、哪张收款、是否已核销等情况。

双击“财务会计”→“应收款管理”→“账表”→“往来对账单”，系统弹出“过滤”窗口，设置方法同明细表的设置，选中“即时余额”，单击“确定”按钮进入“往来对账单”窗口，如图 7-52 所示。

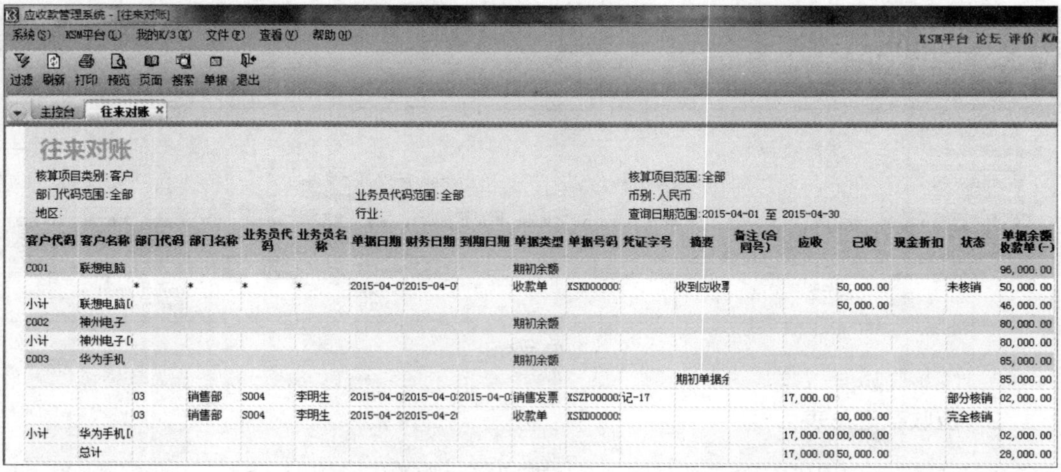

图 7-52

4. 账龄分析表

账龄分析表主要是用来对未核销的往来账款进行分析。

双击"财务会计"→"应收款管理"→"分析"→"账龄分析",系统弹出"查询条件"窗口,如图7-53所示。

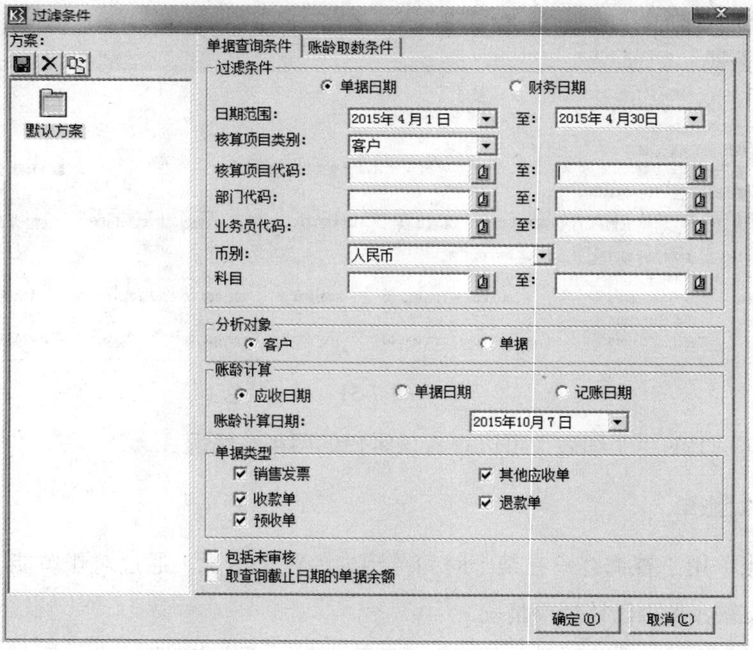

图 7-53

在窗口中可以设置日期、方向和账龄分组,设定账龄分组的方法是直接在"账龄取数条件"下输入要分组的"数值",如图7-54所示。

第 7 章 应收、应付管理

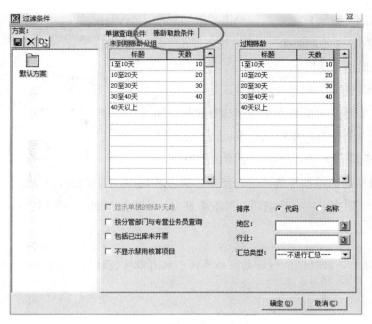

图 7-54

条件设置完成，单击"确定"按钮进入"账龄分析"窗口，如图 7-55 所示。

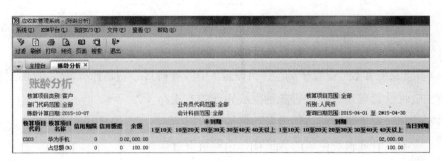

图 7-55

7.5 期末处理

当每一会计期间的所有业务完成后，将所有单据已审核、核销，相关单据已生成凭证，同时与总账等系统已核对完毕，系统可以进行期末结账，期末结账完毕后，系统进入下一会计期间。期末处理同时提供反结账功能。

期末处理前，系统提供对账检查提示，如果不需要检查，则单击"否"按钮后，系统进入"结账"窗口，如图 7-56 所示。

选择"结账"或"反结账",单击"继续"按钮,若本期所有单据处理正确,稍后系统将弹出"期末结账完毕"提示对话框。

若系统参数选中"期末处理前凭证处理应该完成"和"期末处理前单据必须全部审核"选项,结账前必须保证本期所有的单据已生成凭证且本期所有的单据已全部审核,否则弹出不予结账的提示。

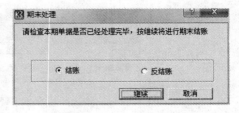

图 7-56

对已结账期间的单据不能再进行反审、修改等操作,若要修改已结账的数据,可以反结账,然后系统回到上一会计期间,再重新录入、修改上一期间的数据资料。

 反结账前,必须保证当前期间的单据已取消审核、取消核销且取消坏账处理。

7.6 课后习题

(1)应收款管理模块与其他业务系统的数据传递关系是怎样的?
(2)在"系统参数"设置中的"科目设置"中的各科目必须是什么属性方能选择设置?
(3)应收款管理系统提供哪 3 种生成凭证的方式?
(4)结算处理提供哪些核销类型和核销方式?
(5)应收款管理模块生成的凭证在什么模块下过账?

第8章
固定资产管理

学习重点

通过学习本章,熟悉固定资产模块的日常操作方法,学习固定资产初始化处理、固定资产卡片录入、固定资产凭证生成、期末计提折旧和固定资产报表查询方法。

8.1 系统概述

固定资产管理模块主要对企业的固定资产进行管理，负责固定资产增加、变动和设备维护情况的管理。固定资产卡片新增、变动都可以生成凭证传递到"总账"模块，在月末处理时可以根据固定资产所设定的折旧方法自动计提折旧，计提折旧凭证传递到"总账"模块，同时提供各种财务所需的报表，如固定资产清单、资产增减表、固定资产明细账和折旧费明细表等。

1. **使用固定资产管理模块需要设置的内容**

- 公共资料：包括科目、币别、计量单位、部门和职员等。
- 初始化：需要设置的内容，如系统参数设置、初始数据录入和结束初始化。
- 系统设置资料：系统设置是针对该模块的参数进行详细化的设置。

2. **固定资产管理模块可执行的查询与生成的报表**

可查询的报表有资产清单、固定资产价值变动表、数量统计表、到期提示表、处理情况表、固定资产变动及结存表、折旧费用分配表、固定资产明细账、折旧明细表、折旧汇总表、资产构成表及变动历史记录表等。

3. **固定资产管理模块与其他模块间的数据流向**（见图 8-1）

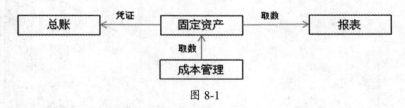

图 8-1

- 总账：接收从固定资产模块生成的凭证以及固定资产初始余额。
- 报表：自定义报表时可以利用公式向导从固定资产取数。
- 成本管理：从固定资产提取成本数据。

4．固定资产管理系统每期的操作流程（见图 8-2）

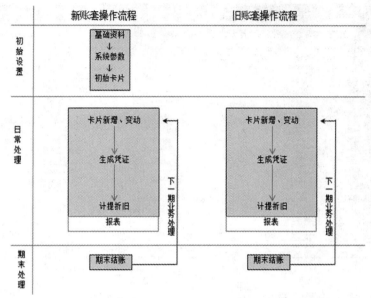

图 8-2

8.2 初始设置

初始设置是对固定资产模块核算参数和基础资料的设置，基础资料设置成功后才能进行正常的单据处理。公共基础资料录入方法参考第 4 章。

初始化设置是对固定资产模块核算参数进行设置，并录入期初卡片数据，只有正确初始化设置，在随后的日常业务处理中，查询各种报表时才能正确和完整，所以初始化工作非常重要。

1．系统参数设置

选择"系统设置"→"系统设置"→"资产管理"→"固定资产—系统参数"，双击"固定资产—系统参数"，系统弹出"系统选项"窗口，如图 8-3 所示。

"基本设置"选项卡主要用来设置账套的基本信息。

"固定资产"选项卡主要对固定资产管理模块的系统参数进行设置。

- 账套启用会计期间：设置固定资产管理模块的启用会计期间，可与总账不同步启用。
- 与总账系统相连：选中，则固定资产管理与总账系统集成应用，固定资产生成的凭证传递到总账模块，并且总账必须在固定资产管理系统结账后方可进行结账工作。

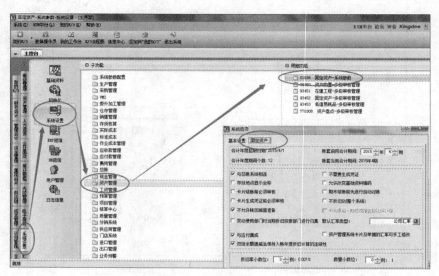

图 8-3

- 存放地点显示全称：选中，在查看固定资产卡片资料时，存放地点将显示包括上级存放地点在内的全部存放地点名称。
- 卡片结账前必须审核：选中，则卡片审核后方能结账。
- 卡片生成凭证前必须审核：选中，则在卡片生成凭证前必须审核。
- 不需要生成凭证：选中，则固定资产的相关业务可以不用生成凭证。
- 允许改变基础资料编码：选中，可以对变动方式、使用状态、卡片类别、存放地点等基础资料的编码进行修改。通常为了管理的严肃性，基础资料编码一经使用，不能随意修改。
- 期末结账前先进行自动对账：选中，期末结账前进行固定资产系统的业务数据与总账系统对账处理。
- 不折旧（对整个系统）：选中，不需要对固定资产进行计提折旧处理，只登记固定资产卡片。
- 变动使用部门时当期折旧按原部门进行归集：选中，变动固定资产卡片上的使用部门后，当期仍继续按照原部门进行折旧费用的归集；否则将按变动后的使用部门进行折旧费用的归集。

系统参数设置：启用会计期间设置为 2015 年 4 期，同时选中"卡片结账前必须审核"和"卡片生成凭证前必须审核"。

2. 基础资料

固定资产的基础资料主要包括变动方式类别、使用状态类别、折旧方法定义、卡片类别管理和存放地点维护,以上资料都要在初始化之前设置。

(1)变动方式类别。

变动方式是指固定资产的增加和减少方式,如购入、接受捐赠及出售等,系统已经预设大部分变动方式,用户可以根据实际需求新增或修改变动方式。

选择"财务会计"→"固定资产管理"→"基础资料"→"变动方式类别",双击"变动方式类别",系统弹出"变动方式类别"窗口,如图8-4所示。

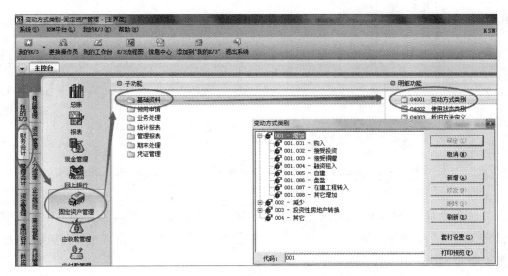

图 8-4

在窗口中可以对变动方式进行新增、修改、删除或打印等操作。

(2)使用状态类别。

使用状态类别管理固定资产的状态档案,如正常使用、融资租入或未使用等,并可根据状态设置是否"计提折旧"。

选择"财务会计"→"固定资产管理"→"基础资料"→"使用状态类别",双击"使用状态类别",系统弹出"使用状态类别"窗口,如图8-5所示。

在窗口中可以对使用状态类别进行新增、修改、删除或打印等操作。

(3)折旧方法定义。

固定资产系统的一大特点就是期末为用户提供自动计提折旧费用凭证的功能。实现自动计提折旧功能时,必须预先在固定资产卡片设置好折旧方法,如平均年限法、工作量法等,这样系统在计提固定资产折旧时会根据折旧方

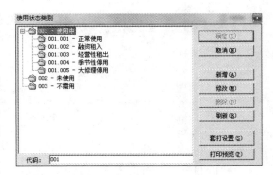

图 8-5

法、使用年限等数据自动计算出应计提的折旧费用。

选择"财务会计"→"固定资产管理"→"基础资料"→"折旧方法定义",双击"折旧方法定义",系统弹出"折旧方法定义"窗口,如图 8-6 所示。

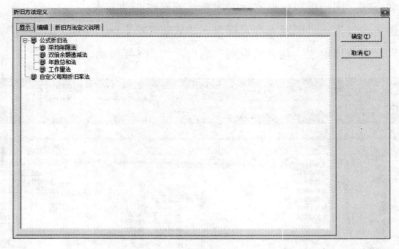

图 8-6

系统预设有常用折旧法,如平均年限法、双倍余额递减法和工作量法等。单击"折旧方法定义说明"选项卡,系统切换到"折旧方法定义说明"窗口,可以查看各折旧方法定义的说明。

若需要新增折旧方法、修改折旧方法的公式内容,可单击"编辑"选项卡,系统切换到"编辑"窗口,如图 8-7 所示。

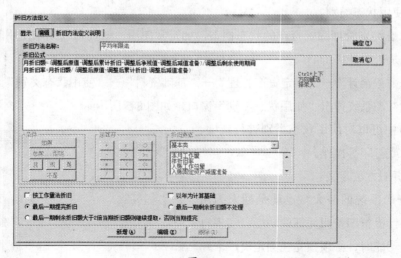

图 8-7

- 折旧公式:折旧方式的公式定义,由条件语句、运算符和折旧要素组成。

- 折旧要素：首先选择"类别"，再选择类别下的详细要素，双击鼠标左键可将该要素填入"折旧公式"。
- 以年为计算基础：系统默认以期间（月）作为计算基础，选中该复选框则以"年"作为计算基础。

在"编辑"窗口可以修改或定义折旧方法。

（4）卡片类别管理。

固定资产为方便管理，金蝶 K/3 WISE 可以进行分类管理，卡片类别管理就是建立类别档案。

【案例】新增"办公设备"和"生产设备"类别。

① 选择"财务会计"→"固定资产管理"→"基础资料"→"卡片类别管理"，双击"卡片类别管理"，系统弹出"固定资产类别"窗口，如图 8-8 所示。

② 单击"新增"按钮，系统弹出"固定资产类别—新增"窗口，如图 8-9 所示。

- 代码：设定类别代码。
- 名称：设定类别的名称。

图 8-8

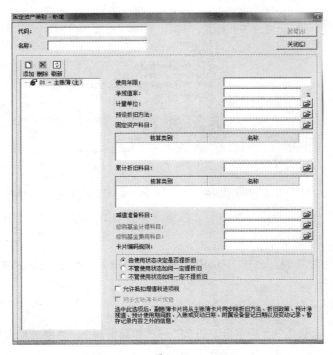

图 8-9

- 使用年限：预设本类别的使用年限。
- 净残值率、计量单位、预设折旧方法、固定资产科目、累计折旧科目、减值准备科目：预设项目，在新增固定卡片时自动引用。
- 卡片编码规则：设定编码原则，如B001，则录入该类别下的第1张卡片为B001，第2张时系统会自动改为B002。

③ 在"代码"文本框中输入"01"，"名称"文本框中输入"办公设备"，"使用年限"文本框中输入"5"，"净残值率"文本框中输入"10%"，"预设折旧方法"按"F7"功能键获取"平均年限法"，选中"由使用状态决定是否提折旧"单选按钮，如图8-10所示。

图 8-10

④ 单击右上角的"新增"按钮保存录入，单击"关闭"按钮返回"固定资产类别"窗口，使用同样的方法新增"生产设备"类别，新增完成后的结果如图8-11所示。

（5）存放地点维护。

为方便固定资产管理，金蝶K/3 WISE提供"存放地点"管理，卡片中能清晰地了解哪个部门使用、存放在什么地点。

【案例】新增"生产车间"和"办公室"存放地点。

① 选择"财务会计"→"固定资产管理"→"基础资料"→"存放地点维护"，双击"存放地点维护"，系统弹出"存放地点"窗口，如图8-12所示。

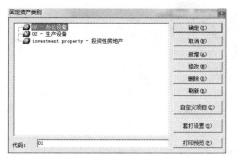
图 8-11

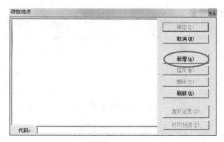
图 8-12

② 单击"新增"按钮，系统弹出"存放地点—新增"窗口，"代码"文本框中输入"01"，"名称"文本框中输入"生产车间"，如图 8-13 所示。单击"新增"按钮保存设置。

③ 继续新增"办公室"地点，单击"关闭"按钮返回存放地点管理窗口，新增成功的窗口如图 8-14 所示。

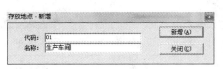
图 8-13

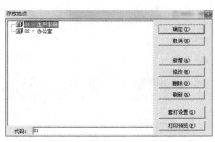
图 8-14

3．初始卡片录入

基础资料设置完成后，可以录入初始卡片。卡片既可以直接录入，也可以使用"标准卡片引入"。以表 8-1～表 8-3 为例，介绍固定资产卡片的录入方法。

表 8-1　　　　　　　　　　固定资产初始卡片 1

基 本 信 息		部门及其他		原值与折旧	
资产类别	办公设备	固定资产科目	1601	币别	人民币
资产编码	B001	累计折旧科目	1602	原币金额	4 200
名称	宏基手提电脑	使用部门	销售部	开始使用日期	2014-10-12
计量单位	台	折旧费用科目	6601.07	预计使用期间数	60
数量	1			已使用期间数	5
入账日期	2014-10-12			累计折旧	315
存放地点	办公室			预计净残值	420
使用状况	正常使用			折旧方法	平均年限法
变动方式	购入				

表 8-2　　　　　　　　　　　固定资产初始卡片 2

基 本 信 息		部 门 及 其 他		原 值 与 折 旧	
资产类别	办公设备	固定资产科目	1601	币别	人民币
资产编码	B002	累计折旧科目	1602	原币金额	218 000
名称	别克商务车	使用部门	总经办	开始使用日期	2015-01-15
计量单位	辆	折旧费用科目	6601.07	预计使用期间数	120
数量	1			已使用期间数	2
入账日期	2015-01-15			累计折旧	3 270
存放地点	办公室			预计净残值	21 800
使用状况	正常使用			折旧方法	平均年限法
变动方式	购入				

表 8-3　　　　　　　　　　　固定资产初始卡片 3

基 本 信 息		部 门 及 其 他		原 值 与 折 旧	
资产类别	生产设备	固定资产科目	1601	币别	人民币
资产编码	S001	累计折旧科目	1602	原币金额	97 800
名称	波峰焊炉	使用部门	生产部	开始使用日期	2015-01-20
计量单位	台	折旧费用科目	5101.06	预计使用期间数	120
数量	1			已使用期间数	2
入账日期	2015-01-20			累计折旧	1 467
存放地点	生产车间			预计净残值	9 780
使用状况	正常使用			折旧方法	平均年限法
变动方式	购入				

❶ 录入固定资产初始卡片 1。选择"财务会计"→"固定资产管理"→"业务处理"→"新增卡片",双击"新增卡片",系统弹出"提示"窗口,如图 8-15 所示。

因为是第一次录入卡片,系统询问是否在当前期录入,并警告录入卡片后不可以改变启用期间。

❷ 单击"是"按钮,进入"初始化"窗口,同时系统弹出"卡片及变动—新增"窗口,如图 8-16 所示。

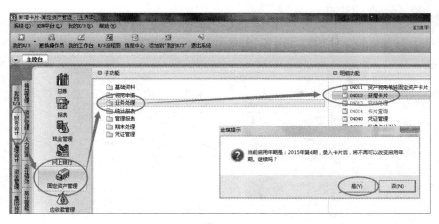

图 8-15

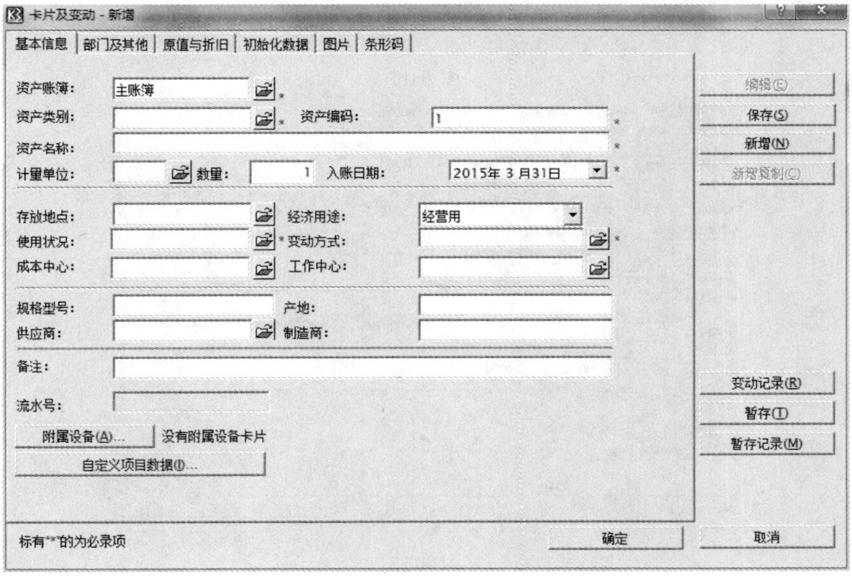

图 8-16

③ 录入基本信息。"资产类别"按"F7"功能键获取"办公设备","资产编码"文本框中输入"B001","资产名称"文本框中输入"宏基手提电脑","计量单位"按"F7"功能键获取"台","数量"为"1","入账日期"修改为"2014年10月12日","存放地点"按"F7"功能键获取"办公室","使用状况"按"F7"功能键获取"正常使用","变动方式"按"F7"功能键获取"购入",其他保持默认值,如图8-17所示。

当固定资产有附属设备时,单击"附属设备"按钮,进入"附属设置清单—编辑"窗口,如图8-18所示,在窗口中可以新增、编辑和删除附属清单。

④ 切换到"部门及其他"选项卡。"固定资产科目"按"F7"功能键获取"1601","累计折旧科目"按"F7"功能键获取"累计折旧"科目,"使用部门"按"F7"功能

键获取"销售部","折旧费用分配"的"科目"按"F7"功能键获取"6601.07"科目,其他保持默认值,如图8-19所示。

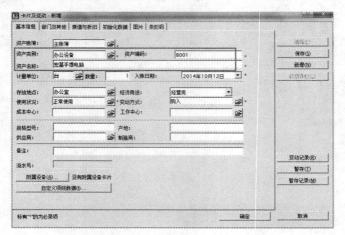

图 8-17

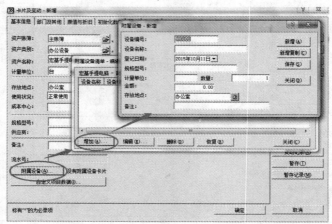

图 8-18

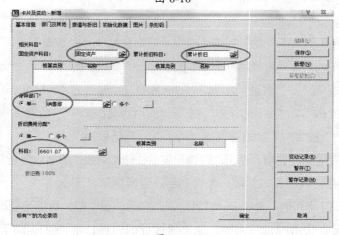

图 8-19

当该固定资产由多个部门使用时,选中使用部门下的"多个"项目,再单击"…"(获取)按钮,系统弹出"部门分配情况—编辑"窗口,在窗口中可以设置该固定资产使用的部门,以及折旧费用的分配比例等,如图 8-20 所示。

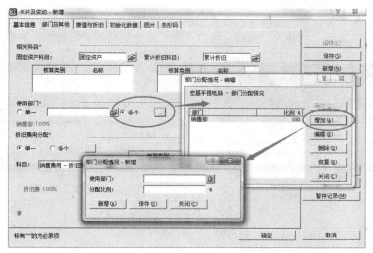

图 8-20

当折旧费用分配也有多个科目时,选择折旧费用分配下的"多个"项目,单击"…"(获取)按钮,系统弹出"折旧费用分配情况—编辑"窗口,在窗口中有不同部门的折旧费用科目。

❺ 窗口切换到"原值与折旧"选项卡。"币别"选择"人民币","原币金额"文本框中输入"4200","开始使用日期"修改为"2014 年 10 月 12 日","预计使用期间数"修改为"60","累计折旧"文本框中输入"315","折旧方法"选择"平均年限法",设置好的结果如图 8-21 所示。

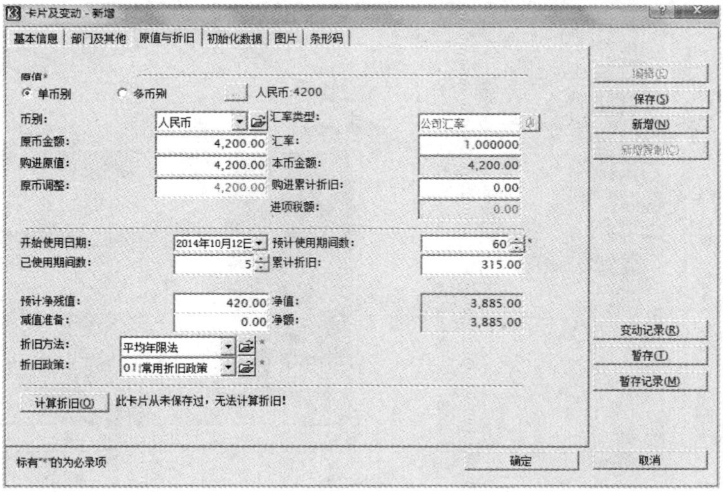

图 8-21

> 注　期间数是以"月"为单位，"60"即是60个月。

6　单击"保存"按钮保存录入。单击"新增"按钮，系统弹出空白卡片窗口，参照以上方法录入表8-2和8-3的初始卡片，录入完成，保存录入，单击"×"（关闭）按钮退出"新增"窗口，返回"初始化"窗口，窗口会显示刚才新增的初始数据，如图8-22所示。

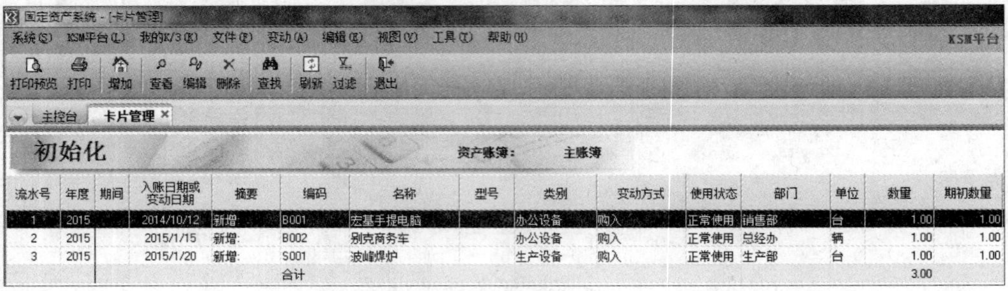

图 8-22

4. 结束初始化

固定资产的所有期初数据录入并且正确后，可以结束固定资产的初始化业务。

双击"系统设置"→"初始化"→"固定资产"→"初始化"，系统弹出"结束初始化"窗口，如图8-23所示。单击"开始"按钮，稍后系统弹出"结束初始化成功"对话框，单击"开始"按钮完成初始化工作。

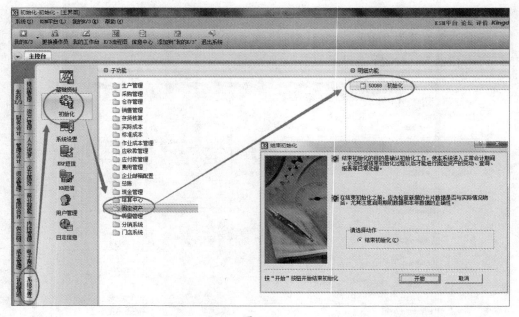

图 8-23

8.3 业务处理

固定资产的业务处理主要包括固定资产的增加、固定资产的清理、固定资产的变动、卡片查询和凭证管理等。

8.3.1 新增卡片

固定资产新增主要处理随着业务发展，公司可能需要随时增加的新的固定资产，需要将固定资产记入账册，以做到固定资产档案的管理。

选择"财务会计"→"固定资产管理"→"业务处理"→"新增卡片"，双击"新增卡片"，系统弹出"卡片及变动—新增"窗口，固定资产卡片新增窗口与"初始化"时卡片录入方法相同，可以参照前面的章节。

8.3.2 变动处理

固定资产变动业务处理主要负责固定资产卡片的修改、删除、审核、变动和清理等业务。

双击"财务会计"→"固定资产管理"→"业务处理"→"变动处理"，系统进入"卡片管理"窗口，如图8-24所示。

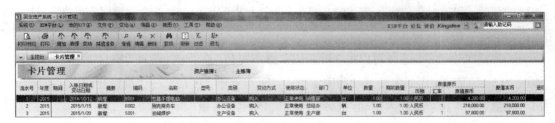

图 8-24

在"卡片管理"窗口，选中要查看的卡片（含变动卡片），单击工具栏上的"查看"按钮，系统弹出"查看"窗口，如图8-25所示。

在"卡片管理"窗口中选中要修改的内容，单击"编辑"按钮即可进入"卡片及变动—修改"窗口，可以在此修改卡片资料。

> **注** 只能修改当前会计期间的业务资料。

在"卡片管理"窗口中选中要删除的变动资料，单击"删除"按钮即可取消该固定资产的变动。

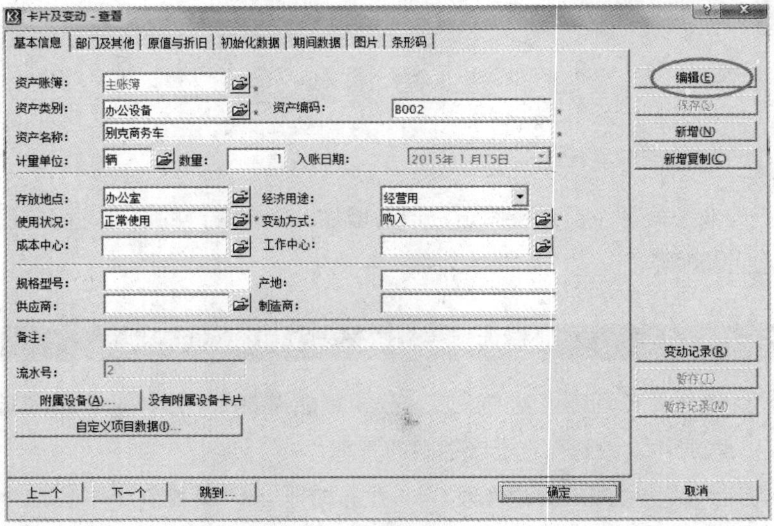

图 8-25

固定资产审核以"审核人与制单人不是同一人"为基础,所以审核时不能是制单人,更换身份登录后,在"卡片管理"窗口中,选中要审核的卡片记录,单击菜单"编辑"→"审核"即可。

在"卡片管理"窗口,选中要变动的固定资产,单击工具栏上的"变动"按钮,系统弹出该固定资产的"卡片及变动—新增"窗口,单击"变动方式"选择本笔固定资产的变动方式,以及在相应的项目下获取正确的数据,如果是部门变动时,则在使用部门处修改正确的部门;如果是价值发生变化时,则在"原值与折旧"处修改正确的数据,变动完成后,单击"确定"按钮保存本次变动。

为提高工作效率,系统可以批量处理固定资产变动,在"卡片管理"窗口,按住"Shift"键或"Ctrl"键选中多条需要变动的固定资产,单击菜单"变动"→"批量变动",系统弹出"批量变动"窗口,录入变动内容后,单击"确定"按钮。

清理是将固定资产清理出账簿,使该资产的价值为零。

在"卡片管理"窗口中,选中要进行清理的固定资产,单击工具栏上的"清理"按钮,系统弹出"固定资产清理—新增"窗口,如图 8-26 所示。

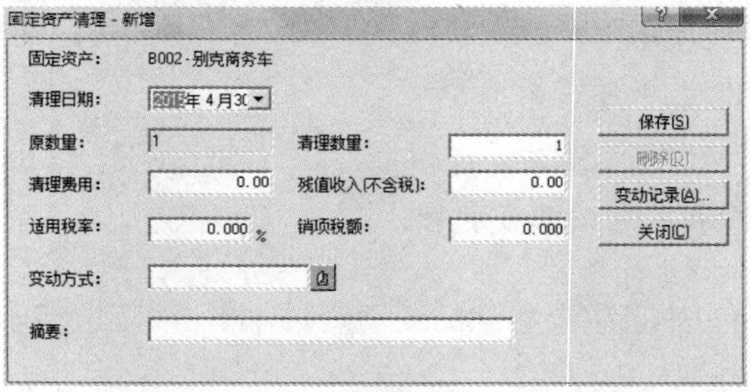

图 8-26

- 原数量：固定资产现有数量。
- 清理数量：需要清理的数量，若清理的固定资产是一批时，可以录入清理的数量。
- 清理费用：清理时发生的费用。
- 残值收入：清理时的残值收入。
- 适用税率、销项税额：录入本次清理的税率和销项税。
- 变动方式：选择清理时的变动方式。

 当期已进行变动的资产不能清理。当期新增及当期清理的功能只适用于单个固定资产清理，不适用于批量清理。

为提高工作效率，系统提供固定资产批量清理功能。在"卡片管理"窗口，按住"Shift"键或"Ctrl"键选中多条需要清理的资产，选择菜单"变动"→"批量清理"，系统弹出"批量清理"窗口，录入清理数量、清理收入、清理费用和变动方式等内容后，单击"确定"按钮。

8.3.3 凭证管理

凭证管理主要根据固定资产增加、变动等业务资料生成凭证，并对凭证进行有效的管理，包括生成凭证、修改凭证、审核凭证等操作。固定资产系统和总账系统连接使用时，生成的凭证传递到总账模块，以保证固定资产模块和总账模块的固定资产科目、累计折旧科目数据一致。

① 选择"财务会计"→"固定资产管理"→"业务处理"→"凭证管理"，双击"凭证管理"，系统弹出"过滤方案设置"窗口，在窗口中可以设置过滤的事务类型、会计年度、会计期间和审核等项目。条件设置完成后，单击"确定"按钮，系统进入"凭证管理"窗口，如图 8-27 所示。

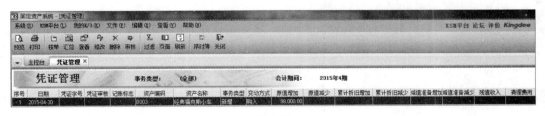

图 8-27

② 选中需要生成凭证的记录，单击工具栏上的"按单"按钮，系统弹出"按单生成凭证"窗口，如图 8-28 所示。

单击"开始"按钮，稍后系统弹出提示"凭证出错是否手工修改字样"对话框，单击"是"按钮，系统进入"记账凭证"窗口，修改正确的凭证分录后，单击"保存"按钮保存当前凭证，单击"关闭"按钮返回"按单生成凭证"窗口，系统显示生成几张凭证。单击"查看报告"

按钮，可以查看生成凭证的过程，单击"退出"按钮返回"凭证管理"窗口。此时注意已生成凭证后记录的显示颜色。

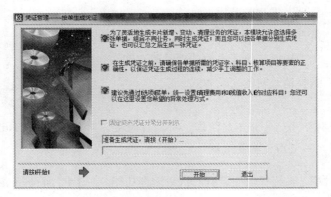

图 8-28

 生成凭证时出错不是系统原因，是因为系统不知道相应的固定资产对方科目，如固定资产增加时，系统不知道是付的现金还是银行存款，所以需要手工将凭证补充完整。

8.4 期末处理

期末处理主要用于处理计提固定资产折旧费用和期末结账。

8.4.1 工作量管理

当账套中有采用工作量法计提折旧的固定资产时，则在计提折旧之前需输入本期完成的实际工作量。

选择"财务会计"→"固定资产管理"→"期末处理"→"工作量管理"，双击"工作量管理"，系统弹出"过滤"窗口，单击"确定"按钮，系统弹出"方案名称"窗口，录入所要的"方案名称"后，单击"确定"按钮，系统进入"工作量管理"窗口，录入本期工作量，如图 8-29 所示。单击工具栏上的"保存"按钮，保存对工作量的修改。

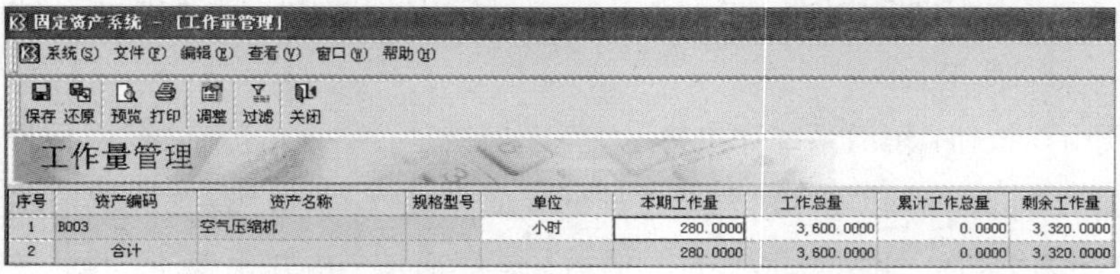

图 8-29

8.4.2 计提折旧

计提折旧主要根据固定资产卡片上的折旧方法生成计提折旧凭证。

1 在主界面窗口,选择"财务会计"→"固定资产管理"→"期末处理"→"计提折旧",双击"计提折旧",系统弹出"计提折旧"窗口,如图 8-30 所示。

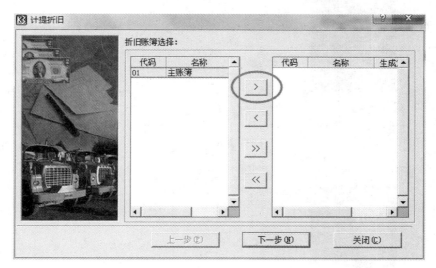

图 8-30

2 选中左侧"01 主账簿",单击">"按钮,将该账簿选择到右侧窗口,单击"下一步"按钮,进入说明提示窗口,如图 8-31 所示。

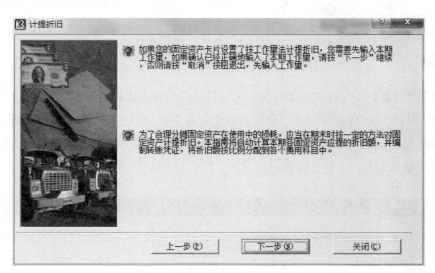

图 8-31

3 单击"下一步"按钮,进入凭证摘要和凭证字选择窗口,如图 8-32 所示。

4 单击"下一步"按钮,进入计算折旧窗口,如图 8-33 所示。

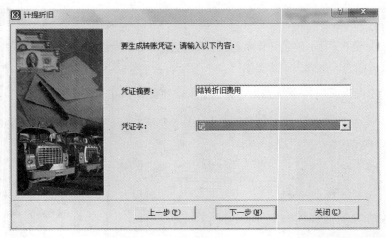

图 8-32

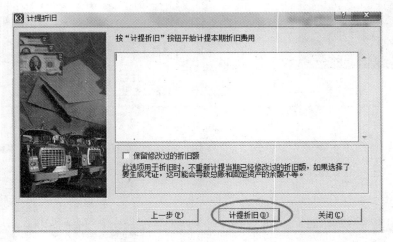

图 8-33

⑤ 单击"计提折旧"按钮开始计提折旧，计提成功后，会在当前窗口显示成功信息。

计提折旧生成的凭证可以在"会计分录序时簿"窗口中进行管理：在"凭证管理"窗口中单击工具栏上的"序时簿"按钮，系统进入"会计分录序时簿"，找到"计提"凭证进行相应的操作即可。该笔计提凭证在"总账"系统中也可以进行查询，但不能编辑。

8.4.3 折旧管理

折旧管理是对已提折旧的金额进行查看和修改，修改后的数据会自动更改所提的计提折旧凭证金额。

选择"财务会计"→"固定资产管理"→"期末处理"→"折旧管理"，双击"折旧管理"，系统弹出"过滤"窗口，条件设定后，单击"确定"按钮进入如图 8-34 所示的窗口。

在"本期折旧额"中修改所需要的数据，单击"保存"按钮后，系统保存当前修改，并自动修改"计提折旧凭证"的数据。

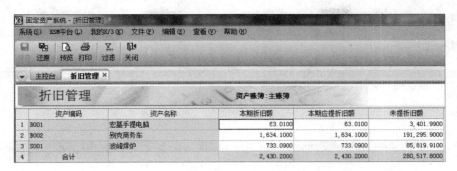

图 8-34

8.4.4 自动对账

固定资产系统与总账系统连接使用时,自动对账功能是将固定资产系统的业务数据与总账系统的财务数据进行核对,以保证双方系统数据的一致性。

选择"财务会计"→"固定资产管理"→"期末处理"→"自动对账",双击"自动对账",系统弹出"对账方案"窗口,如图 8-35 所示。

首先增加一个方案。单击"增加"按钮,系统弹出"固定资产对账"窗口,分别设置对账的会计科目,如图 8-36 所示。

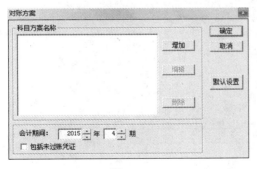

图 8-35

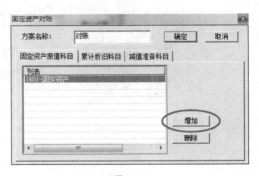

图 8-36

输入方案名称,单击"确定"按钮,系统弹出提示对话框,单击"确定"按钮,并返回"对账方案"窗口,可以看到已经新增的"方案名称"。若对"自动对账"的方案不满意,可以对方案进行编辑和删除操作。

选中"对账"方案,单击"默认设置",将当前方案设定为"默认方案",选中"包括未过账凭证",单击"确定"按钮进入"自动对账"窗口,如图 8-37 所示。

 自动对账时,建议审核并过账本期所有的固定资产业务凭证。

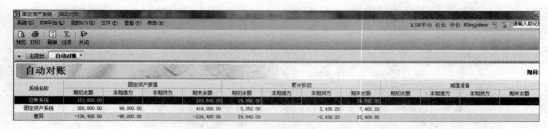

图 8-37

8.4.5 期末结账

期末结账在完成当前会计期间的业务处理,转结到下一期间进行新的业务处理时进行。包括将固定资产的有关账务处理,如折旧或变动等信息转入已结账状态。已结账的业务不能再进行修改和删除操作。

1 选择"财务会计"→"固定资产管理"→"期末处理"→"期末结账",双击"期末结账",系统弹出"期末结账"窗口,如图 8-38 所示。

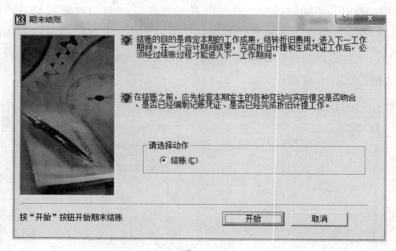

图 8-38

2 单击"开始"按钮,系统检测本期工作符合结账条件后,弹出"结账成功"窗口,单击"确定"按钮,结束"期末结账"工作。

系统提供反结账功能。在期末处理模块中,按住"Shift"键并双击"期末结账",系统弹出"期末结账"窗口,选择"反结账"单选按钮,并单击"开始"按钮即可完成反结账,如图 8-39 所示。

 只有系统管理员才能进行反结账。

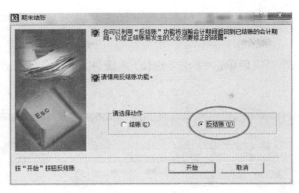

图 8-39

8.5 报表

系统提供统计报表和管理报表。统计报表主要是查看有关固定资产的数据统计,以便对比、分析;管理报表用于查询、分析固定资产的使用情况。

8.5.1 统计报表

统计报表主要是查看有关固定资产的数据统计,以便对比、分析。

1. 固定资产清单

固定资产清单是当前系统中已有的固定资产卡片清单的详细列表。

选择"财务会计"→"固定资产管理"→"统计报表"→"固定资产清单",双击"固定资产清单",系统弹出"方案设置"窗口,如图 8-40 所示。

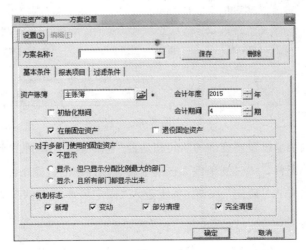

图 8-40

在窗口中可以设置查询的期间、固定资产状态、显示部门资料和报表项目显示等内容。

方案过滤条件设置完成后单击“确定”按钮，系统进入“固定资产清单”窗口，如图 8-41 所示。

固定资产清单　资产账簿：主账簿　会计期间：2015年4期

资产编码	资产名称	类别	型号	单位	变动方式	制造商	产地	供应商	入账日期	使用日期	使用情况	使用部门	部门代码	经济用途	折旧方法	存放地点	数量	币别	汇率	原值原币	原值本币
B001	宏基手提电脑	办公设备		台	购入				2014/10/12	2014/10/12	正常使用	销售部	03	经营用	平均年限法	办公室	1.00	人民币	1	4,200.00	4,200.00
B002	别克商务车	办公设备		辆	购入				2015/1/15	2015/1/15	正常使用	总经办	01	经营用	平均年限法	办公室	1.00	人民币	1	218,000.00	218,000.00
S001	波峰焊炉	生产设备		台	购入				2015/1/20	2015/1/20	正常使用	生产部	06	经营用	平均年限法	生产车间	1.00	人民币	1	97,800.00	97,800.00
B003	经典福克斯小车	办公设备		台	购入				2015/4/30	2015/4/30	正常使用	总经办	01	经营用	平均年限法	办公室	1.00	人民币	1	98,000.00	98,000.00
总计																	4.00			418,000.00	418,000.00

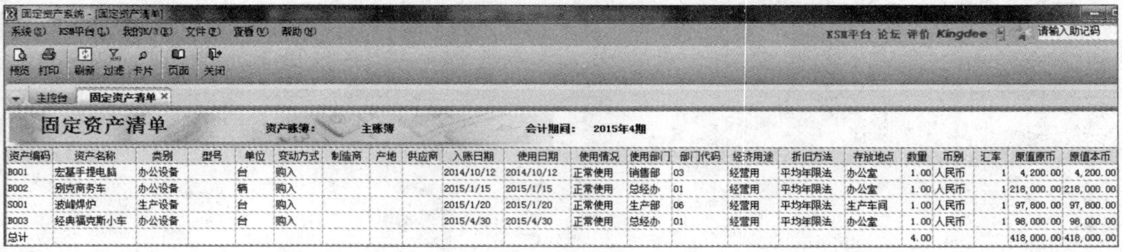

图 8-41

若要查看固定资产的卡片情况，选中记录后单击工具栏上的“卡片”按钮。

2．固定资产价值变动表

固定资产价值变动表反映固定资产的变动情况。

选择“财务会计”→“固定资产管理”→“统计报表”→“固定资产价值变动表”，双击该功能，系统弹出“方案设置”窗口，如图 8-42 所示。

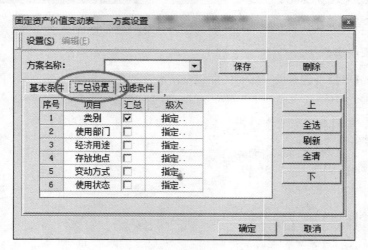

图 8-42

“基本条件”选项卡设置要查询的期间和是否“包含本期已清理的卡片”，“汇总设置”选项卡可以设置汇总条件，“过滤条件”选项卡设置更详细的过滤条件。

保持默认条件，单击“确定”按钮，系统进入“固定资产变动情况表”窗口，如图 8-43 所示。

图 8-43

8.5.2 管理报表

管理报表用于查询、分析固定资产的使用情况。

固定资产变动及结存表反映固定资产增加、减少的情况。

在主界面窗口，选择"财务会计"→"固定资产管理"→"管理报表"→"固定资产变动及结存表"，双击该功能，系统弹出"方案设置"窗口，如图 8-44 所示。

在窗口中可以查询会计期间或初始化期间的数据，以及是否显示明细级别。条件设置完成后，单击"确定"按钮进入"固定资产变动及结存表"窗口，如图 8-45 所示。

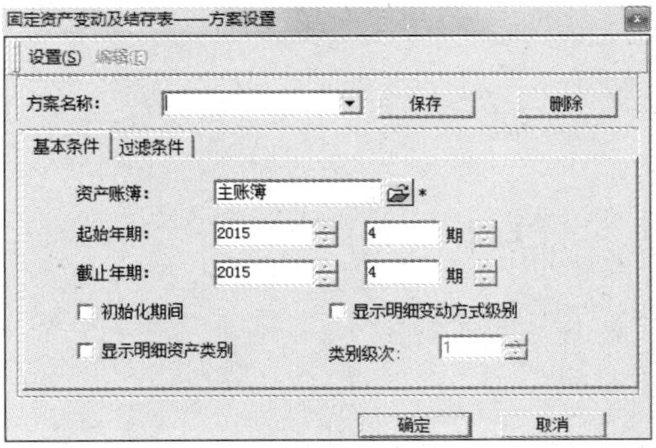

图 8-44 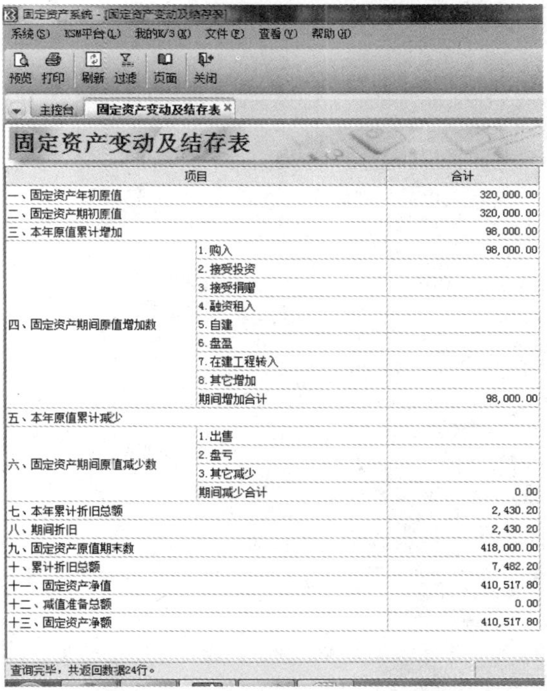   图 8-45

8.6 课后习题

（1）固定资产启用是否必须与总账模块同步？
（2）固定资产卡片能否不计提折旧？
（3）固定资产清理的前提条件是什么？
（4）固定资产清理资料的删除方法是什么？
（5）期末处理时是否一定要操作"工作量管理"功能？
（6）固定资产系统反结账的方法和要求是什么？

第9章
工资管理

学习重点

通过学习本章，了解工资管理模块的操作方法，熟悉类别设置方法、工资项目设置方法、工资计算公式设置方法和个人所得税计算方法，以及查询和输出各种工资报表。

9.1 系统概述

金蝶 K/3 WISE 工资管理模块可以多类别管理,可处理多种工资类型以及完成各类企业的工资核算、工资发放、工资费用分配和银行代发等。工资管理模块能及时反映员工工资的动态变化,实现完备而灵活的个人所得税计算与申报功能,提供丰富实用的各类管理报表。工资管理模块还可以根据职员工资项目数据和比例计提基金,包括社会保险、医疗保险等社会保障基金的计提,并对公司职员的基金转入、转出进行管理。

1. 使用工资管理系统需要设置的内容

- 公共资料:包括科目、币别、部门和职员等,公共资料是本系统所涉及的最基础资料,必须设置,否则,在进行单据处理时会受到相应的限制。
- 系统设置资料:系统设置是针对该模块的参数进行详细化的设置。

2. 工资管理系统可查询的报表

工资管理系统可查询的报表包括工资条、工资发放表、工资汇总表、工资统计表、银行代发表、职员台账表、职员台账汇总表、个人所得税报表、工资费用分配表、工资配款表、人员结构分析表和年龄工龄分析表等。

3. 应用流程(见图 9-1)

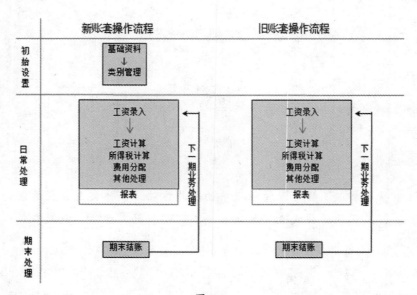

图 9-1

4. 工资模块与其他模块间的数据流向（见图9-2）

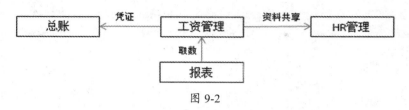

图 9-2

- 总账：接收工资管理模块生成的费用分配凭证。
- HR管理：金蝶人力资源管理系统与工资管理模块可共享一套基础资料，如职员档案、部门档案等，并且将绩效考核、考勤记录导入工资系统中，作为工资发放的依据。
- 报表：利用公式向导可以从工资系统中提取数据。

9.2 初始设置

工资管理模块的初始化工作比较特殊，主要包括类别管理和设置，不用录入期初余额。

9.2.1 类别管理

为方便工资管理，金蝶 K/3 WISE 可以将工资分类进行管理，如职员类、车间员工类、办公室职员和计件工资人员等。类别管理包括类别新增、编辑及删除等操作。

 在金蝶 K/3 WISE 账套中至少要存在一个工资类别。

1. 新建类别

新建表 9-1 中的工资类别。

表 9-1　　　　　　　　　　　　　工资类别

类别1	办公室职员
类别2	车间员工

❶ 以"张婷婷"登录练习账套。选择"人力资源"→"工资管理"→"类别管理"→"新建类别"，双击"新建类别"，系统弹出"打开工资类别"窗口，如图9-3所示。

❷ 单击窗口左下角的"类别向导"按钮，系统弹出"新建工资类别"窗口，在"类别名称"文本框中输入"办公室职员"，如图9-4所示。

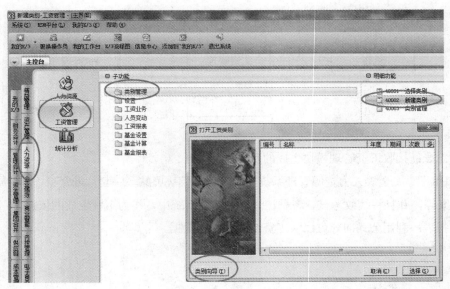

图 9-3

③ 单击"下一步"按钮,系统进入下个一窗口,"币别"选择"人民币",如图 9-5 所示。

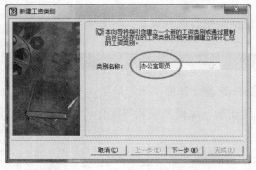

图 9-4

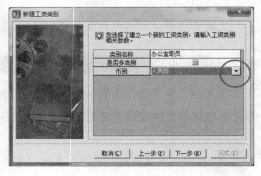

图 9-5

> **注** 选中"是否多类别"选项,即当前类别为汇总工资类别,反之,为单一工资类别。

④ 单击"下一步"按钮,系统进入下一个窗口,单击"完成"按钮,保存当前类别。
⑤ 以同样的方法新增"车间员工"类别。

2. 选择类别

选择类别是选择当前要处理什么类别下的工资业务,如要处理办公室职员的工资业务,必须选择"办公室职员"类别;处理车间员工的工资业务,必须选择"车间员工"类别。

选择类别很重要,每次进入工资系统时都要求选择类别。

选择"人力资源"→"工资管理"→"类别管理"→"选择类别",双击"选择类别",

系统弹出"打开工资类别"窗口,如图9-6所示。

图 9-6

在窗口中选择要处理的工资类别,单击"选择"按钮即可。

3.类别管理

类别管理包括对系统中的工资类别进行编辑或删除等操作。

① 在主界面窗口,双击"人力资源"→"工资管理"→"类别管理"→"工资类别管理",系统弹出"工资类别管理"窗口,如图 9-7 所示。

② "浏览"窗口用于显示系统中已有的工资类别。单击"编辑"选项卡,系统切换到"编辑"选项卡,单击"编辑"按钮可以对当前选中的工资类别

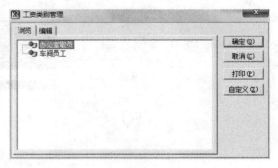

图 9-7

进行修改;单击"新增"按钮,可以新增类别;单击"保存"按钮,保存当前修改;单击"删除"按钮,删除当前显示的工资类别。

9.2.2 设置

设置主要处理当前工资类别下的部门、职员、工资项目和公式定义等基础设置资料。先将"工资类别"设置为"办公室职员"。

1.部门管理

① 选择"人力资源"→"工资管理"→"设置"→"部门管理",系统弹出"部门"窗口,如图 9-8 所示。在"部门"窗口中可以直接新增或从外部引入部门资料。

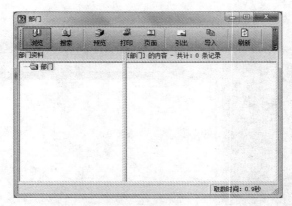

图 9-8

2 单击工具栏上的"导入"按钮，系统切换到"导入"窗口，"导入数据源"选择"总账数据"单选按钮，系统会显示基础资料中的部门信息，按住"Shift"键或"Ctrl"键选择部门信息，除"生产部"外其余都选中，如图 9-9 所示。

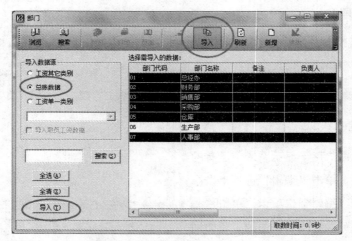

图 9-9

单击窗口左下角的"导入"按钮，稍后系统将选中的部门资料隐藏，表示导入成功。

 "导入数据源"中的"工资其他类别"是指从其他工资类别中导入部门信息，"工资单一类别"是指从某一个类别下导入部门信息。"全选"是选中窗口右侧所显示的全部部门资料，"全清"是取消全部部门资料的选中状态。

单击工具栏上的"浏览"按钮，系统切换到部门信息查看状态，显示刚才导入的部门资料。在部门"浏览"窗口中可以对部门资料进行修改和删除，选中记录后单击相应按钮即可。单击"引出"按钮，可将部门资料引出为其他类型的文件；单击"人力"按钮，将从系统外引入部门资料。

2．职员管理

职员管理是将账套中需要进行工资计算的职员信息获取到相应的工资类别下。

① 选择"人力资源"→"工资管理"→"设置"→"职员管理",双击"职员管理",系统弹出"职员"窗口,如图 9-10 所示。

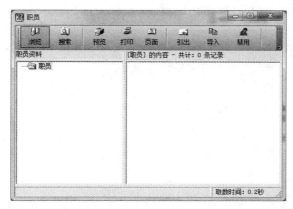

图 9-10

② 单击"导入"按钮,系统切换到"导入数据"窗口。选中"总账数据"单选按钮,系统会显示总账基础资料中的部门资料。按住"Shift"键或"Ctrl"键选中如图 9-11 所示的职员信息,单击左下角的"导入"按钮,稍后系统将隐藏导入的职员资料,表示导入成功。

图 9-11

3．币别管理

币别管理是对工资系统所涉及的币别进行管理。

4. 银行管理

若企业采用银行代发工资时，在银行管理中要录入银行名称，然后在职员管理中录入每位职员的"银行账号"，以方便输出相应的银行代发工资表。

❶ 选择"人力资源"→"工资管理"→"设置"→"银行管理"，双击"银行管理"，系统弹出"银行"窗口，如图 9-12 所示。

图 9-12

❷ 单击工具栏上的"新增"按钮，系统弹出"银行—新增"窗口。在"代码"文本框中输入"01"，"名称"文本框中输入"建行"，"账号长度"文本框中输入"18"，如图 9-13 所示。

❸ 单击"保存"按钮保存当前设置。修改"李世荣"的银行账号以供后面练习使用。选择"人力资源"→"工资管理"→"设置"→"职员管理"，双击"职员管理"，系统弹出"职员"窗口，选中"李世荣"，单击工具栏上的"修改"按钮，系统弹出"职员—修改"窗口，在"银行名称"文本框中选择"建行"，并在"个人账号"文本框中输入"123456789123456789"，如图 9-14 所示。

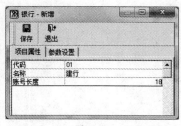

图 9-13

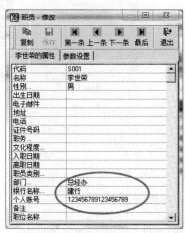

图 9-14

4 单击"保存"按钮保存当前修改,单击"退出"按钮,返回"职员"查看窗口。

5. 项目设置

项目是工资管理中的重要组成部分,它是工资计算时的一些计算和判断数据。下面以新增"水电费"和"扣零实发"项目为例,介绍工资项目设置方法。

1 选择"人力资源"→"工资管理"→"设置"→"项目设置",双击"项目设置",系统弹出"工资核算项目设置"窗口,如图 9-15 所示。

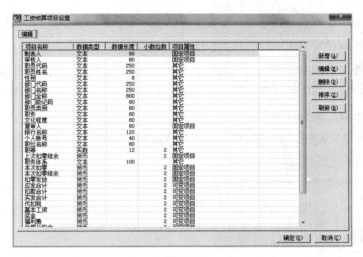

图 9-15

2 窗口中预设有部分项目,选中后可以对其进行编辑或删除。选中"基本工资"项目,单击"编辑"按钮,系统弹出该项目的"修改"窗口,"项目属性"修改为"固定项目",如图 9-16 所示,单击"确定"按钮保存修改。

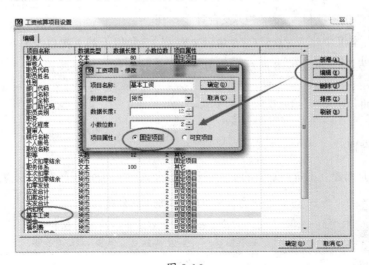

图 9-16

3 单击"新增"按钮,系统弹出"工资项目—新增"窗口,在"项目名称"文本框中输入"水电费","数据类型"选择"实数",在"数据长度"文本框中输入"18","小数位数"文本框中输入"2","项目属性"选择"可变项目",如图9-17所示。

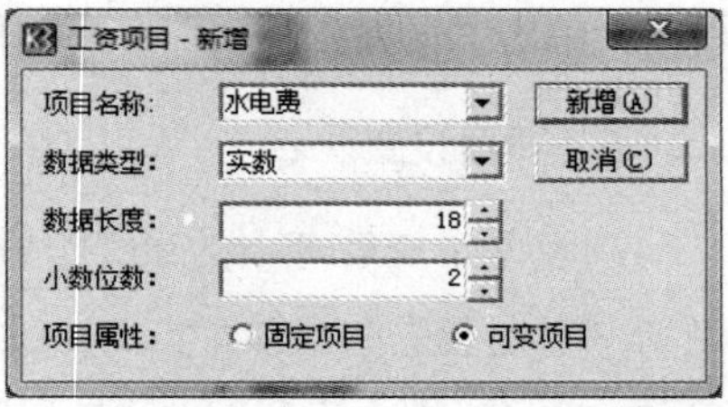

图 9-17

- 项目名称:单击下拉按钮既可选择系统已有的项目,也可直接录入新的项目名称。
- 数据类型:系统预设日期型、实数型等类型,单击下拉按钮进行选择。
- 数据长度:设置当前项目的最大长度。
- 项目属性:固定项目为一般工资计算所需要的基本要素,不需要经常改变,其内容可以直接带入下一次工资计算中,如预设的职员姓名项。可变项目的内容随工资计算发生改变,如预设的应发合计项。

4 单击"新增"按钮,系统保存新增项目并返回"工资项目设置"窗口,在窗口中可以查看到新增成功的项目。

使用同样的方法增加"扣零实发"项目。

在以后的工作中,需要修改、新增项目时,可以随时进入该功能进行操作。

6. 扣零设置

扣零设置是设置扣除零钱,如实发工资为3678.56元,可以设置工资发到元还是角,或者是5角以上的要发,5角以下的下次发放等。

在主界面窗口,双击"人力资源"→"工资管理"→"设置"→"扣零设置",系统弹出"扣零设置"窗口,"扣零项目"选择"实发合计",在

图 9-18

"扣零标准"文本框中输入"0.5"(5角以上要发,5角以下的下次再发),"扣零后项目"选择"扣零实发",如图9-18所示,单击"确定"按钮保存当前设置。

 扣零的标准有 5、1、0.5、0.1 等数。

7. 公式设置

公式设置是指建立工资类别下的工资项目计算公式。"办公室职员"类使用表9-2中的公式。

表 9-2   "办公室职员"类别下的公式

公式 1	应发合计 = 基本工资 + 奖金 + 福利费
公式 2	扣款合计 = 其他扣款 + 代扣税 + 水电费
公式 3	实发合计 = 应发合计 − 扣款合计

① 选择"人力资源"→"工资管理"→"设置"→"公式设置",双击"公式设置",系统弹出"工资公式设置"窗口,进入"计算方法"选项卡,如图9-19所示。

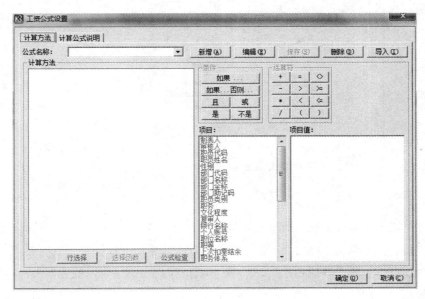

图 9-19

"计算方法"选项卡用于对工资计算公式进行管理。

- 公式名称:录入新增的名称或选择要查看、编辑的名称。
- 导入:从外部导入计算公式。
- 计算方法:该窗口显示所选择公式名称下的计算公式。
- 条件:系统内部的判断条件。
- 运算符:计算公式经常用到的计算符号。
- 项目:在项目设置中所有建立的项目都显示出来,以供选择。
- 项目值:显示当前项目的内容。例如,选中"部门"项目,右侧会自动显示当前工资类别下的所有部门。

② 建立第一条公式。在"计算方法"选项卡中,单击"新增"按钮,窗口切换到可编辑状态。双击"项目"下的"应发合计",单击"运算符"下的"=",然后双击"项目"下的"基本工资",单击"运算符"下的"+",最后双击"项目"下的"奖金",单击"运算符"下的"+",双击"项目"下的"福利费",如图9-20所示。

> **注** 公式既可手工录入,也可用上面的方法录入。手工录入时一定要注意所录入的项目是否存在。录入时一定要注意鼠标光标的位置,以防公式录入错误。修改公式的方法是:将鼠标光标移到要修改的位置,按键盘上的"Backspace"键或"Delete"键进行修改即可。

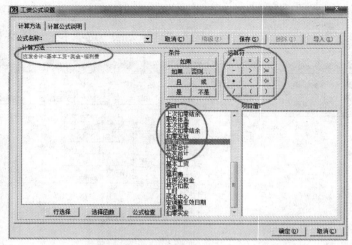

图 9-20

③ 建立第二条公式。鼠标光标在第一条公式最末，按下"Enter"键，鼠标光标移动到第二行。首先双击"项目"下的"扣款合计"，单击"运算符"下的"="，然后双击"项目"下的"其他扣款"，单击"运算符"下的"+"，最后双击"项目"下的"代扣税"即可。

④ 按照前面的设置方法将第三条公式设置完成，在"公式名称"文本框中输入"办公室职员公式"，如图 9-21 所示。

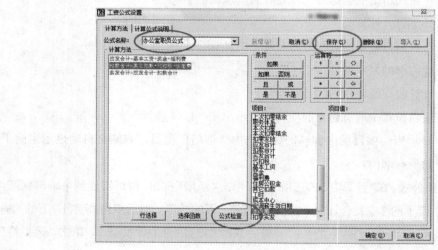

图 9-21

⑤ 单击"公式检查"按钮可检查公式是否正确。单击"保存"按钮，保存当前公式名称和计算方法的定义。

 要修改公式，一定要先选中"公式名称"，然后单击"编辑"按钮，在"计算方法"窗口下修改为正确公式，最后单击"保存"按钮。

8. 所得税设置

所得税设置，是设置工资个人所得税的计算方法，以供在工资计算时同步扣除个人所得税。

1 选择"人力资源"→"工资管理"→"设置"→"所得税设置"，双击"所得税设置"，系统进入"个人所得税初始设置"窗口，切换到"编辑"选项卡，如图9-22所示。

2 单击"新增"按钮，再单击"税率类别"右侧的按钮，系统进入"个人所得税税率设置"窗口，切换到"编辑"选项卡，单击"新增"按钮，系统弹出提示窗口，单击"是"按钮，系统将显示税率设置，在"名称"文本框中输入"速扣数"，如图9-23所示。

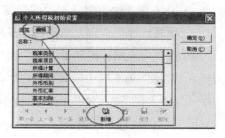

图 9-22

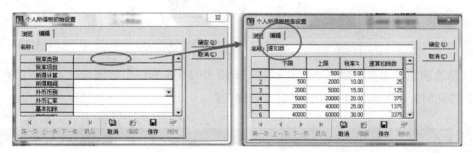

图 9-23

3 单击"保存"按钮保存设置，单击"确定"按钮返回"个人所得税初始设置"窗口，请注意"税率类别"旁的按钮变化。单击"税率项目"旁的按钮，系统弹出"所得项目计算"窗口，切换到"编辑"选项卡，单击"新增"按钮，在"所得项目1"选择"实发合计"，并将"属性"选择为"增项"，在"所得项目2"中选择"住房公积金"，并将"属性"选择为"减项"，在"名称"文本框中输入"个税项目"，如图9-24所示。

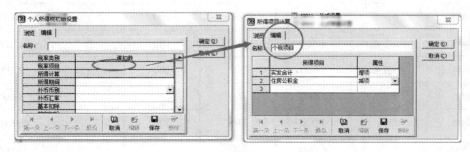

图 9-24

"增项"表示计算所得税时作为计算基础的增项，而"减项"表示计算所得税时作为计算基础的减项，如住房公积金和社保费用等。

④ 单击"保存"按钮保存设置，单击"确定"按钮返回"个人所得税初始设置"窗口，请注意"税率项目"旁的按钮变化。单击"所得计算"旁的按钮，系统弹出"所得项目计算"窗口，双击"个税项目"，并返回"个人所得税初始设置"窗口，在"所得期间"文本框中输入"1-12"，"币别"选择"人民币"，"基本扣除"本框中输入"2000"，"名称"文本框中输入"个人所得税"，如图 9-25 所示。

图 9-25

9.3 日常处理

日常处理包括工资的录入、计算以及工资报表的查看和输出等操作。下面以"办公室职员"类别的工资为例，介绍工资的日常处理工作。

9.3.1 工资业务

工资业务主要包括处理工资的录入、计算和费用分配等操作。

1．工资录入

录入表 9-3 中的"办公室职员工资数据"。

表 9-3　　　　　　　　　办公室职员工资数据　　　　　　　　　单位：元

职员代码	职员姓名	基本工资	奖金	福利费	其他扣款	水电费
S001	李世荣	8 000	500	100		88.00
S002	胡小兰	6 000	500	100		56.23
S003	张婷婷	4 500	300	100		45.68
S004	李明生	5 000	300	100		23.00
S005	李萍	5 000	300	100		33.00
S006	王强	4 000	300	100		50.15
S010	黄丽	4 000	300			30.00

❶ 选择"人力资源"→"工资管理"→"工资业务"→"工资录入"，双击"工资录入"，

系统弹出"过滤器"窗口,如图 9-26 所示。

在窗口中可以新增、编辑、删除和导入过滤方案。第一次使用该功能时必须建立一种"过滤方案"。

❷ 单击"增加"按钮,系统弹出"定义过滤条件"窗口,在"过滤名称"文本框中输入"计算1","计算公式"选择"办公室职员公式",在"工资项目"中选择以下项目:制表人、审核人、职员代码、职员姓名、部门名称、银行名称、个人账号、上次扣零结余、本次扣零、本次扣零结余、扣零发放、应发合计、扣款合计、实发合计、代扣税、基本工资、奖金、福利费、其他扣款、水电费、扣零实发,如图 9-27 所示。

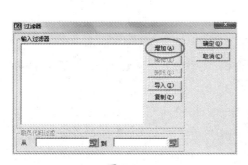

图 9-26

图 9-27

"定义过滤条件"窗口中的"序号"是当前项目显示的列号,单击"上移""下移"按钮,可以将选中的项目移动到所要的序号处,选中"制表人""审核人"项目,单击"下移"按钮,将此两项移到最后位置。

❸ 单击"确定"按钮,系统弹出提示对话框,单击"确定"按钮保存,系统返回"过滤器"窗口,并显示刚才所增加的方案,选中"计算1"方案,单击"确定"按钮,系统进入"工资数据录入"窗口,如图 9-28 所示。

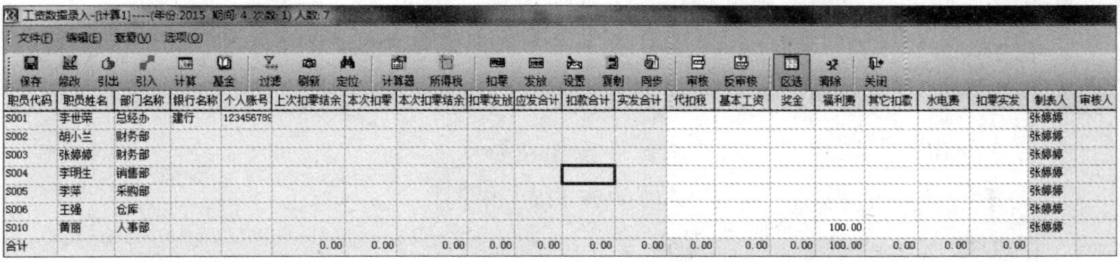

图 9-28

窗口上的项目有两种颜色数据,黄色表示是由系统自动生成,如职员代码、实发合计等,白色是录入项目。

❹ 录入表 9-3 中的工资数据,录入完成后单击"保存"按钮保存工资。选择菜单"编

辑”→“重新计算”，系统会根据所设置的公式在相应项目下计算出新的结果。单击工具栏上的“扣零”按钮，系统进入扣零处理工作，请注意“扣零实发”与“实发合计”之间的对比，如图 9-29 所示。

职员代码	职员姓名	部门名称	银行名称	个人账号	上次扣零结余	本次扣零	本次扣零结余	应发合计	扣款合计	实发合计	代扣税	基本工资	奖金	福利费	其它扣款	水电费	扣零实发	制表人	审核人
S001	李世荣	总经办	建行	123456789				8,600.00	88.00	8,512.00		8,000.00	500.00	100.00		88.00	8512.00	张婷婷	
S002	胡小兰	财务部				0.27	0.27	6,600.00	56.23	6,543.77		6,000.00	500.00	100.00		56.23	6543.50	张婷婷	
S003	张婷婷	财务部				0.32	0.32	4,900.00	45.68	4,854.32		4,500.00	300.00	100.00		45.68	4854.00	张婷婷	
S004	李明生	销售部						5,400.00	23.00	5,377.00		5,000.00	300.00	100.00		23.00	5377.00	张婷婷	
S005	李萍	采购部						5,400.00	233.00	5,167.00		5,000.00	300.00	100.00	200.00	33.00	5167.00	张婷婷	
S006	王强	仓库				0.35	0.35	4,400.00	50.15	4,349.85		4,000.00	300.00	100.00		50.15	4349.50	张婷婷	
S010	黄丽	人事部						4,300.00	30.00	4,270.00		4,000.00	300.00			30.00	4270.00	张婷婷	
合计					0.00	0.94	0.94	39,600.00	526.06	39,073.94	0.00	36,500.00	2,500.00	600.00	200.00	326.06	39073.00		

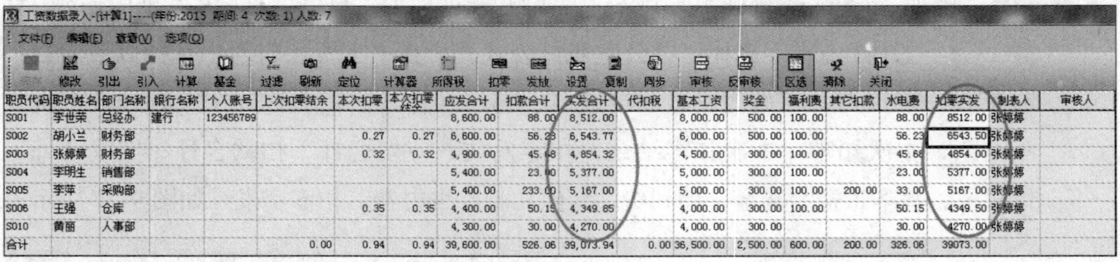

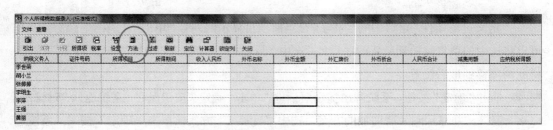

图 9-29

2. 所得税计算

所得税计算可以灵活处理不同标准计算个人所得税，为财务人员减轻工作。下面计算“办公室职员工资”类别下个人所得税，操作步骤如下：

1 选择“人力资源”→“工资管理”→“工资业务”→“所得税计算”，双击“所得税计算”，系统弹出“过滤”窗口，保持默认值，单击“确定”按钮进入“个人所得税数据录入”窗口，如图 9-30 所示。

纳税义务人	证件号码	所得项目	所得期间	收入人民币	外币名称	外币金额	外汇牌价	外币折合	人民币合计	减费用额	应纳税所得额
李世荣											
胡小兰											
张婷婷											
李明生											
李萍											
王强											
黄丽											

图 9-30

2 单击“设置”按钮，系统弹出“个人所得税初始设置”窗口，如图 9-31 所示。

3 单击“确定”按钮，系统获取数据成功后，再次弹出提示窗口，单击“确定”按钮，系统开始计算所得税，计算成功的窗口，如图 9-32 所示。

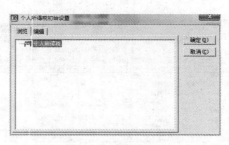

图 9-31

4 单击“保存”按钮保存所得税计算。

个人所得税计算后，并未直接使用在工资表中，只有在“工资录入”窗口，引入个人所得税数据，然后再进行工资计算，才是正确的工资数据。下面将刚才所计算的个人所得税数据引入工资表中，操作步骤如下。

图 9-32

选择"人力资源"→"工资管理"→"工资业务"→"工资录入",双击"工资录入",系统弹出"过滤"窗口,选中"计算1"方案,单击"确定"按钮进入"工资数据录入"窗口,注意此时"代扣税"列为空白无数据,鼠标光标放置该列,单击工具栏上的"区选"按钮,再单击"代扣税"列头,选中整列并反黑显示,单击"所得税"按钮,系统弹出提示窗口,如图9-33所示。

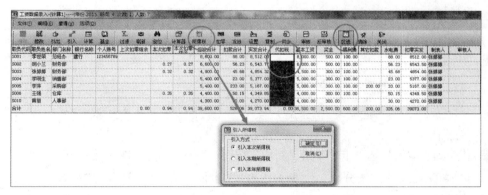

图 9-33

选择"引入本期所得税"单选按钮,单击"确定"按钮,引入所有职员个人所得税数据,如图9-34所示。单击"保存"按钮保存个人所得税数据引入。

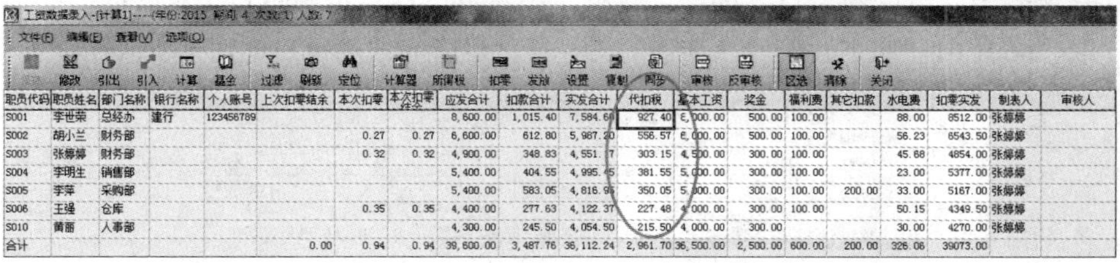

图 9-34

为确保工资的正确,需要对工资数据进行审核,审核后的工资数据不能修改,只有反审核后才能修改。工资审核通常是在"期末结账"前才处理。

审核功能位于"工资数据录入"窗口中的"编辑"菜单下。

3．费用分配

费用分配是指根据系统所设置的分配方案或计提方案生成凭证的过程。

将总经办、财务部、采购部和仓库下的"扣零实发"分配到"管理费用—工资"科目，将"销售部"下的"扣零实发"分配到"销售费用—职工薪酬"科目。

❶ 选择"人力资源"→"工资管理"→"工资业务"→"费用分配"，双击"费用分配"，系统弹出"费用分配"窗口，在"浏览"选项卡中可以查看系统中已有的分配方案，可以生成凭证或查询凭证；"编辑"选项卡中可以对分配方案进行新增、编辑、删除等操作，如图 9-35 所示。

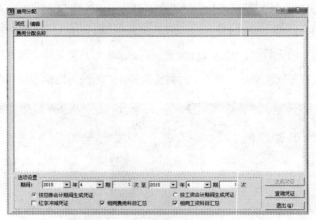

图 9-35

❷ 切换到"编辑"选项卡，单击"新增"按钮，系统切换到编辑状态，在"分配名称"文本框中输入"工资分配"，"摘要内容"文本框中输入"工资分配"，单击第一行"部门"项的"🔍"（获取）按钮，选择"总经办"，"工资项目"处选择"扣零实发"项目，"费用科目"按"F7"功能键获取"6602.05—工资"科目，"工资科目"按"F7"功能键获取"2211—应付职工薪酬"科目；在第二行"部门"处获取"财务部"，其他同第一行；第三行"部门"获取"销售部"，"费用科目"按"F7"功能键获取"6601.01—职工薪酬"，其他同第一行，设置完成的窗口如图 9-36 所示。

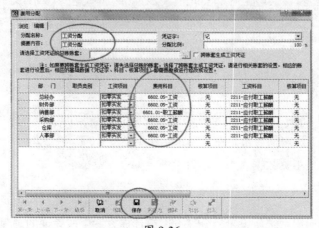

图 9-36

③ 单击"保存"按钮保存当前设置。若需修改、删除该方案，单击工具栏上的"编辑"或"删除"按钮即可。

④ 将设定的方案生成凭证。单击"浏览"选项卡，切换到"浏览"选项卡，勾选"工资分配"，选中"按工资会计期间生成凭证"，单击"生成凭证"按钮，系统弹出提示对话框，单击"确定"按钮。稍后系统弹出"信息"窗口，如图 9-37 所示。

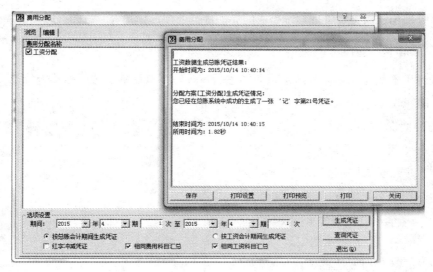

图 9-37

⑤ 单击"关闭"按钮，然后单击"查询凭证"按钮，系统进入"凭证处理"窗口，选中该记录后双击鼠标，系统弹出该凭证的查看窗口，如图 9-38 所示。

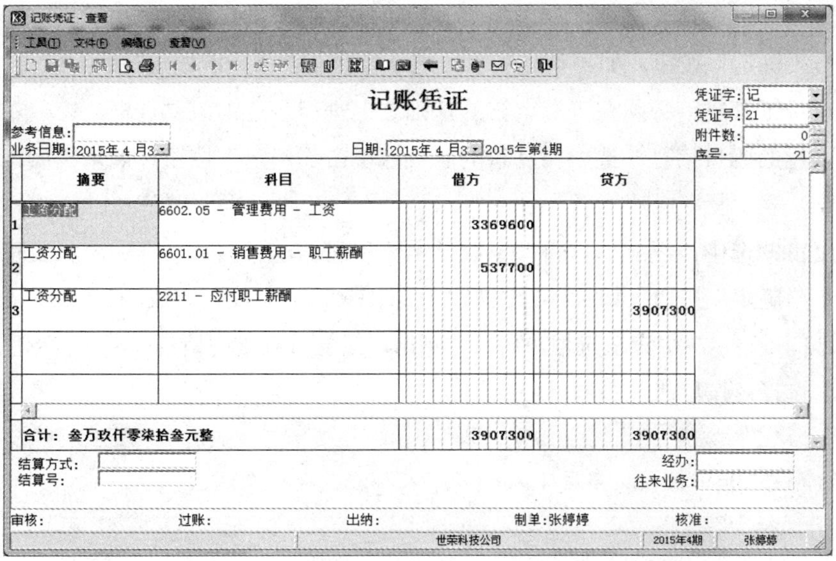

图 9-38

按总账会计期间生成凭证：分配工资生成的凭证的会计期间为总账系统所在的会计期间。按工资会计期间生成凭证：分配工资生成的凭证的会计期间为工资管理系统所在的会计期间。

4. 凭证管理

凭证管理用于对工资管理系统生成的凭证进行处理，如查看、打印、删除等操作。

5. 工资审核

为确保工资的正确，需要对工资数据进行审核，审核后的工资数据不能修改，只有反审核后才能修改。

在主界面窗口，双击"人力资源"→"工资管理"→"工资业务"→"工资审核"，系统弹出"工资审核"窗口，如图9-39所示。

窗口左侧显示系统中已有的部门信息，单击"+"，层层展开该部门下的职员信息，职员前面方框中打上钩表示选中。

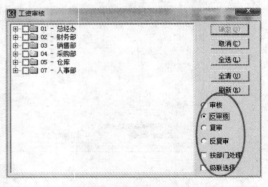

图 9-39

- 审核：选中该复选框，窗口左侧显示未审核过的职员信息。选中要审核的职员，单击"确定"按钮，如果稍后该职员记录隐藏，表示审核成功。
- 反审核：选中该复选框，窗口左侧显示审核过的职员信息。选中要反审核的职员，单击"确定"按钮，如果稍后该职员记录隐藏，表示反审核成功。
- 复审：工资复审必须在工资审核的基础之上进行。选中该复选框，窗口左侧显示未复审过的职员信息。选中要复审的职员，单击"确定"按钮，如果稍后该职员记录隐藏，表示复审成功。
- 反复审：选中该复选框，窗口左侧显示复审过的职员信息。选中要反复审的职员，单击"确定"按钮，如果稍后该职员记录隐藏，表示反复审成功。
- 按部门处理：选中该复选框，则在左侧窗口只能看到部门信息，不能看到职员信息。
- 级联选择：按层级关系选择。

 反审核人和审核人、反复审人和复审人都应是同一个人。

9.3.2 人员变动

人员变动处理企业中职员的信息变动,如部门更换、职位变动等,这可以保证财务人员核算工资时的准确性。

选择"人力资源"→"工资管理"→"人员变动"→"人员变动处理",双击"人员变动处理",系统弹出"职员变动"窗口,如图9-40所示。

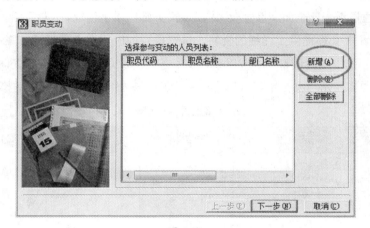

图 9-40

单击"新增"按钮,系统弹出"职员"窗口,双击要变动的记录,系统返回"职员变动"窗口,选中后,单击"下一步"按钮,系统进入"变动信息窗口","职员项目"选择"部门","变动参数"按"F7"键获取"人事部",如图9-41所示。

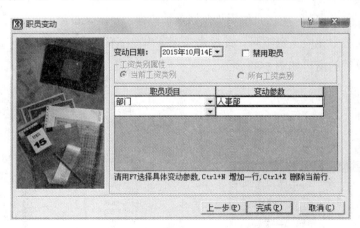

图 9-41

单击"完成"按钮,系统弹出提示变动成功,单击"确定"按钮返回主界面。

人员变动一览表是查询变动情况的报表。双击"人力资源"→"工资管理"→"人员变动"→"人员变动一览表",系统弹出"过滤条件"窗口,设置好过滤条件后,单击"确定"按钮,系统进入"人员变动一览表"窗口。

9.4 工资报表

金蝶 K/3 WISE 工资管理模块提供详细的工资报表,有工资条、工资发放表及工资汇总表等报表。通过报表能全面掌握企业工资总额、分部门水平构成、人员工龄及年龄结构等,为制订合理的薪资管理提供了详细的资料。工资报表的应用重点是过滤方案的设置和打印输出时纸张大小及方向的调整。本节以查询工资条为例,介绍工资报表的查询方法。

下面以表 9-4 所示"办公室职员"类别下的工资条为例,介绍工资条的操作。

表 9-4　　　　　　　　　　工资条项目排列顺序

1	2	3	4	5	6	7	8	9	10	11	12	13	14	15	16	17
职员代码	职员姓名	部门名称	上次扣零结余	本次扣零	本次扣零发放	扣零	基本工资	奖金	福利费	应发合计	代扣税	其他扣款	水电费	扣款合计	实发合计	扣零实发

① 选择"人力资源"→"工资管理"→"工资报表"→"工资条",系统弹出"过滤器"窗口,如图 9-42 所示。
- 标准格式:系统预设的标准过滤方案。
- 当期查询:查询当前工资会计期间的工资条。

② 选中"标准格式",单击"编辑"按钮,系统弹出"定义过滤条件"窗口,根据表 9-4 中的数据选中相应工资项目,并单击"上移""下移"按钮,按表中序号进行排列,设置完成后的窗口如图 9-43 所示。

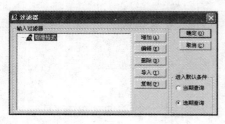

图 9-42

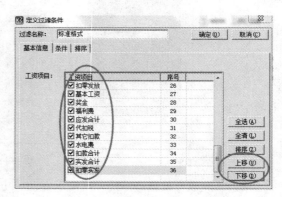

图 9-43

在"条件"选项卡中可以设置过滤方案,在"排序"选项卡中可以设置排序字段。

③ 单击"确定"按钮,返回"过滤器"窗口。选中"标准格式"方案,单击"确定"按钮,

系统弹出"工资条打印"窗口，如图9-44所示。

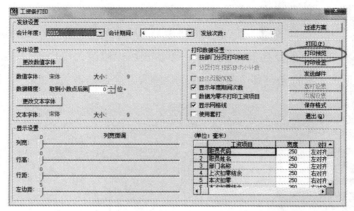

图9-44

- 发放设置：选择工资条的会计年度、会计期间和发放次数。
- 字体设置：单击"更改数值字体"按钮和"更改文本字体"按钮可以进行数值和文本字体的修改，"数据精度"可以设置小数位。
- 显示设置：微调选中右下角项目的列宽和行高等。
- 过滤方案：重新选择过滤方案。
- 打印设置：设置打印时的打印机、纸张大小和方向等内容。
- 使用套打、套打设置：选中使用套打，则可以进行套打设置。
- 数据为零不打印工资项目：选中该复选框，当项目数据为零时不打印，反之打印出来。

4 单击"打印预览"按钮，进入"打印预览"窗口，如图9-45所示。

图9-45

通过预览发现打印格式不美观，有3种更改方法。第1种是纸张"方向"选择"横向"，第2种是选择尽量大的纸张，如A3纸张；第3种是修改列的宽度，本练习采用第1种和第3种方法。

⑤ 单击"关闭"按钮返回"工资条打印"窗口，单击"打印设置"按钮，系统弹出"打印设置"窗口，修改"方向"为"横向"，单击"确定"按钮，返回"工资条打印"窗口，再单击"打印预览"按钮，系统进入"打印预览"窗口，通过预览窗口发现，格式虽有所变化，但是还没达到要求，下一步可以修改每一个项目的列宽。单击"关闭"按钮返回"工资条打印"窗口，项目"宽度"全部修改为"150"，如图 9-46 所示。

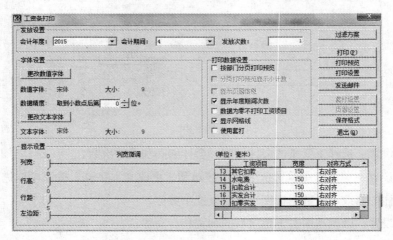

图 9-46

⑥ 单击"打印预览"按钮，进入"打印预览"窗口，打印格式基本达到要求，如图 9-47 所示，单击工具栏上的"打印"按钮即可输出工资条内容。

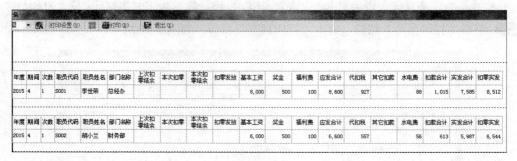

图 9-47

9.5 期末结账

期末结账主要是在月末对相应的数据进行结账处理，以便进入下一期或下一次工资发放时处理新的工资业务。

在主界面窗口，双击"人力资源"→"工资管理"→"工资业务"→"期末结账"，系统弹出"期末结账"窗口，如图 9-48 所示。

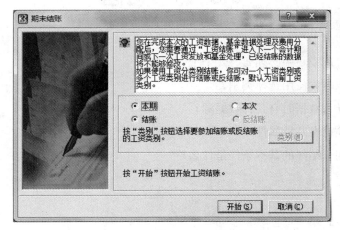

图 9-48

- 本次：如果一月多次发放工资，在分配完本次工资费用数据后，可以采用本次结账方式进入本月下一次工资发放。
- 本期：一月内多次发放工资时，应先采用本次结账方式终结各次工资发放数据，然后把本期内多次工资数据结转，从而进入下一期工资发放。
- 类别：选择要结账的工资类别。

在此选中"本期"单选按钮，单击"开始"按钮即可完成结账工作。

> **注**
> （1）结账时，系统会自动复制每个类别下的固定工资项目数据。当对其中一个工资类别进行反结账操作时，若选取删除当前工资数据功能，则自动删除当前工资数据，而且其他所有工资类别也同时跟着反结账自动删除当前工资数据。
> （2）工资管理的"系统参数"中设置了工资结账前必须审核或者必须复审，则需要在结账前对工资数据进行审核或者复审，否则不给予结账处理。

系统同时提供了反结账功能，在"期末结账"窗口，选中"反结账"单选按钮，单击"开始"按钮即可。

> **注** 反结账时，如果未勾选"删除当前工资数据"复选框，则在反结账时，不删除已经存在的工资数据，这样再结账时，会保留修改过后的固定工资项目数据。

9.6 课后习题

（1）工资管理模块中必须要有几个工资类别？
（2）在什么时候使用选择类别？
（3）部门导入数据时有几种数据源？
（4）工资项目有几种属性？
（5）工资期末结账的基本条件是什么？

第 10 章
现金管理

学习重点

通过学习本章，了解现金管理模块的操作方法，熟悉现金日记账处理方法和现金对账、银行日记账处理方法、银行对账单录入、对账单如何与银行日记账进行对账处理、支票管理和各种出纳报表的查询。

10.1 系统概述

现金管理模块主要处理企业中的日常出纳业务,包括现金业务、银行业务、票据管理及其相关报表和系统维护等内容。现金管理模块可以根据出纳录入的收付款信息生成凭证并将其传递到总账模块。现金管理模块既可与总账模块连接使用,也可单独使用。

1. 使用现金管理系统需要设置的内容

- 公共资料:包括科目、币别、供应商、客户、部门和职员等。公共资料是本系统所涉及的最基础资料,必须设置,否则在进行单据处理时会受到相应的限制。
- 系统设置资料:系统设置是针对该模块的参数进行再详细化设置。

2. 现金管理系统可执行的查询的报表

现金管理系统可执行的查询的报表有现金日报表、现金收付流水账、银行对账日报表、银行存款日报表、资金头寸表和到期预警表。

3. 应用流程(见图 10-1)

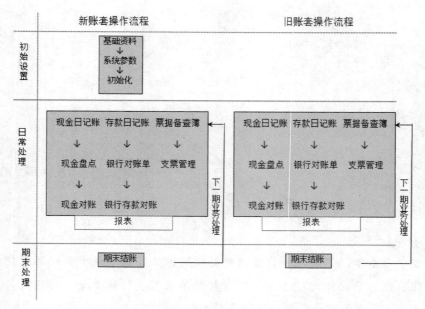

图 10-1

新账套的使用需从系统初始化开始;旧账套使用时因已经完成系统初始设置,所以直接进行日常业务处理即可。

4．现金管理与其他模块的数据流程图

现金管理与其他模块的数据传递如图 10-2 所示。

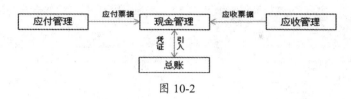

图 10-2

- 总账：现金管理模块从总账模块引入现金和存款日记账数据，根据录入的收付款数据生成凭证并传送到总账模块。
- 应收管理：应收票据（指商业承兑汇票和银行承兑汇票）与应收款管理模块中的应收票据完全共享。此参数通过"应收款系统"参数进行设置。
- 应付管理：应付票据（指商业承兑汇票和银行承兑汇票）与应付款管理模块中的应付票据完全共享。此参数通过"应付款系统"参数进行设置。

10.2 初始设置

初始设置包括基础资料、系统参数和初始化数据录入，公共资料设置方法请参照前面的章节。

10.2.1 现金管理参数

现金管理参数是针对"现金管理"模块的各种参数进行设置。

选择"系统设置"→"系统设置"→"现金管理"→"系统参数"，双击"系统参数"，系统弹出"系统参数"设置窗口，如图 10-3 所示。

现金管理的"系统参数"重点是对"现金管理"选项卡中的内容进行设置。

- 启用会计年度、启用会计期间：启用现金管理的会计年度和会计期间。
- 当前会计年度、当前会计期间：现金管理目前的会计年度和会计期间。
- 预录入数据会计年度、预录入数据会计期间：现金管理预录入数据的会计年度和会计期间。
- 现金汇率、银行汇率设置：有固定汇率和浮动汇率选择，并设置汇率的小数位。
- 启用支票密码：选中，当支票核销时要求输入密码。
- 结账与总账期间同步：总账必须在现金管理结账后方可结账。
- 自动生成对方科目日记账：选中，在现金日记账中新增，对方科目有现金、银行存款科目时，自动生成该现金、银行存款科目的日记账；同样，在银行存款日记账中新增，对方科目有现金或银行存款科目时，也自动生成该现金或银行存款科目的日记账。

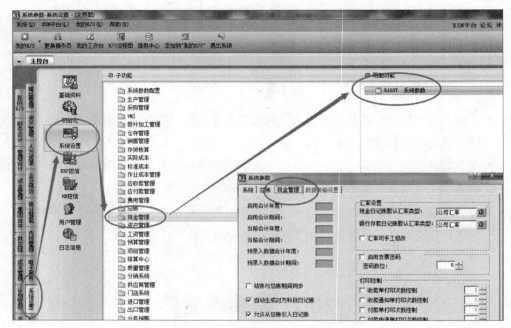

图 10-3

- 允许从总账引入日记账：选中，则表示可以从总账引入现金日记账和银行存款日记账。反之，则双击"总账数据—引入日记账"提示"没有选择'允许从总账引入日记账'参数，禁止从总账引入日记账"，不可操作，同时现金日记账和银行存款日记账的引入按钮和文件菜单中从总账引入日记账都为灰色。
- 审核后的凭证才可复核记账：选中，总账凭证经审核后才可复核记账；否则不能复核记账。
- 与总账对账期末余额不等时不允许结账：现金管理系统在结账时，系统判断银行日记账与现金日记账所有科目，以及科目的所有币别与总账的对应科目和币别的余额是否相等，只有相等的情况下才允许结账。
- 日记账所对应总账凭证必须存在：选中，录入日记账所对应凭证字号在总账中必须存在；反之，系统不判断录入日记账对应凭证字号在总账是否存在。
- 提交网上银行的付款单，只有付款成功才可登账或发送：选中，提交网上银行的付款单，只有提交银行付款成功后才可登账或发送；否则系统不判断银行处理状态就可以登账或发送。
- 与结算中心联用：选中，数据传输设置表页的各个参数才可以进行设置，否则数据传输表页为灰，不可以录入任何信息。同时主界面上的"收款单通知单录入"和"收款通知单序时簿"这两个功能是不可以使用的。与结算中心联用这个参数设置主要是用于进行将票据发送到结算中心,以及付款申请单、收款通知单提交结算中心,获取结算信息;从结算中心下载收款单和付款单。

- 审批成功后自动登账:付款单审批成功后才可自动登账。
- 审批成功后自动发送单据:付款单审批成功后才可自动发送到应收应付。

在此选择"结账与总账期间同步"。

10.2.2 现金管理初始数据录入

现金管理初始数据涉及单位的现金科目和银行存款科目的引入,期初余额、累计发生额录入,银行未达账、企业未达账初始数据的录入和余额调节表的平衡检查、综合币的定义等内容。

1. 科目维护

现金管理模块没有自己的科目,必须从总账模块中引入现金和银行科目。使用从"从总账中引入科目"功能引入科目。

❶ 选择"系统设置"→"初始化"→"现金管理"→"初始数据录入",双击"初始数据录入",系统进入"初始数据录入"窗口,如图10-4所示。

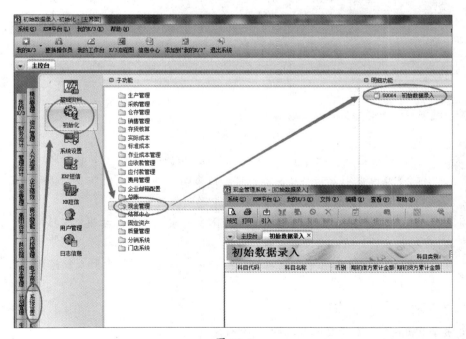

图 10-4

❷ 选择菜单"编辑"→"从总账引入科目",系统弹出"从总账引入科目"窗口,如图10-5所示。

❸ 采用默认值,单击"确定"按钮。稍后系统会将引入的数据显示在窗口中,如图10-6所示。

❹ "科目类别"选择"银行存款"科目,双击"银行账号"栏,选择银行名称和账号,如图10-7所示。

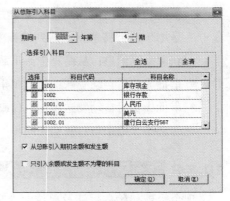

图 10-5

图 10-6

图 10-7

若系统没有银行档案时,即时新增再选择。

（1）设置核算"所有币别"的科目,会自动分币别引入多个账户。

（2）从总账引入的科目,其科目属性必须有"现金科目"或"银行科目",否则科目不能引入;引入时只引入总账中的明细科目。

（3）切换现金、银行科目的方法是单击"科目类别"右侧的下拉按钮,属银行存款科目的要填好"银行账号"。

（4）引入科目时系统会自动将数据引入,不再从总账中引入余额。

2. 未达账

未达账设置包括企业未达账和银行未达账设置。

（1）企业未达账。

在现金管理"初始数据录入"窗口,单击工具栏上的"企业未达账"按钮,系统切换到"企业未达账"窗口,选中未达账的科目,如"1002.01 建行白云支行567"科目,单击工具栏上的"新增"按钮,系统弹出"企业未达账 - 新增"窗口,如图10-8所示。必填项有"科目""币别""日期""结算方式"和"金额"。

图 10-8

(2)银行未达账。

在现金管理"初始数据录入"窗口,单击工具栏上的"银行未达账"按钮,系统切换到"银行未达账"窗口,单击工具栏上的"新增"按钮,系统弹出"银行未达账 - 新增"窗口,如图10-9所示。必填项有"科目""币别""日期"和"金额"。

图 10-9

3. 余额调节表

存在未达账时,企业单位银行存款日记账的余额和银行对账单的余额往往是不相等的,可以通过单击工具栏上的"余额表"进行查看。

具体调整方法如下:银行存款日记账的余额＋银行已收,企业未收的金额－银行已付,企业未付的金额＝调整后(企业账面)余额;银行对账单的余额＋企业已收,企业未收的金额－企业已付，银行未付的金额＝调整后（银行对账单）余额。调整后两者的余额相等，表明企业银行存款账相符。

4．平衡检查

平衡检查是指检查所有的银行存款科目的余额调节表是否都平衡，系统会给予相应的提示。

5．结束初始化

科目维护完成，所有的银行存款科目的余额调节表都平衡后，选择菜单"编辑"→"结束初始化"，系统弹出"启用会计期间"窗口，选择正确的期间后单击"确定"按钮，系统提示"结束初始化后不能修改数据，是否继续？"，这里单击"是"按钮，系统稍后弹出"初始化完毕"提示。

结束初始化后，若发现初始数据错误，在启用当期可选择菜单"编辑"→"反初始化"，回到初始化状态，修改初始数据。待数据修改完成后，再结束初始化。

 初始化账套的启用时间和引入的总账科目及其余额的时间应一致。

10.3 日常处理

日常处理包括初始设置完成后，日常的现金日记账和存款日记账等工作。

10.3.1 总账数据

总账数据主要从总账系统引入现金日记账和银行存款日记账，引入数据后可与总账系统的数据进行对比，若现金管理单独使用，则不能使用该功能。

1．复核记账

复核记账是将总账模块中有关现金和银行存款科目的凭证引入现金管理中，省去手工录入日记账的烦琐。

❶ 在主界面窗口，选择"财务会计"→"现金管理"→"总账数据"→"复核记账"，双击"复核记账"，系统弹出"复核记账"窗口，如图10-10所示。

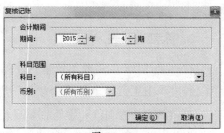

图10-10

在窗口中可以设置复核的期间、科目范围和币别范围。

> **注** 科目范围是"初始化"时从"总账引入科目"生成。随着公司业务发展，可能会随时新增现金科目和银行存款科目，若这些新增科目需要"现金管理"时，可在"现金管理"系统的"初始数据录入"窗口，通过"从总账引入科目"引入新增的科目。

❷ 科目范围保持默认值，也可以选择，单击"确定"按钮，系统进入"复核记账"窗口，如图10-11所示。

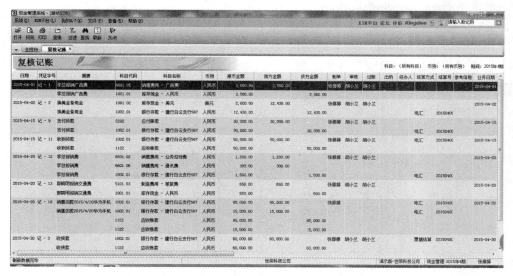

图 10-11

❸ 进行登账设置。单击菜单"文件"→"登账设置"，系统弹出"登账设置"窗口，如图10-12所示。

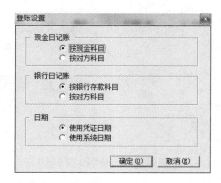

图 10-12

- 按现金科目、按银行存款科目：选择"按现金科目"或"银行存款科目"登账，系统会根据凭证中的现金、银行科目的第一个对应科目登记日记账。凭证是一对一分录形式时，按两种登账方式引入的记账是相同的；凭证是一对多、多对一分录形式时，登录现金和银行对应的摘要、金额、对方第一科目等内容；凭证是多对多分录形式时，不论登录形式如何，登录现金、银行对应的摘要、金额，对方科目为对方的第一科目。

- 按对方科目：选择按对方科目登账，系统会根据凭证中现金、银行科目的所有对应科目登记日记账。凭证是一对一分录形式时，按两种登账方式引入的记账是相同的；凭证是一对多、多对一分录形式时，登录对方科目对应的摘要、金额或是现金、银行对应的摘要、金额，对方科目是对方的第一科目；凭证是多对多分录形式时，不论是登录形式如何，登录现金、银行对应的摘要和金额，对方科目为对方的第一科目。

- 使用凭证日期、使用系统日期："使用凭证日期"作为登账日期时，系统首先取凭证的业务日期，若业务日期为空，取凭证记账日期；若凭证日期和业务日期在相同月份，则取业务日期；若凭证日期和业务日期不在相同月份，则登账日期为凭证日期（月份加日"01"）。"使用系统日期"作为登账日期时，日记账取计算机当前日期。

"登账设置"保持不变。选中要复核的凭证，单击工具栏上的"登账"按钮，稍后系统隐藏该条记录，表示登账成功。

2．引入日记账

引入日记账是从总账系统中引入现金日记账和银行存款日记账。

① 选择"财务会计"→"现金管理"→"总账数据"→"引入日记账"，双击"引入日记账"，系统弹出"引入日记账"窗口，如图10-13所示。

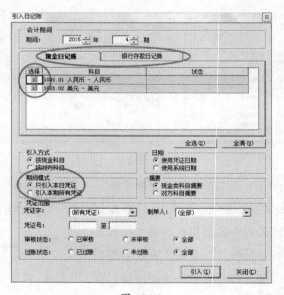

图 10-13

选中现金日记账科目和银行存款科目，并设置引入方式、日期和期间模式等条件。

② 选中"引入本期所有凭证"单选按钮，单击"引入"按钮，稍后系统弹出提示"引入现金日记账完毕"，此时窗口中科目名称后的"状态"栏显示成功信息，如图10-14所示。

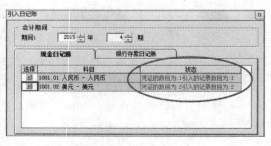

图 10-14

③ 单击"银行存款日记账"选项卡，采用默认设置，单击"引入"按钮，稍后系统弹出引入成功提示。

 引入日记账时，"银行存款日记账"选项卡中也要执行一次"引入"，否则银行存款日记账未引入。

3．与总账对账

与总账对账是指现金管理中的现金、银行存款日记账与总账模块中的日记账进行核对，以保证现金管理的日记账和总账登账的一致性。

在主界面窗口，选择"财务会计"→"现金管理"→"总账数据"→"与总账对账"，双击"与总账对账"，系统弹出"与总账对账"窗口，勾选"显示明细记录"和"显示科目对账"复选框，单击"确定"按钮，系统进入"与总账对账"窗口，如图10-15所示。

图 10-15

窗口左侧显示已登记的日记账数据，右侧显示总账系统的日记账数据。

若要修改、删除日记账，选中后单击工具栏上的相应按钮即可。日记账修改后，单击工具栏上的"对账报告"按钮，可以重新查看对账情况。

10.3.2 现金

现金模块主要处理现金日记账的新增、修改、盘点和对账等操作。

1．现金日记账

现金日记账处理现金日记账的新增、修改、删除和打印等操作，具体步骤如下。

① 选择"财务会计"→"现金管理"→"现金"→"现金日记账",双击"现金日记账",系统弹出"现金日记账"窗口,在窗口中选择要过滤的期间和在报表中要显示的项目。选中"显示已生成凭证记录",单击"确定"按钮,系统弹出"现金日记账"窗口,如图10-16所示。若账套中有多个现金日记账科目,单击工具栏上的"第一""上一""下一"和"最末"按钮可进行不同科目数据的查看。

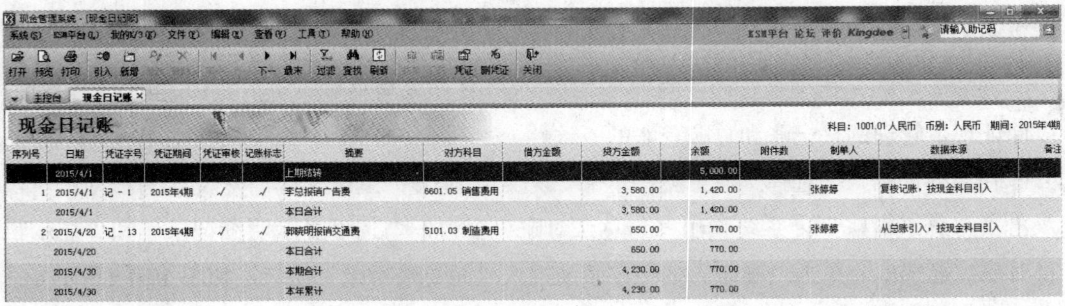

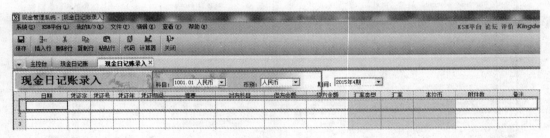

图10-16

② 现金日记账新增方式有3种。第1种是"总账数据"下的"复核记账";第2种是单击工具栏上的"引入"按钮,从总账系统引入现金日记账,该方式与"总账数据"下的"引入日记账"相同;第3种是单击工具栏上的"新增"按钮,系统进入"现金日记账录入"窗口,如图10-17所示。

图10-17

在窗口中选择科目、币别和期间后,双击表格中的日期栏修改日期,录入现金日记账的凭证字、凭证号和对方科目等内容。录入完成后单击工具栏上的"保存"按钮,保存录入数据。单击"关闭"按钮,退出录入窗口返回现金日记账管理窗口。

(1)若单独使用现金管理,不用录入凭证字、凭证号及对方科目。

(2)以上录入窗口称做多行录入窗口。系统同时提供单张记录录入窗口,前提是在"现金日记账"管理窗口,取消勾选菜单"编辑"→"多行输入"功能。单击工具栏上的"新增"按钮,系统弹出单张式"现金日记账-新增"窗口,如图10-18所示。

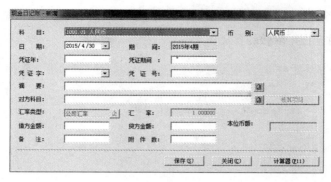

图 10-18

若要修改某条现金日记账的内容,则在"现金日记账"管理窗口选中记录后单击工具栏上的"修改"按钮,系统弹出"现金日记账—修改"窗口,修改完成后,单击"保存"按钮保存修改工作。

若要删除某条日记账,则在"现金日记账"窗口中选中记录后,单击工具栏上的"删除"按钮即可。若重新设置窗口项目,单击"打开"按钮,系统弹出"现金日记账"窗口,在窗口中重新设置所要显示的项目。

2. 现金盘点单

现金盘点单处理出纳人员在每天业务完成以后对现金进行盘点的结果。

① 选择"财务会计"→"现金管理"→"现金"→"现金盘点单",双击"现金盘点单",系统进入"现金盘点单"窗口,如图 10-19 所示。

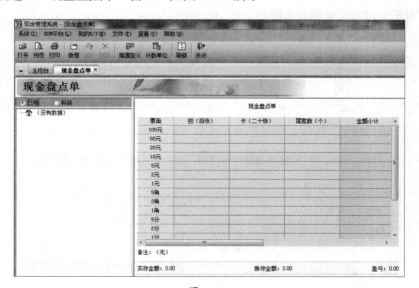

图 10-19

② 单击工具栏上的"新增"按钮,系统弹出"现金盘点单-新增"窗口,如图 10-20 所

示。选择"现金科目"和"修改日期",在窗口中相应位置录入数据。在录入数据时,一定要注意把握尾款数的含义。

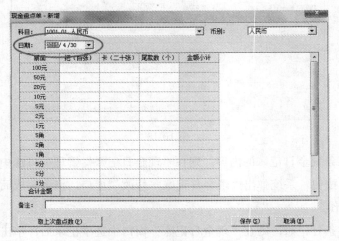

图 10-20

❸ 单击"保存"按钮保存录入数据,并返回"现金盘点单"窗口,系统将刚才新增的盘点记录显示在窗口上。

若要修改、删除某日的盘点单,选中窗口左侧的日期或科目中的记录后单击相应按钮即可。

3. 现金对账

现金对账是指现金管理自动将出纳账与总账的日记账当期现金发生额和现金余额进行核对,并生成对账表。

选择"财务会计"→"现金管理"→"现金"→"现金对账",双击"现金对账",系统弹出"现金对账"窗口,在窗口上可以选择要对账的科目和期间范围。这里保持默认值,单击"确定"按钮进入"现金对账"窗口,如图 10-21 所示。单击工具栏上的"第一""上一""下一"和"最末"按钮,可以进行不同科目的查询。

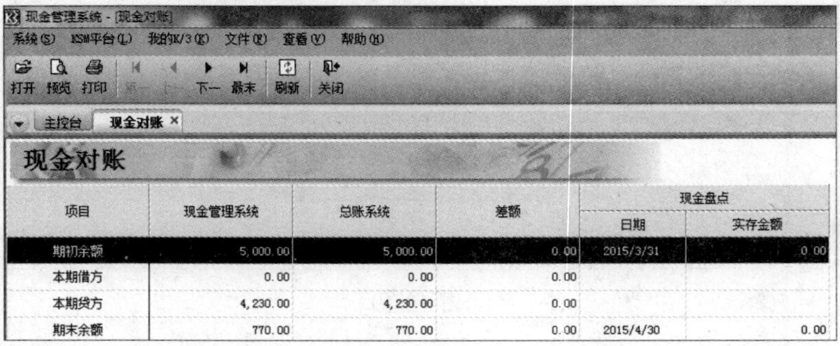

图 10-21

4．现金日报表

现金日报表用于查询某日的现金借贷情况。

在主界面窗口，双击"财务会计"→"现金管理"→"现金"→"现金日报表"，系统弹出"现金日报表"窗口，选择要查询日报表的日期，单击"确定"按钮，系统进入"现金日报表"窗口。

5．现金收付流水账

现金收付流水账是根据现金收付时间顺序登记的流水账。在现金收付流水账中，系统可以根据收付款信息直接生成凭证，并将其传递到总账系统。

选择"财务会计"→"现金管理"→"现金"→"现金收付流水账"，双击"现金收付流水账"，系统弹出"提示"窗口，单击"确定"按钮，系统进入"初始数据录入"窗口，在各项目下录入相应的金额，如图10-22所示。

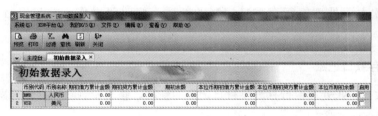

图 10-22

 因为是第一次使用该功能，所以要初始化。

初始数据录入完成，选择菜单"编辑"→"结束初始化"，系统弹出"启用会计期间"窗口，单击"确定"按钮，系统弹出提示，单击"确定"按钮结束初始化，稍后系统弹出结束成功的提示。

单击"关闭"按钮退出初始化窗口，双击"现金收付流水账"，系统弹出"现金收付流水账"窗口。"币别"选择"人民币"，单击"确定"按钮，系统进入"现金收付流水账"窗口，单击工具栏上的"新增"按钮，系统进入"现金收付流水账录入"窗口，如图10-23所示。

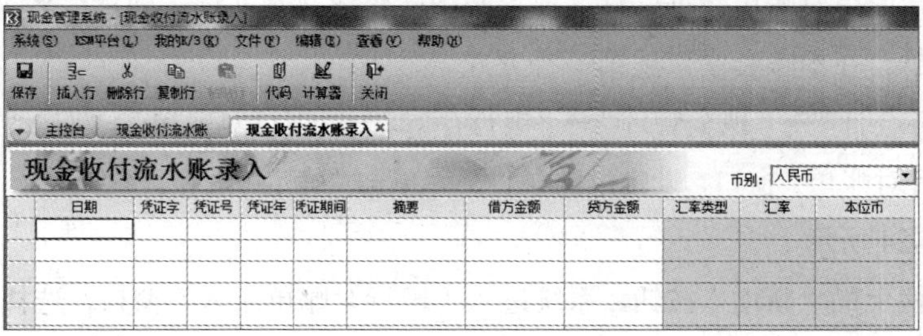

图 10-23

现金收付流水账的录入方法与"现金日记账"的直接新增类似，录入日期、凭证字、凭证号、摘要和金额等内容，录入完成后单击"保存"按钮保存录入资料。

若要修改流水账记录，在"现金收付流水账"窗口中选中记录，单击相应按钮即可，要查看、删除该记录的凭证时，单击工具栏上的相应按钮即可。

（1）录入的现金收付流水账若带有凭证字和凭证号时，系统会自动检测该记录是否与总账系统中的记录相匹配，若不匹配则不能保存。若录入的流水账经检测有凭证字和凭证号也可以保存，在返回的"现金流水账"窗口中，选中该条目，单击工具栏上的"按单、汇总"按钮，则可以生成凭证传递到总账系统。
（2）生成凭证时，操作员一定要有操作总账的凭证权限才行。

10.3.3 银行存款

银行存款主要处理银行存款日记账的新增、修改等操作，并与银行对账单进行对账。

1. 银行存款日记账

银行存款日记账处理银行存款科目日记账的新增、修改、删除和打印等操作。录入方法请参照"现金日记账"。

修改、删除银行存款日记账的方法是选中要进行修改或删除的记录，单击工具栏上的相应按钮即可。

勾对项目下显示"未勾对"，是指该条日记账暂未与银行对账单进行对账。

2. 银行对账单

银行对账单是银行出具给企业的有关该企业银行账号在一定时间内的收支情况表，可与企业的银行存款日记账进行核对。银行对账单既可以是打印文本，也可以是数据文件。

现金管理提供两种录入银行对账单方式，一种是根据银行对账单的打印文本手工录入，另一种是从银行取得对账单数据文件（要求必须转化成文本文件，即扩展名为 .txt 文件），直接引入对账单。在本账套中讲述第一种方式。

选择"财务会计"→"现金管理"→"银行存款"→"银行对账单"，双击"银行对账单"，系统弹出"银行对账单"窗口，设定过滤条件后，单击"确定"按钮，系统进入"银行对账单"窗口，如图 10-24 所示。

单击工具栏上的"新增"按钮，系统进入"银行对账单录入"窗口，选择正确的科目、币别和期间，录入银行对账单。

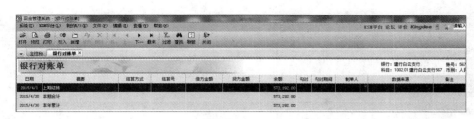

图 10-24

3. 银行存款对账

银行存款对账是指银行对账单与银行存款日记账进行核对。

① 选择"财务会计"→"现金管理"→"银行存款"→"银行存款对账",双击"银行存款对账",系统弹出"银行存款对账"窗口,在窗口中可以设置要对账的科目、期间范围和是否包含已勾对记录等选项。

② 保持默认设置,单击"确定"按钮,系统进入"银行存款对账"窗口,如图 10-25 所示。窗口上部显示的是"银行对账单",窗口下部显示的是"银行存款日记账"。

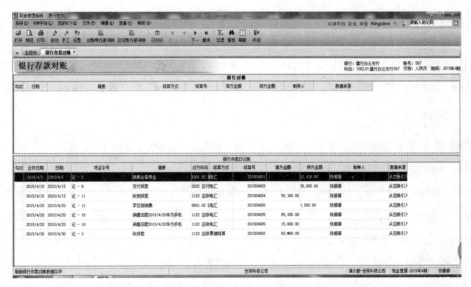

图 10-25

③ 对账设置。

单击工具栏上的"设置"按钮,系统弹出"银行存款对账设置"窗口,单击"表格设置"选项卡,在"表格设置"选项卡中设置对账单和日记账的显示位置,如图 10-26 所示。

单击"自动对账设置"选项卡,窗口切换到"自动对账设置"选项卡,如图 10-27 所示。

在"自动对账设置"选项卡中设置"自动对账条件",可保持默认条件选择进行对账,若选中"结算方式及结算号都为空不允许对账"复选框,则在对账时系统中的记录没有录入结算方式和结算号时不能对账。

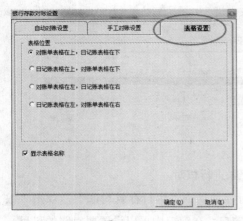
图 10-26

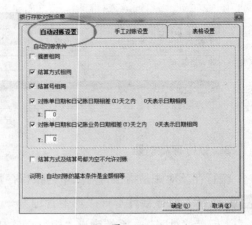
图 10-27

手工对账一般是处理不能自动对账的记录，手工对账设置可以设置记录的查找条件，以方便手工对账。对账设置完成，单击"确定"按钮，返回"银行存款对账"窗口。

❹ 单击工具栏上的"自动"按钮，系统弹出"银行存款对账设置"窗口，对账条件保持不变，单击"确定"按钮，稍后弹出信息提示窗口，单击"确定"按钮，系统返回"银行存款对账"窗口，系统同时将已经对上账的记录隐藏起来。

若要取消对账，在"已勾对记录列表"中，选中记录后单击"取消对账"按钮即可。单击"对账"按钮返回"银行存款对账"窗口，单击"第一""上一""下一"和"最末"按钮进行科目切换。

4．余额调节表

余额调节表是在对账完毕后，为检查对账结果是否正确或查询对账结果，系统自动编制的银行存款报表。

选择"财务会计"→"现金管理"→"银行存款"→"余额调节表"，双击"余额调节表"，系统弹出"余额调节表"窗口，可以选择"科目"，保持默认查询条件，单击"确定"按钮，系统进入"余额调节表"窗口，如图 10-28 所示。单击"第一""上一""下一"和"最末"按钮，切换不同科目。

图 10-28

5. 长期未达账

长期未达账可协助操作员查询长期未达账项，以辅助财会人员分析查找造成长期未达的原因，避免资金丢失。

选择"财务会计"→"现金管理"→"银行存款"→"长期未达账"，双击"长期未达账"，系统弹出"长期未达账"窗口，在窗口中可选择要查询的科目、会计期间和报表类型等内容。单击"确定"按钮，进入"长期未达账"查询窗口。

长期未达账分为企业未达账和银行未达账，凡是上月末存在的未达账全部形成本月的长期未达账。企业未达账是根据未勾对的银行对账单自动生成的，银行未达账是根据未勾对的银行存款日记账自动生成的。

6. 银行存款报表

银行对账日报表、银行存款日报表和银行存款与总账对账的查询请参照前面章节的报表查询方法。

10.4 报表

报表包含资金头寸表和到期预警表。资金头寸表用于查阅各个日期或期间的资金（现金和银行存款）余额，到期预警表主要是提供应收商业汇票及应付商业汇票的到期预警功能。

选择"财务会计"→"现金管理"→"报表"→"资金头寸表"，双击"资金头寸表"，系统弹出"资金头寸表"窗口，在窗口上可以选择会计期间范围并设置条件后，单击"确定"按钮，系统进入"资金头寸表"窗口，如图10-29所示。

科目代码	科目名称	币别	银行名称	银行账号	期初余额	借方发生额	贷方发生额	期末余额	借方笔数	贷方笔数	启用	科目类别
1001.01	人民币	人民币			5,000.00		4,230.00	770.00		2	启用	现金
1002.01	建行白云支行567	人民币	建行白云支行	567	573,292.00	210,000.00	43,930.00	739,362.00	4	3	启用	银行存款
	小计	人民币			578,292.00	210,000.00	48,160.00	740,132.00	4	5		
1001.02	美元	美元				2,000.00		2,000.00	1		启用	现金
1002.02	中行白云支行935	美元	中行白云支行	935							启用	银行存款
	小计	美元				2,000.00		2,000.00	1			

图10-29

10.5 期末结账

期末结账的目的是总结当前会计期间资金的经营活动情况。系统结账后才能进入下一会计期间进行日常业务的处理。

选择"财务会计"→"现金管理"→"期末处理"→"期末结账",双击"期末结账",系统弹出"期末结账"窗口,如图 10-30 所示。

选中"结账"单选按钮,单击"开始"按钮,系统弹出提示对话框,单击"确定"按钮,稍后"期末结账"窗口显示结账成功。

"结转未达账"是将本期(包括以前期间转为本期)未勾对的银行存款日记账和未勾对的银行对账单结转到下一期。结转未达账的选项必须打上标记,否则将造成下一期余额调节表不能平衡。

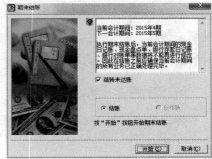

图 10-30

系统同时提供反结账功能,操作方法与结账类似,在系统弹出的"期末结账"窗口中勾选"反结账"单选按钮即可,只有系统管理员才能反过账。

进行反结账时,上期结转的银行存款日记账、银行对账单以及与这些记录进行勾对的银行存款日记账、银行对账单的勾对标志将被取消。结账返回上一期后需要重新进行勾对。

凭证管理是指对现金管理系统生成的凭证进行管理,包括查看、修改、删除和审核等功能,操作方法与总账中凭证处理类似。本账套中现金管理系统没有生成凭证,在此不讲解该功能。

操作凭证管理功能时,操作员一定要有操作记账凭证的权限。

10.6 课后习题

(1)现金日记账新增方式有哪几种?
(2)现金日记账有几种录入格式?
(3)银行对账单录入方式有哪几种?
(4)银行存款对账有哪几种方式?

第 11 章
材料成本核算系统

学习重点

通过学习本章，了解材料成本核算模块数据流程关系、各模块的单据的操作方法、材料成本的计算流程和各种报表的查询方法等。

11.1 系统概述

材料成本核算在金蝶 K/3 WISE 系统主要包括销售管理、采购管理、仓存管理和存货核算四大模块,俗称供应链系统。材料成本核算适合于企业需要同步管理物料动态,即时了解销售订单情况,即时了解采购进度和即时核算材料成本等需求。材料成本核算系统既适合于"工业会计人员"使用,也同时适合于各业务部门自行使用,如销售部负责销售管理模块的应用,采购部门负责采购管理模块的应用。

1. 材料成本核算系统数据流程图

材料成本核算系统数据传递关系如图 11-1 所示。

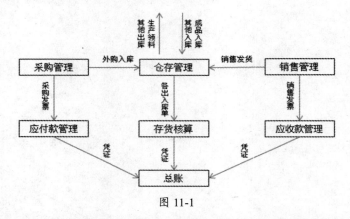

图 11-1

- 销售管理:主要负责销售业务处理,流程包括销售报价、销售订单、销售出库和销售发票,销售出库单与仓存管理联用,形成数据共享,销售发票传递到"应收款管理"中供"收款单"结算处理。用户可以随时查询、跟踪销售订单执行情况等报表。
- 采购管理:主要负责材料采购业务,接收物料需求计划系统传递的"采购计划",也可手工录入采购订单,根据订单生成采购入库单,由采购入库单生成采购发票以达到正确核算材料成本的目的,采购发票传递到"应付款管理"模块以供"付款单"结算处理。用户可以随时查询采购订单完成情况等报表。
- 仓存管理:主要负责企业物料管理业务,从采购管理接收"采购入库单",从销售管理接收"销售出库单",处理日常生产领料业务、成品入库和其他物料业务,如盘点业务、盘亏盘盈处理等。用户可以随时查询即时库存情况、库存台账、收发存汇总等报表。
- 存货核算:主要负责材料成本核算工作,接收从仓存管理系统传递的各种出入库单据,先核算入库成本,最后核算出库成本。用户可以随时查询采购成本、销售成本和生产成本等报表。各种出入库单据可以生成凭证传递至总账系统,以供总账会计进行账务核算。

需要设置的内容如下所示。

(1)公共资料:包括科目、币别、计量单位、客户、供应商、部门、职员、物料及仓库等。公共资料是本系统所涉及的最基础资料,必须设置,否则在进行单据处理时会受到相应的限制。

(2)初始化:系统进行初始化时,需要设置以下内容——系统参数设置、初始数据录入、销售模块要录入启用期间前的未核销销售出库单、采购模块要录入启用期间前的暂估入库单、仓库模块要录入各仓库期初数量、存货核算模块要录入各仓库期初数量和金额,以上数据录入完成后启动业务系统。

(3)系统设置资料:系统设置是针对该模块的参数进行再详细化设置,包含单据类型、打印控制、系统设置、单据设置、多级审核管理和业务流程设计设置。

2. 应用流程(见图11-2)

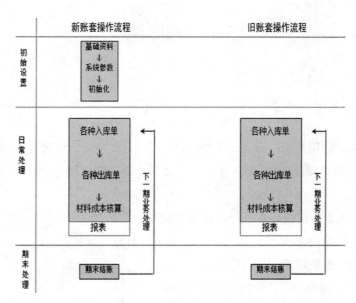

图 11-2

11.2 初始设置

初始设置是对本系统的核算参数和基础资料进行设置,只有基础资料设置成功后,才能正常进行单据处理。

11.2.1 系统参数设置

系统参数设置是对供应链系统的启用期间和核算方式等进行设置。

❶ 选择"系统设置"→"初始化"→"仓存管理"→"系统参数设置",双击"系统参数设置"选项,系统弹出"核算参数设置向导"窗口,如图 11-3 所示。

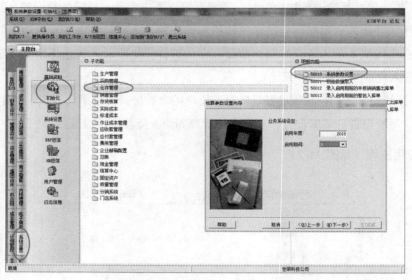

图 11-3

启用年度、启用期间:设置该系统何年、何月开始使用,设置为 2015 年 4 期,表示录入的期初数据是 2015 年 3 月的期末数据。启用期间可以根据实际需要进行手工修改。

❷ 单击"下一步"按钮,系统进入核算方式设置窗口,如图 11-4 所示。

• 核算方式:系统提供两种核算方式。

① 数量核算:选中,则系统以后只核算数量,不核算金额,所显示的金额可能不正确。

② 数量、金额核算:选中,则系统对材料数量和金额都核算。与财务各系统联用时,最好选择此项。

• 库存更新控制:系统提供两种选择。

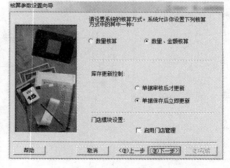

图 11-4

① 单据审核后才更新:选中,则系统将在库存类单据进行业务审核后,才将该单据中物料的库存数量计算到即时库存中。

② 单据保存后立即更新:选中,则系统将在库存类单据保存成功后就将该单据中物

料的库存数量计算到即时库存中,并在修改、复制、删除、作废、反作废该库存单据时进行库存调整。

- **启用门店管理**:选中,系统会把门店管理系统和系统设置涉及门店管理之外的菜单屏蔽。该项主要应用于连锁店形式的商业公司。

❸ 保持默认值设置,单击"下一步"按钮,系统进入"完成"窗口,单击"完成"按钮,保存设置,完成核算参数设置工作。

(1)只有进行"核算参数设置"后,才能进行日常业务处理和针对本系统的一些系统设置和基础设置。

(2)核算参数设置是针对所有业务系统,即该参数设置后,同时销售、采购和生产模块的核算参数也是一样的设置。

11.2.2 期初数据录入

期初数据录入是设置供应链系统启用时物料的期初数据,如某物料的期初数量是多少,期初金额是多少等。不同模块录入的期初数据不同。

- **销售管理模块**:要录入启用期间前的未核销销售出库单,没有单据,可以不用录入。
- **采购管理模块**:要录入启用期间前的暂估入库单,没有单据,可以不用录入。
- **仓库管理模块**:要录入各仓库物料的期初数量。

以上功能位于"系统设置"→"初始化"→"仓存管理"下。

- **存货核算模块**:要录入各仓库期初数量和金额。该功能位于"系统设置"→"初始化"→"存货核算"。

表11-1为本账套中供应链期初数据。

表11-1 供应链期初数据

仓库名称	物料代码	物料名称	期初数量(件)	期初金额(元)
原材仓	1.01	USB方案板	100	600
原材仓	1.02	车充方案板	50	350
原材仓	1.03	USB方案壳	60	180
成品仓	2.02	车充成品	3 000	33 000

❶ 选择"系统设置"→"初始化"→"仓存管理"→"初始数据录入",双击"初始数据录入"选项,系统进入"初始数据录入"窗口,如图11-5所示。

❷ 单击左侧的"原材仓",然后将鼠标光标放置到"物料代码"处,单击工具栏上的"查看"按钮,系统弹出"核算项目-物料"窗口,如图11-6所示。

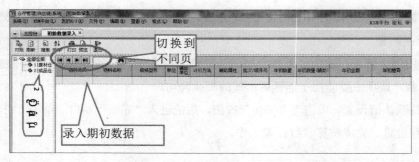

图 11-5

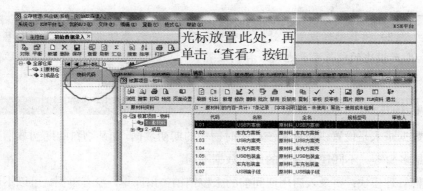

图 11-6

"查看"按钮也等同于"F7"功能键。在"核算项目-物料"窗口，可以对物料进行新增、修改和审核等操作。

❸ 双击"1.01—USB方案板"，并返回"初始数据录入"窗口，注意窗口的变化，在"期初数量"文本框中输入"100"，"期初金额"文本框中输入"600"，如图11-7所示。

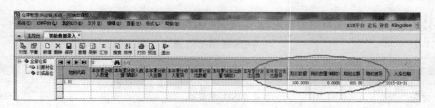

图 11-7

若为年中启用，本年累计收入和本年累计发出，这两项数据是否录入视各企业管理而定。

年初数＝期初数＋本年累计收入－本年累计发出。

当物料采用的计价方法为分批计价法、先进先出法和后进先出法时，则"批次/顺序号"需要录入。

采用计划成本法的物料，差异金额需要根据实际情况录入。

④ 单击"新增"按钮，继续新增表 11-1 中其他物料的期初数据，单击"保存"按钮，保存初始数据录入。

在供应链系统初始化时，系统提供将业务初始数据自动转为财务初始数据，同时传递到总账系统，减轻了总账系统的工作，并能避免手工录入容易造成的错误。在"初始化数据"窗口，单击工具栏上的"对账"按钮，系统进入"对账"窗口，如图 11-8 所示。

图 11-8

窗口中显示由物料属性中所设置的"存货科目科目代码"，并根据录入的初始数据汇总到"总账"中的会计科目。单击"传递"按钮，系统弹出提示窗口，单击"是"按钮，则系统将初始数据传递到"总账"系统。单击"录入"按钮，返回初始数据录入状态。

11.2.3 启动业务系统

启动业务系统是指业务系统的所有初始化数据录入完成，可以结束初始化工作，一经启动业务系统后，便不能再进行初始化数据录入工作，只有"反初始化"后才能录入初始化数据。选择"系统设置"→"初始化"→"仓存管理"→"启动业务系统"，双击"启动业务系统"，系统弹出"提示"窗口，如图 11-9 所示。

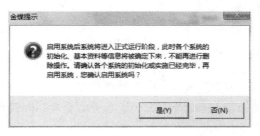

图 11-9

在此单击"是"按钮，启用业务系统。

启动业务系统是针对所有业务系统，即销售、采购和仓存在同一个启用期间使用时，仓存和采购系统必须正确录入初始化数据后，才能启动业务系统，否则，在此一经启动，则仓存和采购系统的初始化无法继续录入。反之，若"销售管理"单独使用，则不受此限制。

11.3 通用介绍

11.3.1 业务单据界面通用性介绍

在材料成本核算系统中,各模块下的单据上的项目有所不同,但是基本处理方法类似,具有通用性,所以本节介绍业务单据界面的基本处理方法。

选择"供应链"→"采购管理"→"外购入库"→"外购入库单-新增",双击"外购入库单-新增"选项,进入"外购入库单"窗口,如图 11-10 所示。

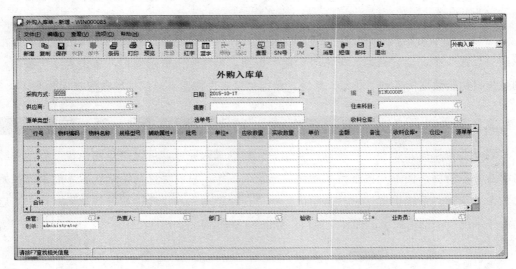

图 11-10

> **说明** 获取快捷键:在"项目"处按"F7"功能键可以从"基础资料"档案获取资料,等同于单击"查看"按钮,如供应商、客户、仓库、部门和职员等项目。

1. 日期

录入当前业务单据的实际发生日期,也可以修改。新增单据时系统自动显示当前系统日期,用户可对日期进行修改,也可单击下拉按钮,系统弹出日历表供选择,如图 11-11 所示,但不可以输入已结账期间的日期。

图 11-11

2．单据编号

系统自动生成单据编号。每张单据都有唯一编号，系统默认自动递增方式，系统按照在"系统设置"→"系统设置"→"仓存管理"→"系统设置"中的编码规则自动生成每张单据的编号，在"选项"窗口中选中"允许手工录入"时，单据编号可以手工修改。"修改单据参数设置界面"如图11-12所示。

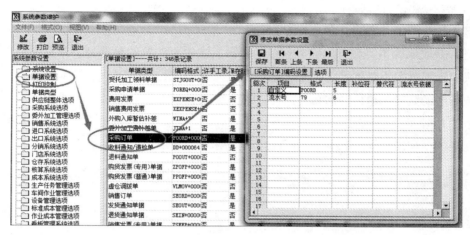

图 11-12

3．供应商或客户

在采购类单据中为"供应商"，在销售类单据中为"客户"，属必录项，可以按"F7"功能键，或单击工具栏上的"查看"按钮，打开供应商档案或客户档案，选中单据关联供应商或者客户信息后，双击即可获取成功。

4．仓库

在出入库单据中，"仓库"选项都是必录项，仓库就类似于银行账号，所有的存款（收料）和取钱（发料）业务都记录在正确的银行账号（仓库）上，从而保证库存台账和流水账等账簿报表的正确性。为更好地区分仓库代表的业务类型，单据录入界面中仓库可能会以业务说明，如发货仓库、收料仓库、调出仓库、调入仓库、组装件仓库、子件仓库等。按"F7"功能键或双击鼠标左键，打开仓库列表，双击获取所需要的仓库档案。

5．源单类型和选单号

源单类型在此是指可以与当前单据建立关联的单据，也可以作为该单据来源可查的单据。如采购入库，理论上讲作为"仓管"人员不能无缘无故收货，必须要看到采购员所下达的"采购订单"或"采购发票"，或者其他采购合同文件才能进行收货处理，在此我们把采购订单和采购发票称为采购入库单的源单。源单非必选项。

每种单据，系统已经预设好相应的源单类型，单击下拉列表选择即可。无源单类型选择的单据，表示只能手工录入。

在单据处理时选择"源单"，既可以达到关联目的，又可以提高业务处理速度。例如，采购入库单，当选择"采购订单"为源单，在查询"采购订单执行情况明细表"时，可以一目了然地查询到该采购订单的数量是多少，已经入库多少，还有多少未入库等情况。

选单号是源单类型的补充，当选择所需的"源单类型"后，在"选单号"项下按"F7"功能键，获取该源单类型下未完成任务的单据。选中要获取的单据号，双击或单击"返回"按钮返回单据处理界面，系统自动将源单中的信息引入单据中，如物料代码、名称、未完成任务的数量和单价等信息。按住"Shift"键或"Ctrl"键可以连续选中或间接选中要获取的单据。

源单类型和选单号处理窗口，如图 11-13 所示。

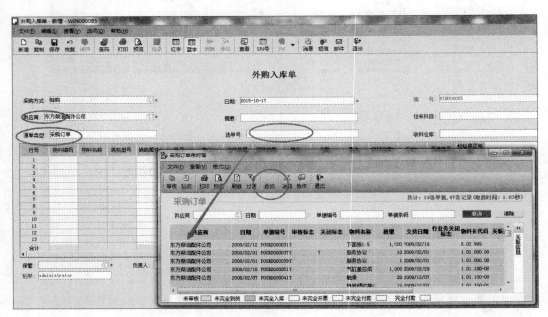

图 11-13

6. 物料编码

在所有业务单据中，均需要输入物料，可以选择输入物料代码，或按"F7"功能键，系统弹出"物料"档案窗口，如图 11-14 所示。

选中所需要的物料双击即可。当成功录入物料代码后，物料名称、规格型号和计量单位也同时带出。

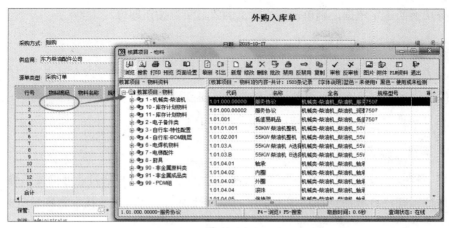

图 11-14

7. 币别、汇率

币别是指结算时的币别。系统默认为本位币，用户可以按 "F7" 功能键进行修改。采购订单和发票可以处理外币核算。销售订单、发票和报价单均可以处理外币核算业务。

汇率即为当前币别的汇率，取自币别基础资料信息，用户可以根据实际情况改为业务发生日汇率。

8. 蓝字、红字

蓝字单据数量为正，红字单据数量为负，它们既可以用作互相抵消冲减，也可用来表达账面上的正负关系。这两项主要针对发票类单据和材料出入库类单据，当单击工具栏上的"红字"按钮时，当前单据处于红字单据处理模式，并且在单据表头显示"红字"字样，如图 11-15 所示。

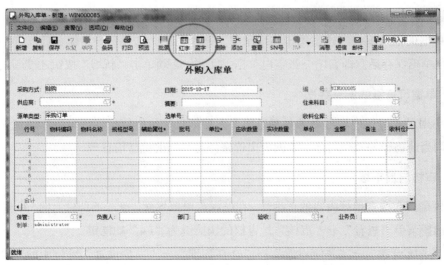

图 11-15

需要切换回蓝字单据，则单击工具栏上的"蓝字"按钮即可。

9. 结算方式、结算日期

结算方式是指订单结算采用何种处理方式，订单的结算方式可以在被发票引用后直接输入，保持信息的连续跟进，可使用"F7"功能键获取。

结算日期是指该笔业务结算时的日期，用户手工录入。

10. 摘要、备注、地址、开户行等

摘要、备注、地址、开户行等是指该笔业务的辅助性说明，用户通过业务摘要库维护摘要、备注、地址、开户行等信息都是作为单据的辅助性说明，并可以直接在打印单据时选择这些信息。

11. 主管、部门、保管、验收、业务员

主管、部门、保管、验收、业务员是指提出该笔单据业务涉及的部门、主管、职员等信息。用户可以通过使用"F7"功能键或单击"资料"按钮来获取。

12. 制单、审核、记账、审核日期

这4项内容是由系统根据当前单据的编制人、审核人、记账人和日期自动填入，作为记录单据的操作人和操作日期。

11.3.2 业务单据操作介绍

1. 单据保存后新增

在单据保存时，系统默认停留在当前编制的单据界面，单击工具栏上的"新增"按钮，系统才进入下一张新单据。为提高单据录入效率，可以在单据制作保存后，系统立刻进入下一张单据的录入窗口，这适用于连续录单。选择菜单"选项"→"保存后立即新增"，选中，则单据保存后立即新增一张空白单据；反之，必须单击"新增"按钮才能新增单据。

2. 单据可查看的信息数据

在单据录入过程中，可能需要参考很多库存信息和价格信息，用户可以通过"查看"菜单查询当前物料的库存信息，查询历史价格信息和当前价格信息等。

3. 审核与反审核

审核是再次检查单据内容的正确性。在已保存单据界面，单击工具栏上的"审核"按钮，也可以选择菜单"查看"→"审核"。审核的快捷键为"F4"功能键。

在"系统设置"→"系统设置"→"仓存管理"→"系统设置"窗口中的"供应链整

体选项"中，若选中"审核和制单可为同一人"，则操作员本人可以审核自己的单据，反之，审核人和制单人不能为同一人。

已审核后的单据不能修改和删除，若发现审核后的单据有错误时，必须"反审核"后才能进行修改。反审核位于菜单"查看"→"反审核"下。反审核的快捷键"Shift+F4"。

4．删除

删除是在账套中清除当前单据，要删除的单据只能是未审核单据。删除功能位于"单据序时簿"窗口中，选中要删除的单号，单击工具栏上的"删除"按钮。删除单据后，系统会将删除单号空置。

5．作废和反作废

为保证单据编号的连续性，不需要因"删除"操作造成单据编码断号情况，金蝶 K/3 WISE 系统提供单据的作废和反作废功能。单据保存未审核状态下，单据可以执行"作废"，单据作废后不参与报表的统计汇总。其处理方法是：单击菜单"查看"→"作废"，系统会作废该张单据，并给予相应提示；对已作废的单据选择菜单"查看"→"反作废"，系统会自动反作废该单据，并给予相应提示。需要说明的是，作废单据可以让此单据在当月期间报表汇总时不包括作废单据，同时结账时不检查作废单据是否审核。如果对已结账期间的作废单据进行反作废操作，首先需要更改单据日期，然后才可以审核和加以使用。

6．复制单据及批量复制

日常工作中，用户录入单据的工作量很大，系统提供复制单据和批量复制单据的功能，可以最大限度地减少录入单据的工作量。

复制单据的操作方法是：单据编辑界面和单据序时簿查询界面有两个复制单据的功能，在编辑界面的复制是一对一的复制，且复制后还要录入和确认其他无法复制的信息；在序时簿查询界面是多对多的复制，复制后的单据是一张已完整保存的单据，这就是在编制订单时复制和序时簿里的批量复制的区别。下面说明复制的具体规则。

① 在单据序时簿上只提供整单复制的功能。

② 单据复制时单据号自动顺序递增，即不能复制原单的单据号。

③ 复制单据日期时自动默认为当前系统日期，交货日期默认为当前系统日期。

④ 复制时默认为被复制的单据的必录项齐全，不进行必录项的检查。

⑤ 所有的单据，无论被复制单据的状态如何，都可以进行单据复制，且复制后的单据都处于可编辑的状态，且审核人、记账人等字段应置为空值，源单据为作废状态的复制后的单据为正常单据。

⑥ 复制相当于手工新增，如果被复制单据是关联生成的，则不复制该单据的源单据号码。

⑦ 在初始化设置中，不提供复制功能。

⑧一旦出现保存时条件不能满足从而不能保存时（例如，不允许负库存，却出现了负库存），系统中断目前单据的处理，并由用户选择是否继续进行其他单据的复制处理。

7．单据打印

金蝶 K/3 WISE 系统提供两种打印方式，即普通打印和套打打印。

（1）普通打印。

打开一张"采购入库单"，单击"预览"按钮，进入"打印预览"窗口，当前即为普通打印格式，如图 11-16 所示。

图 11-16

（2）套打打印。

首先在"金蝶 K/3 WISE 客户端工具包"下的"单据套打工具"→"供应链单据套打"中设置好"套打文件"，然后在单据界面选择菜单"文件"→"使用套打"，则打印输出时系统按照设置的套打格式输出当前单据。使用套打的优点是格式统一化，界面美观化。

进入任意一张"采购入库单"，选中菜单"文件"→"使用套打"，如图 11-17 所示。

图 11-17

再选择菜单"文件"→"套打设置",系统弹出"套打设置"窗口,如图11-18所示。

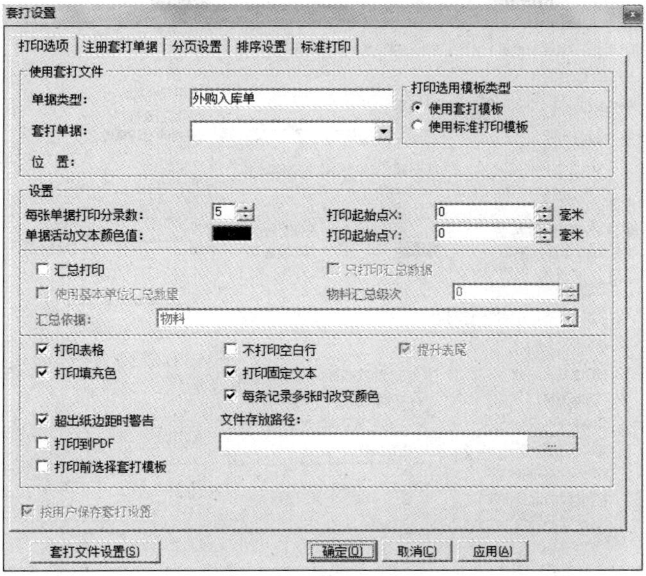

图 11-18

第一次使用套打打印都需注册"套打文件"。切换到"注册套打单据"选项卡,单击"自动搜索"按钮,系统弹出"请选择套打单据存放路径"对话框,如图11-19所示。

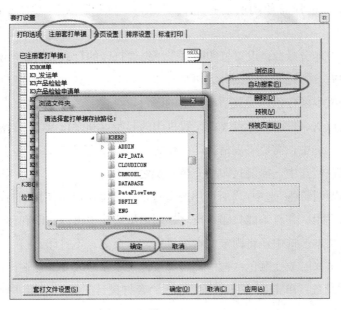

图 11-19

选择好路径单击"确定"按钮,系统搜索后会将所有找到的套打显示在窗口中,切换到"打印选项"选项卡,单击"套打单据"下拉按钮,系统会显示对应的套打文件,选中"K3 外购入库单",取消勾选"超出纸边距时警告"复选框,如图11-20所示。

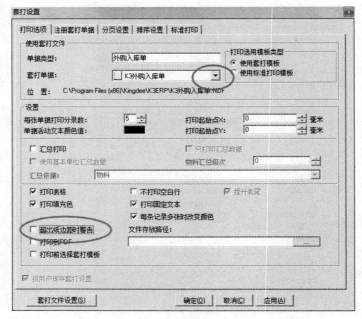

图 11-20

- 单据类型:当前的单据类型名称。
- 套打单据:选择要使用的套打格式。因同一种单据类型可有多种套打单据格式选择。
- 每张单据打印分录数:设置打印时每张单据要打印的行数。例如,现设置为"5"行,当单据中有6行记录时,则分为两页打印,第2页的其他4行以空白表格打印。
- 单据活动文本颜色值:设置活动文本的颜色。
- 打印起始点X、打印终止点Y:设置打印的起始点和终止点。
- 打印表格:选中,需要将表格打印;反之,不打印表格。
- 打印填充色:选中,需要打印填充色;反之,不打印。
- 超出纸边距时警告:选中,当所使用的套打格式宽度超出所使用的打印纸张的边距时,系统弹出提示,并且不能打印;反之,超出纸边距也可以打印和预览。
- 打印固定文本:选中,将固定文本项目打印;反之,不打印。
- 每条记录多张时改变颜色:选中,当每条记录多张时改变颜色输出。
- 套打文件设置:单击该按钮,可以进入"套打设计工具"功能进行套打文件的新增和修改等操作。

单击"确定"按钮,保存设置并返回编辑单据窗口,再单击"预览"按钮,系统进入"打印预览"窗口,使用套打格式效果如图11-21所示。

图 11-21

11.3.3 序时簿查询操作说明

序时簿在业务系统中应用最广泛，类似流水账簿，如采购订单有采购订单序时簿，采购入库单有采购入库单序时簿，销售出库单有销售出库单序时簿。使用序时簿的重点是查询条件的设置，只有设置正确的条件才能查询所需要的单据序时簿。

下面以查询"外购入库单序时簿"为例进行说明。

1 选择"供应链"→"采购管理"→"外购入库"→"外购入库单 - 维护"，双击"外购入库单 - 维护"，系统弹出"过滤"窗口，如图 11-22 所示。

图 11-22

"条件"选项卡的选项说明如下。

- 事务类型：选择要查询的单据类型名称。如在查询仓存管理中的"入库类序时簿"时使用。
- 单据头完整显示：选中，所显示的序时簿中每一条记录都显示详细的单据头信息；反之，则一张单据只首行显示单据头信息。
- 条件设置窗口：设置详细过滤条件，如单据日期大于、等于、包含××日期范围，供应商等于××，或者制单人等于××的详细过滤条件。
- 时间："条件"窗口未设置过滤条件时，选择"当天"，则只显示当前系统日期的单据；选择"本周"，则只显示当前系统日期所在周的单据；选择"本期"，则只显示当前系统日期所在月的单据；选择"全部"，则只显示当前全部日期的单据。

开票标志、记账标志、审核标志、作废标志、红蓝标志，都为3个选项，可以自由组合选择，默认为显示"全部"单据。
- "高级"选项卡：设置更详细的过滤条件。
- "排序"选项卡：设置当显示序时簿数据时按照什么字段排序，默认为"单据编号"排序。
- "显示隐藏列"选项卡：设置所显示的数据项目列是否显示、所处顺序和对齐方式，如图11-23所示。

图 11-23

当过滤条件设置好，可以保存为一个方案以备下次使用，已保存的查询方案会在窗口左侧显示。

❷ 在"条件"选项卡，选中"时间"下的"全部"选项，其他保持默认值，单击"确定"按钮，系统进入"外购入库序时簿"窗口，如图11-24所示。

图 11-24

- 新增：单击"新增"按钮，系统进入一张空白单据以供录入数据。
- 修改：选中要修改的单据，单击"修改"按钮，进入单据编辑界面，修改相应内容后，再单击"保存"按钮保存修改内容。要修改的单据必须未审核。
- 删除：删除选中的单据。要删除的单据必须未审核。
- 查看：以单据编辑界面模式显示单据信息，查看状态下不能进行修改。
- 复制：对选中的单据复制生成一张新的单据。
- 凭证：若单据有生成凭证时，单击"凭证"按钮显示该张单据生成的凭证信息。
- 上查：查询该张单据由什么源单关联生成。
- 下查：查询该张单据关联生成的单据。
- 刷新：重新根据设置条件显示序时簿数据。
- 过滤：重新弹出"过滤"窗口，设置条件后，再查询满足条件的单据。
- 下推：单击菜单栏中的"下推"选项将当前单据作为"源单"，下推生成相应的单据。同在单据处理窗口，选择源单类型和选单号是同样的目的，只不过操作方向相反而已。

11.4 业务单据录入

材料成本核算系统除开发票和存货核算模块是作为会计人员经常需要应用的功能，其他如采购入库和销售发货等业务通常是由业务部门负责，但作为会计人员必须了解业务系统的应用方法，才能有效地操作会计信息系统。

本节将使用实例单据，从接销售订单、下达采购单、采购入库、生产领料、销售发货、挂应收应付账款、核算材料成本和材料单据生成凭证的流程，讲述材料成本核算系统的应用方法。

11.4.1 销售订单

销售订单是将客户的采购订单录入系统中，作为销售发货凭据和收款凭据依据。销售订单的录入方法有两种：一种是直接手工录入，另一种是参照"销售报价单"录入。

【案例1】2015年4月3日接到"华为手机"订购"2.01—USB成品"，数量为3 000部，含税单价为15.00元，交货日期为2015年4月25日。

① 选择"供应链"→"销售管理"→"销售订单"→"销售订单-新增"，双击"销售订单-新增"，系统进入"销售订单"窗口，如图11-25所示。

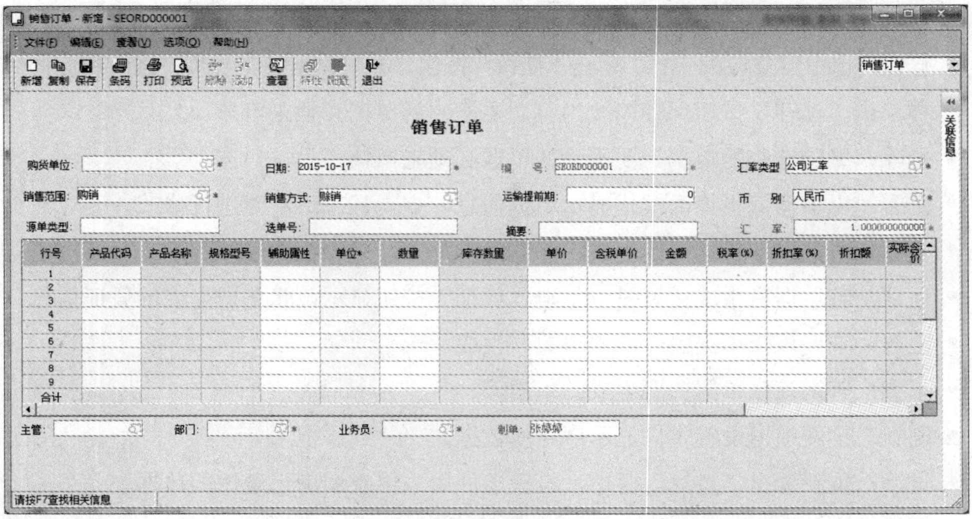

图 11-25

② "日期"修改为"2015-04-03","购货单位"处按"F7"功能键,系统弹出"客户"窗口,双击"C003 华为手机"并返回单据录入窗口,鼠标光标移至"产品代码"处,按"F7"功能键,系统弹出"物料"窗口,选中"2.01—USB 成品",双击并返回单据录入窗口,"数量"文本框中输入"3000","含税单价"文本框中输入"15","交货日期"修改为"2015-04-25","部门"获取"销售部","业务员"获取"李明生",如图 11-26 所示。

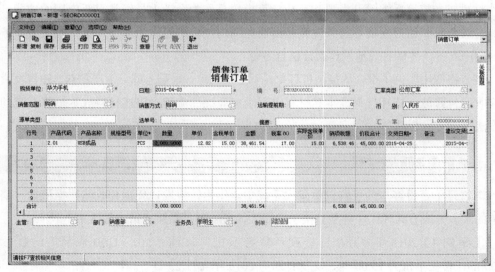

图 11-26

③ 单击"保存"按钮保存当前单据,单击"审核"按钮,审核当前单据以供发货时使用。

若要修改或处理销售订单时,则使用"销售订单-维护"功能进入"销售订单序时簿"窗口,选择要处理单据后,单击工具栏上相应的按钮。

11.4.2 采购订单

采购订单是处理公司向供应商下达的供应合同，录入系统以供仓库收货时参照使用，并且根据订信息汇总生成各种分析报表。

【案例2】2015年4月3日向"新时代方案公司"订购"1.01—USB方案板"，数量为2 900个，含税单价为7元，要求交货日期为2015年4月20日。

❶ 选择"供应链"→"采购管理"→"采购订单"→"采购订单-新增"，双击"采购订单-新增"，系统进入"采购订单"窗口，如图11-27所示。

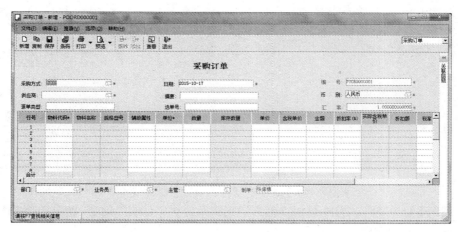

图 11-27

❷ "单据日期"修改为"2015-04-03"，鼠标光标移至"供应商"处，单击工具栏上的"查看"按钮，系统弹出"供应商"档案表，选中"新时代方案公司"，双击引用该供应商至单据录入窗口，鼠标光标移至表体"物料代码"处，按"F7"功能键，系统弹出"物料"窗口，选中"1.01—USB方案板"，如图11-28所示。

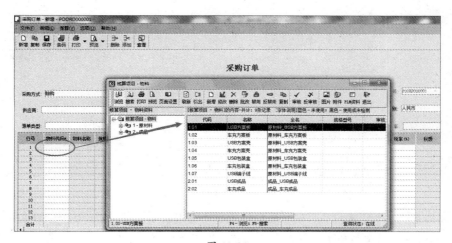

图 11-28

❸ 双击选中记录，并返回单据录入窗口，请注意单据窗口的变化，"数量"文本框中输入"2900"，"含税单价"文本框中输入"7"，"交货日期"修改为"2015-04-20"，"部门"获取"采购部"，"业务员"获取"李萍"，单击"保存"按钮和"审核"按钮保存并审核当前单据，审核成功如图11-29所示。

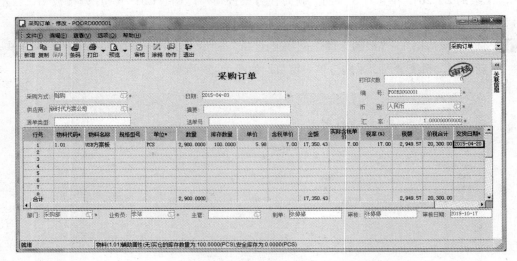

图 11-29

【案例3】2015年4月3日向"金鑫塑胶制品公司"订购"1.03—USB方案壳"，数量为2 940个，含税单价为3.5元，要求交货日期为2015年4月20日。

参照案例2的操作方法，录入审核成功的采购订单如图11-30所示。

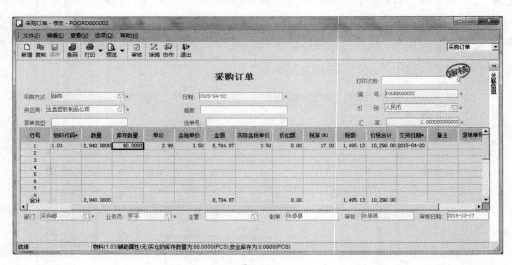

图 11-30

【案例4】2015年4月3日向"杰森包装材料有限公司"订购"1.05—USB包装盒"，数量为3 000个，含税单价为2元，要求交货日期为2015年4月20日。

参照案例 2 的操作方法，录入审核成功的采购订单如图 11-31 所示。

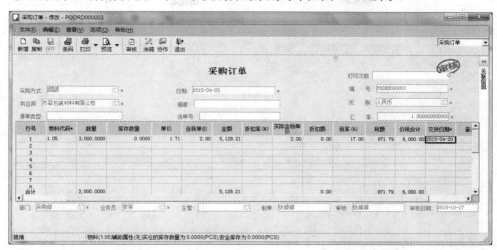

图 11-31

11.4.3 外购入库

外购入库单是处理所有由"采购订单"行为产生的材料入库业务，在录入外购入库单时参照"采购订单"入库，这样在查询"采购订单执行明细表"时，可以有效地查询到每一款物料、每一张采购订单的执行情况。

【案例 5】2015 年 4 月 20 日收到"新时代方案公司"送货的"1.01—USB 方案板"，数量为 2 900 个，入库到原材仓。

❶ 选择"供应链"→"仓存管理"→"验收入库"→"外购入库单 - 新增"，双击"外购入库单 - 新增"，系统进入"外购入库单"窗口，如图 11-32 所示。

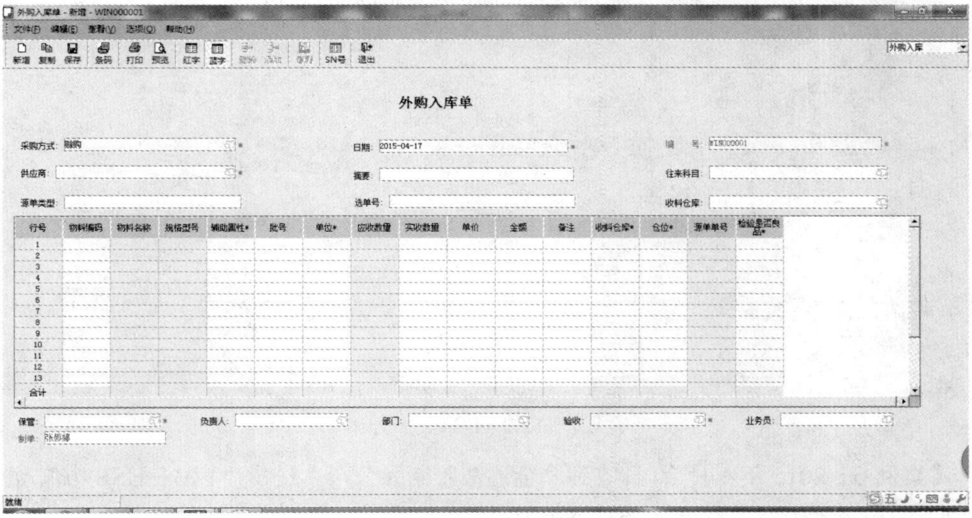

图 11-32

② "源单类型"选择"采购订单",鼠标光标放置在"选单号"处,单击"查看"按钮,系统弹出"采购订单序时簿"窗口,如图11-33所示。

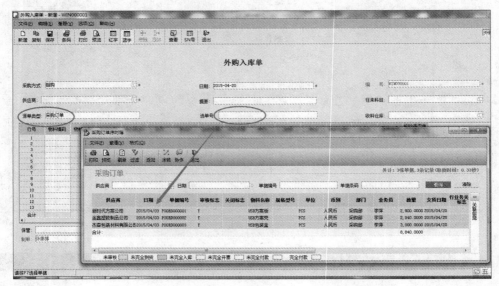

图 11-33

③ 选中"POORD000001"号采购订单,双击返回"外购入库单",并将获取成功的信息显示出来,鼠标光标放置在"收料仓库",单击"查看"按钮,系统弹出"仓库"档案窗口,双击"1 原材仓","保管"获取"王强","验收"获取"郭晓明",单击"保存"按钮和"审核"按钮保存并审核当前单据,审核成功如图11-34所示。

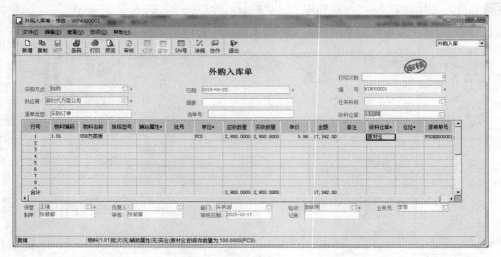

图 11-34

【案例6】2015年4月20日收到"金鑫塑胶制品公司"送货"1.03—USB方案壳",数量为2 940个,收货仓库为"原材仓"。

参考案例 5 的操作方法，录入审核成功的单据如图 11-35 所示。

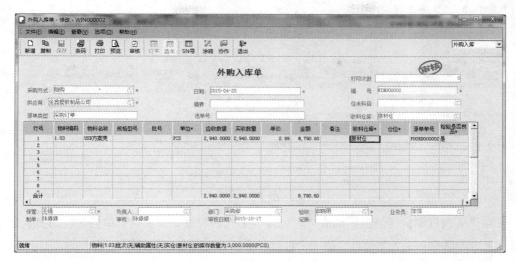

图 11-35

【**案例 7**】2015 年 4 月 20 日收到"杰森包装材料有限公司"送货"1.05——USB 包装盒"，数量为 3 000 个，收货仓库为"原材仓"。

参考案例 5 的操作方法，录入审核成功的单据如图 11-36 所示。

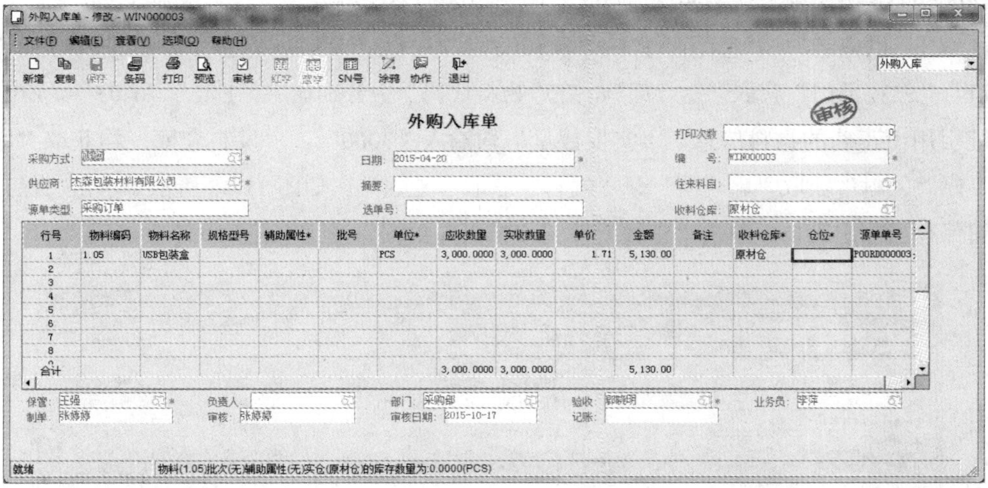

图 11-36

外购入库完成后，作为"采购员"需要即时了解采购订单的执行情况，可以查询"采购订单执行明表"查询订单的执行信息。双击"供应链"→"采购管理"→"采购订单"→"采购订单执行情况明细表"，系统弹出"过滤"窗口，"起始日期"范围修改为"2015-04-01"，"截止日期"修改为"2015-04-30"，其他保持默认值，单击"确定"按钮，系统进入"采购订单执行情况明细表"窗口，如图 11-37 所示。

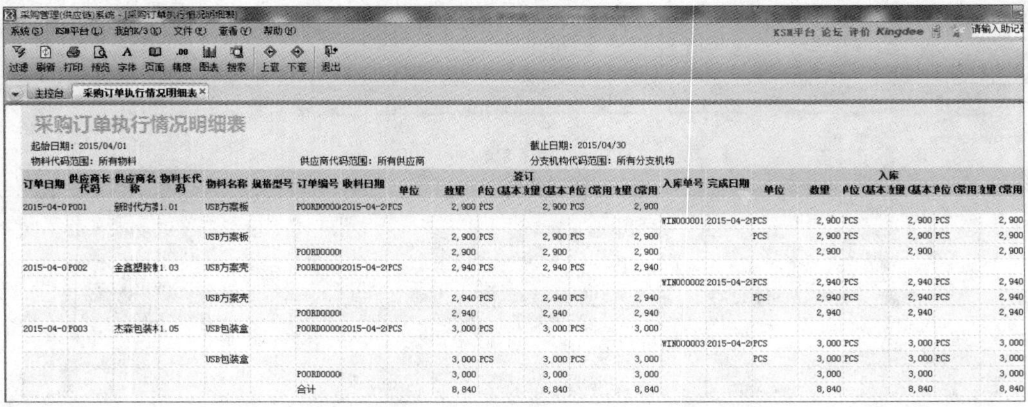

图 11-37

在"采购订单执行情况明细表"中可以详细查询到每一张采购订单的物料信息、数量信息、入库信息和未入库信息,能大大提供"采购员"日常跟单效率。

11.4.4 生产领料单

生产领料出库单主要是处理由"生产加工"行为产生的材料出库业务。

【案例 8】2015 年 4 月 20 日生产部前来领料"1.01—USB 方案板",数量为 3 000 个,"1.03—USB 方案壳",数量为 3 000 个,"1.05—USB 包装盒",数量为 3 000 个。

双击"供应链"→"仓存管理"→"领料发货"→"生产领料-新增",系统进入"领料单"窗口,"领料部门"获取"生产部",在"物料代码"中分别输入"1.01""1.03""1.05",系统引用出正确的物料信息,"实发数量"均输入"3000","发料仓库"均获取"原材仓","领料"获取"郭晓明","发料"获取"王强",如图 11-38 所示。单击"保存"按钮保存当前出库单,单击"审核"按钮审核当前单据。

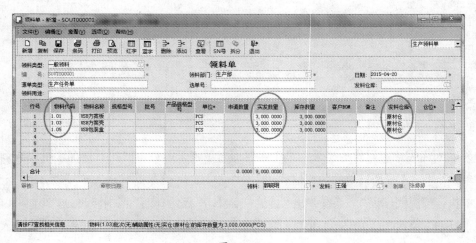

图 11-38

11.4.5 产品入库单

产品入库单是处理由本公司加工生产任务发生的产品（半成品或成品）入库业务。

【**案例9**】2015年4月25日生产部将组装完工的"2.01—USB成品"，数量为3 000个，交回成品仓库。

选择"供应链"→"仓存管理"→"验收入库"→"产品入库－新增"，双击"产品入库－新增"，系统进入"产品入库单"窗口，"交货单位"获取"生产部"，"收货仓库"获取"成品仓"，在"物料编码"文本框中输入"2.01"，系统自动带入物料信息，"实收数量"文本框中输入"3 000"，"验收"和"保管"获取"王强"，如图11-39所示。单击"保存"和"审核"按钮保存并审核当前单据。

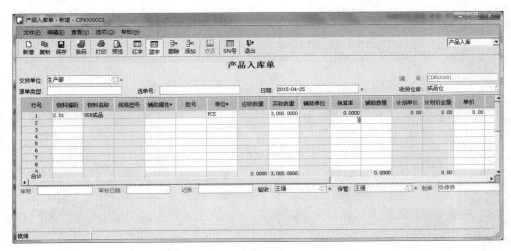

图 11-39

11.4.6 销售出库单

销售出库单是处理由销售发货行为产生的产品出库业务。

【**案例10**】2015年4月25日销售部参照销售订单，发货给"华为手机"，订购"2.01—USB成品"，数量为3 000个。

❶ 双击"供应链"→"仓存管理"→"领料发货"→"销售出库—新增"功能，系统进入"销售出库单"窗口，"源单类型"选择"销售订单"，鼠标光标放置在"选单号"处，单击"查看"按钮，系统弹出"销售订单序时簿"窗口，如图11-40所示。

❷ 选中"SEORD000001"记录，单击"返回"按钮返回"销售出库单"窗口，并将获取成功的信息在窗口中，"发货仓库"获取"成品仓"，"发货"获取"王强"，"保管"获取"王强"，如图11-41所示。

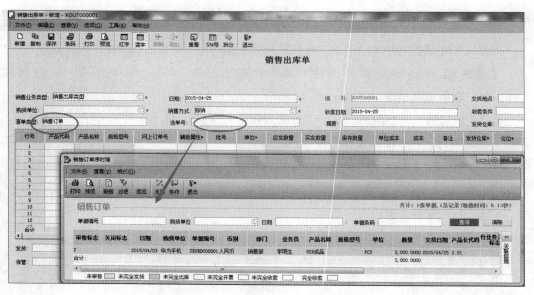

图 11-40

图 11-41

3 单击"保存"按钮保存当前出库单,单击"审核"按钮审核当前单据。

作为销售人员需要跟踪"销售订单进度"时,可以在"销售管理"下的"销售订单执行情况明细表"中查询。选择"供应链"→"销售管理"→"销售订单"→"销售订单执行情况明细表",系统弹出"过滤"窗口,窗口中的"起始日期"设置为"2015-04-01","截止日期"设为"2015-04-30",其他条件保持默认值,单击"确定"按钮,进入"销售订单执行情况明细表"窗口,如图 11-42 所示。

在窗口中查询到每一张销售订单的数量和每次销售出库情况。

第 11 章 材料成本核算系统

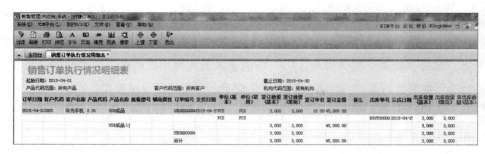

图 11-42

11.4.7 采购发票

采购发票是进行应付账款和采购入库成本核算的基本凭据,同时是采购管理系统和应付款管理系统进行数据传递的单据。金蝶 K/3 WISE 系统为用户提供采购专用发票、采购普通发票和费用发票 3 种发票的处理。

- 采购专用发票:通常是指日常业务中处理的"增值税发票",当某物料的外购入库单是采购专用发票时,则该物料的入库成本为"不含税单价"。
- 采购普通发票:当某物料的发票是"采购普通发票"时,则该物料的入库成本为"含税单价"。
- 费用发票:是以某笔"采购业务"对应产生的费用而开具的发票,如运输费、报关费和保险费等,是据以付款、记账、纳税的依据。同时是核算原材料的"入库成本"重要凭证。

当"采购管理"与"应付款管理"模块联接使用时,发票是在"采购管理"中处理,处理好的发票在"应付款"下的"发票处理"下查询,付款时直接在应付款管理系统中处理。

1. 采购发票处理

【案例 11】2015 年 4 月 30 日处理收到"新时代方案公司"送货的"1.01—USB 方案板",数量为 2 900 个,入库到原材仓的采购发票。

① 选择"供应链"→"采购管理"→"采购发票"→"采购发票—新增",双击"采购发票—新增",系统进入"采购发票"窗口,如图 11-43 所示。

图 11-43

在窗口右上角切换处理不同的发票类型。

❷ 选择"购货发票（专用）"，"源单类型"选择"外购入库"，鼠标光标放置在"选单号"处，单击"查看"按钮或按"F7"功能键，系统弹出"外购入库单序时簿"窗口，选中"新时代方案公司"的外购入库单记录，双击返回录单窗口，系统自动显示"参照"的外购入库单信息，"往来科目"获取"应付账款"科目，其他项目保持不变，如图 11-44 所示。单击"保存"和"审核"按钮保存并审核当前发票。

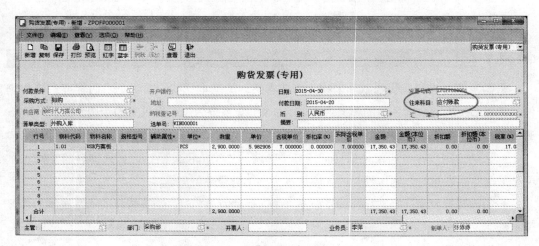

图 11-44

采用同样的方法参照录入，将采购入库单生成采购发票。

2. 采购发票钩稽

采购发票钩稽是采购发票和费用发票与入库单确认的标志，是核算入库成本的依据。只有钩稽后的发票才能进行入库成本核算、根据凭证模板生成记账凭证等操作，无论是本期或以前期间的发票，钩稽后都作为当期发票来核算成本。

采购发票钩稽的前提条件如下。

（1）两者供应商相同。

（2）两者单据状态必须是已审核、尚未完全钩稽（即钩稽状态是部分钩稽或未钩稽）。

（3）对于受托入库采购方式的单据钩稽时，两者的采购方式必须一致。

（4）对于委外加工类型的入库单进行钩稽时，两者的业务类型必须一致。

（5）如果系统中的"允许钩稽以后期间单据"复选框未选中，单据或采购发票两者都必须是以前期间或当期的单据，否则，前期、当期和以后期间的单据均可钩稽。

（6）两者的物料、辅助属性、本次钩稽数量必须一致。

将案例 11 进行发票钩稽，操作步骤如下。

❶ 选择"供应链"→"采购管理"→"采购发票"→"采购发票 - 维护"，双击"采

购发票-维护",系统弹出"条件过滤"窗口,"事务类型"选择"购货发票(专用)",其他保持默认条件,单击"确定"按钮,系统进入"采购发票序时簿"窗口,如图11-45所示。

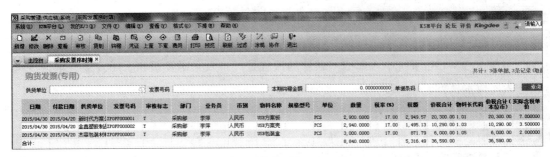

图 11-45

在"采购发票序时簿"窗口中可以进行采购发票的新增、修改、删除、审核和钩稽等操作,在菜单"编辑"下可以进行相应的反操作,如反审核和反钩稽等。

❷ 选择刚才录入的"ZPOFP000001"采购发票,单击"钩稽"按钮,系统进入"采购发票钩稽"窗口,如图11-46所示。

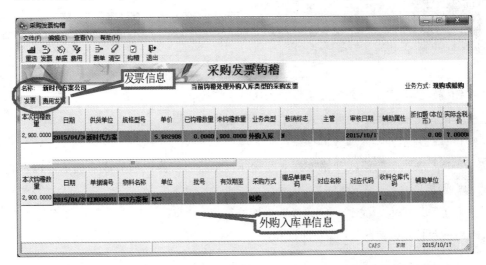

图 11-46

在窗口的上部可以进行"采购发票"与"采购费用发票"窗口的切换。

❸ 选中发票信息中的记录,再选择外购入库单信息窗口记录,单击工具栏上的"钩稽"按钮,稍后系统弹出钩稽成功提示,并将钩稽成功的单据隐藏。

当发票上的数量与入库单上的数量不一致时,可以修改相应窗口中的"本次钩稽数量"后再进行钩稽。

将剩余发票进行钩稽。

11.4.8 外购入库成本核算

外购入库成本核算是核算材料外购入库的实际成本,包括购买价和采购费用两部分。买价由与外购入库单相钩稽的发票决定;采购费用由用户录入后,可按数量、按金额或手工先分配到发票上每一条物料的金额栏,再通过核算功能,将买价与采购费用之和根据钩稽关系分配到对应的入库单上,作为外购入库的实际成本。

金蝶 K/3 WISE 系统中入库成本核算的流程是:录入采购发票和费用发票→审核→钩稽→入库成本核算。

【案例12】2015 年 4 月 30 日对所有外购入库单进行核算。

❶ 选择"供应链"→"存货核算"→"入库核算"→"外购入库核算",双击"外购入库核算",系统弹出"过滤"窗口,单击"确定"按钮,系统进入"外购入库核算"窗口,如图 11-47 所示。

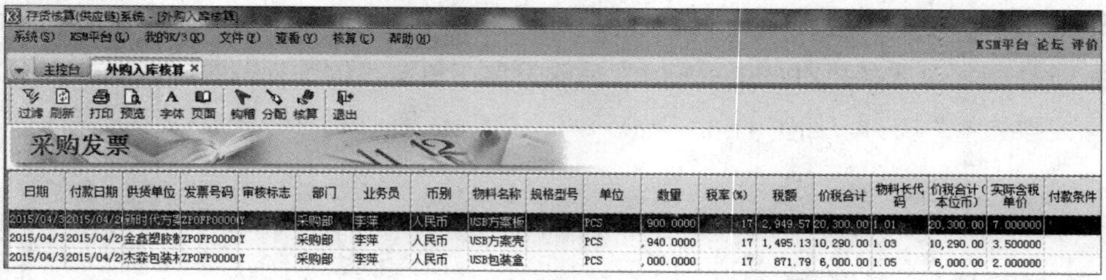

图 11-47

- 钩稽:查看选中"采购发票"的钩稽日志情况。
- 分配:分配费用。分配方式在"核算"菜单下选择。
- 核算:开始外购入库成本核算。

❷ 单击"核算"按钮,开始核算入库操作,稍后系统弹出核算成功提示窗口,表示核算成功。

查看核算后的入库成本。退出"外购入库核算"窗口,双击"供应链"→"仓存管理"→"验收入库"→"外购入库单 – 维护"中查询。

11.4.9 销售发票处理

销售发票是进行应收账款的基本凭据,同时是销售管理系统和应收款管理系统进行数据传递的单据。金蝶 K/3 WISE 系统为用户提供销售专用发票、销售普通发票和费用发票。

- 销售专用发票:通常是指日常业务中处理的"增值税发票",当某产品销售出库时是销售专用发票时,则该产品的税额进入"销项税"科目。
- 销售普通发票:当某产品的发票是"销售普通发票"时,则该产品的税额不能计入"销项税"科目。

- 费用发票：是以某笔"销售业务"对应产生的费用而开具的发票，如运输费、报关费和保险费等，是据以收款、记账的依据。

【案例 13】2015 年 4 月 30 日发货给"华为手机"，订购"2.01—USB 成品"，数量为 3 000 个，生成销售专用发票。

① 选择"供应链"→"销售管理"→"销售发票"→"销售发票-新增"，双击"销售发票-新增"，系统进入"销售发票"窗口，如图 11-48 所示。

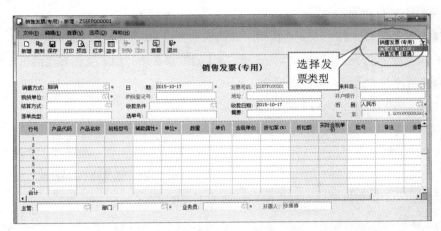

图 11-48

② 选择"销售发票（专用）"，"源单类型"选择"销售出库"，鼠标光标放置在"选单号"处，单击"查看"按钮或按"F7"功能键，系统弹出"销售出库单序时簿"，选中"XOUT000001"号销售出库单，双击或单击"返回"按钮，系统自动将"参照"的销售出库单信息显示，"往来科目"获取"应收账款"科目，单击"保存"按钮保存当前发票，单击"审核"按钮并审核当前发票，审核成功的发票如图 11-49 所示。

图 11-49

③ 销售发票钩稽。销售发票的钩稽主要是指销售发票同销售出库单的钩稽。如果销售属于分期收款和委托代销方式的销售发票只有钩稽后才能生成凭证，且无论是本期或以前期间的发票，钩稽后都作为钩稽当期发票来计算收入；如果是属现销和赊销发票，钩稽的主要作用就是进行收入和成本的匹配确认，对于记账没有什么影响。

销售发票钩稽的前提条件如下。

① 两者的客户相同。

② 单据必须是已审核且未完全钩稽（即钩稽状态是未钩稽或者是部分钩稽）。

③ 分期收款销售、委托代销、受托代销、零售的发票必须和相同销售方式的出库单钩稽，现销和赊销两种方式之间可以混合钩稽。

④ 两者单据日期必须为以前期间或当期。

⑤ 两者的物料、辅助属性以及钩稽数量必须一致。

双击"供应链"→"销售管理"→"销售发票"→"销售发票—维护"，系统弹出"条件过滤"窗口，"事务类型"选择"销售发票（专用）"，其他保持默认条件，单击"确定"按钮，系统进入"销售发票序时簿"窗口，如图 11-50 所示。

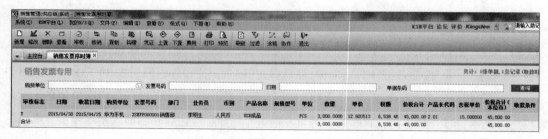

图 11-50

在"销售发票序时簿"窗口中可以进行销售发票的新增、修改、删除、审核和钩稽等操作，在菜单"编辑"下可以进行相应的反操作，如反审核和反钩稽等。

④ 选择刚才录入的"ZSEFP000001"销售发票，单击"钩稽"按钮，系统进入"销售发票钩稽"窗口，如图 11-51 所示。在窗口上部可以进行"销售发票"与"销售费用发票"窗口的切换。

⑤ 选中发票信息窗口中的记录，再选择销售出库单信息窗口的记录，单击工具栏上的"钩稽"按钮，稍后系统弹出钩稽成功提示，并将钩稽成功的单据隐藏。

⑥ 当发票上的数量与入库单上的数量不一致时，可以修改相应窗口中的"本次钩稽数量"后再进行钩稽。

该张销售发票会自动传递到"应收账款管理"模块中，在"财务会计"→"应收款管理"→"发票处理"→"销售发票－维护"中查询。

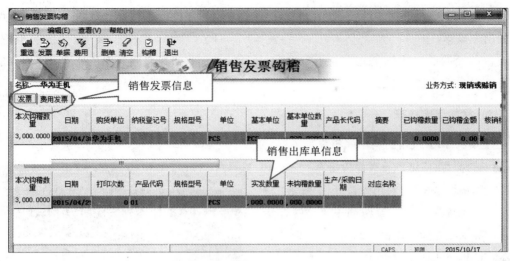

图 11-51

11.4.10 材料成本核算

材料成本核算功能由"存货核算"模块完成。操作流程是：先核算材料入库成本，然后再核算材料出库成本。入库成本通常包括以下几类。

- 外购入库核算：核算"采购"行为的入库单据，并且已经收到"采购发票"，然后进行钩稽，可以正确计算材料入库成本。操作方法参照前面的章节。
- 存货估价入账：处理"外购入库"行为的入库单，但是对应"采购发票"未送到的情况，从而不能正确计算材料的入库成本，采用估价入账的行为。
- 自制入库核算：是处理"产品入库"单据的材料成本核算，在未使用"成本系统"的情况下，该入库单价由手工录入。
- 其他入库核算：是处理"其他入库"单据的材料成本核算，入库单价可以通过手工录入和更新无单价单据。
- 委外加工入库核算：处理"委外加工入库"单据的材料入库成本，主要由材料费用和加工费用组成。

出库成本是必须在已经有入库成本的情况，系统自动根据"物料档案"中的"计价方式"，如先进先出、移动平均等，计算出该张出库单据上的单价，从而核算正确的出库成本。

材料出库成本核算主要包括以下几种。

- 材料出库成本核算：核算材料（物料属性为外购类的物料）出库成本。
- 产成品出库核算：该模块主要用来核算产品出库成本（产品是指物料属性为非外购类的物料）。
- 特殊出库单据核算：核算不确定单价的单据。

材料成本核算的流程通常是：外购入库核算→材料出库成本核算→自制入库核算→产成品出库核算。

因前面的章节已经讲述过外购入库成本核算，下面将讲述自制入库核算、材料出库成本核算和产成品出库核算。

1．材料出库核算

【案例14】进行材料出库核算。

① 选择"供应链"→"存货核算"→"出库核算"→"材料出库核算"，双击"材料出库核算"，系统弹出"结转存货成本－介绍"窗口，如图11-52所示。

② 单击"下一步"按钮，系统进入"第一步"窗口，选择"结转本期所有物料"单选按钮，如图11-53所示。

③ 单击"下一步"按钮，系统进入"第二步"窗口，再单击"下一步"按钮，系统开始计算材料成本，稍后系统进入"完成"窗口，如图11-54所示。

图 11-52

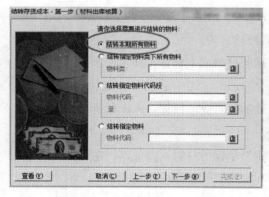

图 11-53

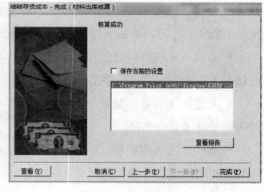

图 11-54

2．自制入库核算

【案例15】进行自制入库核算。

① 选择"供应链"→"存货核算"→"入库核算"→"自制入库核算"，双击"自制入库核算"，系统弹出"过滤"窗口，如图11-55所示。

保持默认条件，单击"确定"按钮，系统进入"自制入库核算"窗口，如图11-56所示。

第11章 材料成本核算系统

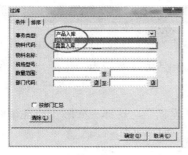

图 11-55

图 11-56

在"自制入库核算"窗口，系统会将相同物料代码的所有制造单行为汇总为一行，而非明细行，每一行物料代码的单价必须手工录入或者使用"引入"功能引入。

② 在"单价"文本框中输入"12"，单击"核算"按钮，开始计算自制入库核算，稍后弹出提示，表示核算成功。

若要查询制造入库单是否有单价返回，可以双击"供应链"→"仓存管理"→"验收入库"→"产品入库－维护"中查询。

3．产成品出库核算

【**案例 16**】进行产成品出库核算。

选择"供应链"→"存货核算"→"出库核算"→"产成品出库核算"，系统弹出"介绍"窗口，单击"下一步"按钮，系统进入"第一步（产成品出库核算）"窗口，选择"结转本期所有物料"单选按钮，单击"下一步"按钮，系统进入"第二步"窗口，单击"下一步"按钮，开始计算出库成本，稍后进入"完成"窗口，单击"查看报告"按钮，系统打开"查询报告"文件，单击"成本计算表"，进入"成本计算表"窗口，如图 11-57 所示。

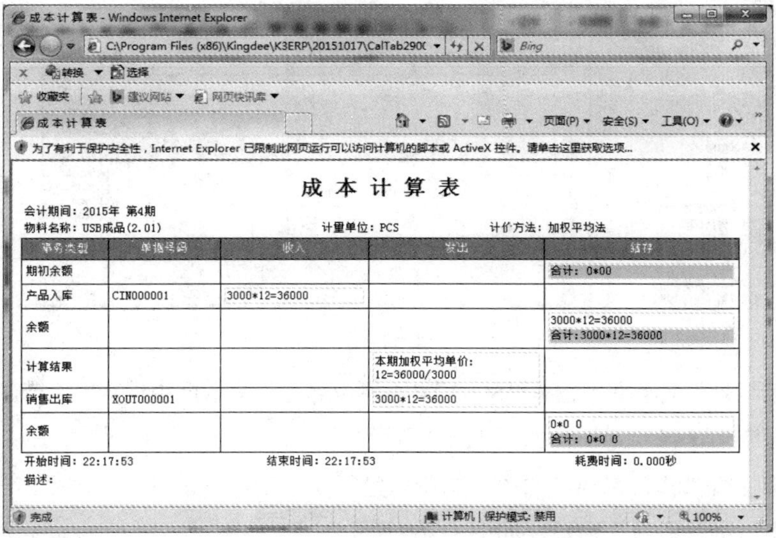

图 11-57

11.4.11 生成凭证

以"供应链单据"生成凭证是 ERP 系统的一大特点,能起到数据共享作用,并且财务人员从"凭证"联查到由什么源单据生成,该源单据又是由什么行为产生的,从而使财务核算和公司管理达到有据可查的目的。

供应链单据生成凭证前,需要设置对应的"凭证模板",这样在实际生成凭证时,系统将引用该模板,从而轻松快速地完成工作。

通常所有供应链单据都需要生成凭证,但实际业务处理中,可以只选择有需要的单据生成凭证即可。本节以"生产领料"单为例介绍单据生成凭证的操作方法。

【案例 17】生产领料单生成凭证。

借:生产成本。

贷:材料档案中的科目。

❶ 新增"生产领料单"凭证模板。选择"供应链"→"存货核算"→"凭证管理"→"凭证模板",双击"凭证模板",系统进入"凭证模板设置"窗口,选择"生产领用"项目,单击"新增"按钮,系统进入"凭证模板"窗口,如图 11-58 所示。

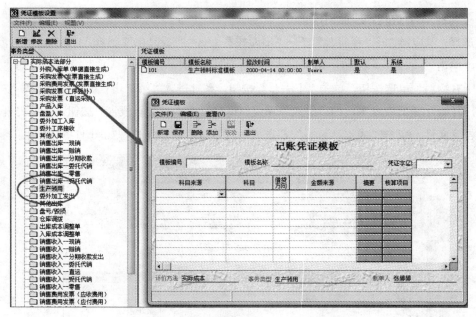

图 11-58

❷ "模板编号"文本框中输入"S002","模板名称"文本框中输入"生产领料凭证 2","凭证字"选择"记",如图 11-59 所示。

❸ 单击第一行"科目来源"选项,选择"凭证模板","科目"处按"F7"功能键,系统弹出"会计科目"窗口,如图 11-60 所示。

图 11-59

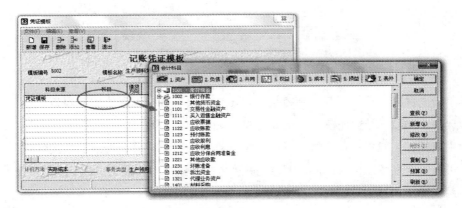

图 11-60

❹ "科目来源"获取"5001"科目,"借贷方向"选择"借","金额来源"选择"生产领料单实际成本",单击"摘要"按钮,系统弹出"摘要定义"窗口,在"摘要公式"中输入"生产领料",如图 11-61 所示。

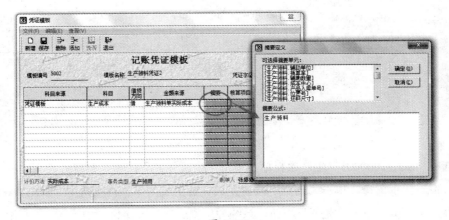

图 11-61

5. 单击"确定"按钮返回"凭证模板"窗口,第二行的"科目来源"选择"单据上物料的存货科目","借贷方向"选择"贷","金额来源"选择"生产领料单实际成本",如图11-62所示。

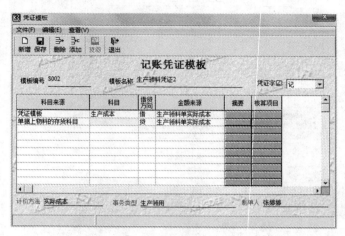

图 11-62

6. 单击"保存"按钮保存当前模板,单击"退出"按钮返回"凭证模板设置"窗口。选中"S002"号凭证模板,单击菜单"编辑",设为默认模板。

7. 生成凭证。双击"供应链"→"存货核算"→"凭证管理"→"生成凭证",系统进入"生成凭证"窗口,选中左侧的"生产领用",单击工具栏上的"重设"按钮,系统弹出"过滤"窗口,保持默认条件,单击"确定"按钮,系统弹出满足条件的单据显示,如图11-63所示。

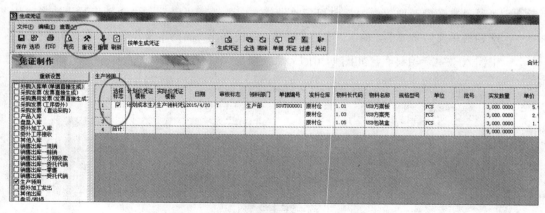

图 11-63

8. 选中"SOUT000001"生产领料单,单击"生成凭证"按钮,系统开始自动处理,稍后弹出提示窗口,单击"确定"按钮完成凭证生成工作。再次选中"SOUT000001"生产领料单,单击"凭证"按钮,系统弹出生成的凭证窗口,如图11-64所示。

图 11-64

在"生成凭证"管理窗口,可以单击"选项"按钮,系统弹出选项设置窗口,在窗口中可以对异常处理、科目合并选项和计量单位进行设置,如图 11-65 所示。

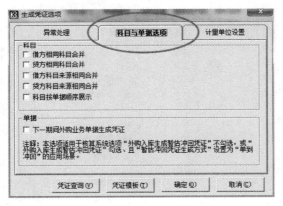

图 11-65

当供应链与财务连接使用时,存货核算中生成的凭证会自动传递到"总账"系统,审核、过账后,可以生成相应的报表和账簿。这就显示出会计信息系统的数据共享的优点。

11.5 课后习题

(1)画出业务系统数据传递关系图。

（2）获取基础档案有哪几种方法？

（3）是否仓库期初数据录入完成即可启动业务系统？

（4）怎么进行单据编号自定义？

（5）"单据保存后新增"选项在何处设置？

（6）反审核快捷键是什么？

（7）单据中的源单是否为必选项？

（8）单据打印有几种方式？